铜文化书系编委会

主　任　倪玉平

副主任　张梦生　程双林　罗云峰　叶　萍　王纲根
　　　　　黄化锋　黄学龙　陈昌生

委　员　李伯谦　华觉明　刘庆柱　谭德睿　关晓武
　　　　　吕凌峰　李必胜　徐常宁　姚学能　程保平
　　　　　钱玉贵　任　理

秘书组　吴新华　郑丽丽　陈　佳

图说中华铜文化

Illustration of Chinese Bronze Culture

主编 华觉明 谭德睿

中国科学技术大学出版社

内容简介

基于文化自觉的理念，本书本着"阳春白雪"与"下里巴人"兼容并包，即真实、全面地反映中国历代多样的铜文化的编撰设想，选择各历史时段有代表性的铜器件及铜建筑图片，加以简洁的文字阐述，成为一本图文并茂、有别于一般图录的铜文化普及读物。全书分为八个历史时段，即仰韶中期至夏代，商，西周，春秋、战国，秦汉，魏晋南北朝，隋唐五代，宋元，明清和现当代，含图片400余幅、文字60余万。

图书在版编目(CIP)数据

图说中华铜文化/华觉明，谭德睿主编.—合肥：中国科学技术大学出版社，2018.4(2018.10重印)

(铜文化书系)

ISBN 978-7-312-04445-8

Ⅰ.图… Ⅱ.①华… ②谭… Ⅲ.铜—文化史—中国—图解 Ⅳ.K203-64

中国版本图书馆CIP数据核字(2018)第053165号

出版	中国科学技术大学出版社 安徽省合肥市金寨路96号,230026 http://press.ustc.edu.cn https://zgkxjsdxcbs.tmall.com
印刷	鹤山雅图仕印刷有限公司
发行	中国科学技术大学出版社
经销	全国新华书店
开本	710 mm×1000 mm　1/16
印张	36.25
字数	631千
版次	2018年4月第1版
印次	2018年10月第2次印刷
定价	178.00元

Introduction

On account of cultural awareness, this book incorporates a selection of intellectual and popular culture bronze wares and bronze buildings from different periods, into a comprehensive handbook. The purpose of this book is to show Chinese bronze culture from different times in history. Annotated with concise textual explanations, this book is an exceptional catalogue of its one kind in terms of its rich illustrations and text. The whole book incorporates eight periods: Mid-Yang Shao to Xia Dynasties; Shang and Western Zhou Dynasties; Spring Autumn, and Warring States Period; Qin and Han Dynasties; Wei, Jin, Northern and Southern Dynasties, Sui, Tang and Five Dynasties Period; Song and Yuan Dynasties; Ming and Qing Dynasties; Modern and Contemporary Age. The whole book has more than 400 illustrations and 600,000 Chinese characters.

《图说中华铜文化》编撰委员会

主　　　编	华觉明　谭德睿
编辑部主任	吴新华　王　杰
编　　　委	刘彦琪　周　亚　谭德睿　刘　煜　杨军昌
	万　俐　倪玉湛　李劲松　张国茂　华觉明
	刘金城　廉海萍　刘　正
特约作者	姚　远
工作人员	刘宝林　方　青　郑丽丽

总　序

倪玉平

一

铜是一部活生生的史书。

人类文明由铜开始铸就。在人类历史发展进程中，铜是金属家族里伟大的先行者和开拓者。

铜为人类早期使用的金属之一。铜器的出现，成为人类进入文明社会的三大标志之一。无论是两河流域的苏美尔人，还是尼罗河岸的古埃及人，都与铜结下不解之缘；无论是希腊的迈锡尼文明，还是中西欧的钟杯战斧文化，都有铜刻下的深深烙印。

世界各大文明都先后经历过青铜时代，但只有中华文明创造出青铜时代的别样辉煌，使人类青铜文化臻于鼎盛。中国古代青铜器自诞生之初，就被赋予很多特殊内涵，远远超出其一般的实用功能，而与当时的政治、经济、文化以及人们的思想与信仰等紧密联系在一起。夏、商、周三代，青铜器既是祭祀、礼乐、战争等文化的物质载体，又是宗法制度、礼器制度、等级制度的外在化身，甚至成为国家、权力、地位和财富的象征。多变的造型、精美的工艺、奇异的纹饰、典雅的铭文，让古代青铜器散发出穿越时代的独特美学气质和文化气息，令人叹为观止。青铜时代夯实了中华文明的根基，对中华文明的发展和演进产生了非常深远的影响。与之相关的历史典故和传说，色彩斑斓，绚丽灿烂，如大禹铸鼎、问鼎中原、一言九鼎、干将莫邪等，不仅丰富了青铜文化的精神内涵，而且成为中华民族精神风貌的一种表征。

春秋战国以降，青铜器承载的礼制与政治功能逐步式微，铜生产开始走向世俗化。秦汉之际，一千五百多年的中国青铜时代宣告谢幕。虽然如此，铜的光彩并没有被湮没，铜器制作并没有衰退，铜的生产对象加快转变，实用功能特别是经济功能日益放大。秦汉之后，铜的主要用途之一是铸造货币，如秦代的半两、两汉的五铢、唐至明清的通宝等，铜作为货币材料的历史超过两千年。帝国时代，铜器皿成为中国钱币文化、商业文化、宗教文化、科技文化与生活文化的物质载体，铜文化的面貌全面更新。

"铜之为物至精"，堪称一种神奇的金属。它有良好的延展性能，有高效的导热导电性能，有易成型、耐腐蚀、与其他金属相融性强等特点。因此，在工业化时代，铜是不可或缺的重要生产资料。随着人类科学技术水平的发展，铜也成为高科技应用领域的首选材料之一，在信息化时代的应用前景非常广阔，铜的未来必将焕发新的光彩，书写新的辉煌。

二

铜陵是铜所成就的一座城市。

回望历史，细梳脉络，可以发现，铜陵在华夏青铜文明衍生之际就占有一席之地，在推动历史发展进程中一直发挥着独特作用，堪称中华青铜文明的一处源头和中国历史发展的一面镜子。

铜陵在中国冶金史和先秦文明发展史上的位置不可替代，与古今中外其他任何产铜地区相比，更有其不可比拟的独特性。

其一，历史悠久，绵延不断。师姑墩遗址考古证明，早在商周之前，铜陵地区就已经开始了青铜采冶铸造活动。此后，经春秋、战国、秦汉、唐宋、明清，一直延续到当代，三千多年几无间断。世界上产铜最早的地方或许有待考证，但论及产铜持续时间之长、历史跨度之大，铜陵首屈一指，独领风骚。

其二，规模巨大，举足轻重。自商周起，铜陵一直是国家铜资源的战略要地和重要的产地之一，为中国青铜文化的繁荣与发达提供了源源不断的原料支撑。西周时期太伯封吴、春秋之季吴楚争霸等一幕幕历史大剧，都隐隐约约与古铜陵地区有着千丝万缕的联系。在矿冶专家眼中有"世界冶炼史上的奇观"之称的罗家村大炼渣，是汉唐时期铜陵冶炼规模盛大的历史见证。1991年，著名矿冶考古专家华觉明先生评价："铜陵从商周到唐宋一直是我国采铜冶铜的中心，铜陵在古代所处的地位，就像今天的宝钢、鞍钢一样，举足轻重。"

其三，技术先进，质量一流。考古发掘和大量出土的青铜器证明，古代铜陵地区不仅掌握了先进的铜冶炼技术，而且拥有高超的铸造技艺。"木鱼山冰铜锭"是迄今中国最早的硫化铜冶炼遗物，它的发现，把中国冶炼硫化铜矿的历史推前了一千多年。"青铜绳耳甗""饕餮纹爵""饕餮纹斝"等青铜器的面世，见证了失蜡法铸造工艺的"铜陵存在"。与冶炼技术相关联，铜陵所产久负盛名，自古有"丹阳出善铜"之说，这无疑是铜陵地区最早的口口相传的产品质量广告。

其四，铜官流韵，积淀深厚。为维护中央集权，汉武帝推行"盐铁官营""货币官铸"等一系列政策。在此背景下，"盐官""铁官""铜官"等国家管理机构应运而生。盐官、铁官设于多处，唯有铜官设于铜陵，全国独一无二。显而易见，铜官地位更为特殊。铜官的设立，是古代铜的经济功能迅速放大的一个重要分界节点，对汉代之后的政治、经济和社会发展产生了重要影响。铜官在铜陵设置，使得古铜陵地区与整个国家经济命脉直接产生联系，因而也是铜陵历史发展进程中的一个重要分界节点。此后，历代王朝大多在此地设置中央直属机构，只是管理内容或有变化，南北朝后增加了铸币功能，其中著名的"梅根冶"，自南朝宋开始定名，一直沿用至明清时期。唐代在铜陵先置铜官镇，后设义安县，铜陵及周边地区有"梅根监""宛陵监"和"铜官冶"三个铸币机构，唐玄宗甚至诏封铜陵的铜官山为"利国山"，史所罕见。铜官迭代更新，人文荟萃，大大丰富了铜陵铜文化的底蕴与内涵。

新中国成立后，铜陵满怀豪情重整矿业。六十多年来，创造了新中国铜工业的多项第一：自行设计建设了第一座机械化露天铜矿，第一次掌握了氧化矿处理技术，建成了第一个现代冶炼工厂，炼出第一炉铜水、产出第一块铜锭，诞生出中国铜业第一个上市公司，电解铜产量连续多年保持全国第一……与此同时，为国家有色金属产地培养输送了大批技术人才与熟练工人，成为共和国的铜业摇篮。如今，铜陵年产电解铜超过百万吨，稳居世界前列；铜加工材年产量超过电解铜，铜陵铜业加工迈入新时代。2016年，国际铜加工协会总裁马克·拉维特评价铜陵："中国铜产业链条最长，产品品种最全，技术水平最高。"而今，在实现中国梦的伟大征途中，铜陵正按照"抓住铜、延伸铜、不唯铜、超越铜"的思路，朝着建设"世界铜都"的目标奋勇进发。

三

文化是城市的灵魂，也是推动城市发展的重要资源。铜陵三千年炉火，熔炼的是铜矿，最终也锻造出这座城市的文化精魂，"古朴厚重，熔旧铸新，自强不息，敢为人先"，正是其精神内涵的表达。铜矿等物质资源固然是铜陵极为宝贵的发展资源，但几千年积淀形成的铜文化资源，无疑是铜陵蕴藏更丰厚、价值更宝贵的资源，取之不尽、用之不竭，对铜陵今后的转型发展更具有重大而深远的意义。

改革开放以来，特别是近些年来，铜陵把铜文化的研究、保护、开发和利用摆上重要日程。先后规划建设了数十项铜文化项目，包括修建铜文化古遗址，打造铜文化博物馆，建设铜文化雕塑，发掘运用铜文化元素，发展铜文化相关产业。这些努力，有效地塑造了城市特色，提升了城市品位，也显著增强了城市文化凝聚力和文化自信。

建设"世界铜都"是铜陵发展的一大定位。实现这一愿景，不仅需要推动铜及其关联产业实现大发展，而且需要铜文化建设取得大突破。从文化传承的角度看，发掘铜文化精华、弘扬铜文化精神，是弘扬中华优秀传统文化的题中应有之义。铜文化虽不专属于铜陵,但是作为"中国古铜都,当代铜基地",推动铜文化实现"创造性转化、创新性发展",铜陵既有责任、有义务,更应有担当、有作为。

四

基于以上动因,2016年铜陵市人民政府经过研究,决定组织编撰"铜文化书系"。我们邀请国内相关专家,围绕铜是什么、青铜时代的内涵、铜陵在中国铜文化中的历史定位、青铜器鉴赏与铜文化故事等五个专题,进行深入研究,期望作出比较系统完备的概括和论述,进而更好地促进铜陵地域特色文化加速开发、利用、成型。

该项工作启动以来,我们本着认真负责的精神,在专家遴选、进度安排、选题论证等方面精心组织。参与编撰的专家团队本着治学严谨的精神,在内容筛选、谋篇布局、学术论证、叙述风格上一丝不苟,反复推敲,精益求精。经过一年多的努力,终于完成编撰工作并付梓。在已经成文的书系作品当中,《铜与古代科技》以科学的视角,多侧面讲述铜的物理属性、化学属性以及铜与其他金属、学科之间的关系,力求整体、全面、系统地展示铜的风采。《青铜器与中国青铜时代》以通俗的语言,全景式讲述中国古代青铜器从史前"初步使用"发展到"寓礼于器"及再回归世俗的历史进程,以青铜时代的重要事件如王国崛起、族本结构、社会秩序、经典铜器等论述"道与器""器与礼"的关系。《从铜官到铜陵:铜陵与中国大历史》以铜官设置为主线,考证铜官与国家经济的关系,铜官的来由、职能和发展过程,论述铜陵与铜官、铜与江南经济崛起的密切关系。《图说中华铜文化》将仰韶中期到当代的跨度分为八个历史时段,讲述各时期铜器的特点、制造工艺和鉴赏方法,全面、多元地反映中华铜文化的丰富内涵。《铜文化故事》汇集历史上一个个跟铜相关的经典故事,让人在轻松阅读中形象、直观地感受铜文化的魅力。总体上看,本书系比较全面地反映了铜文化概貌。

作为国内第一套全面介绍铜文化的普及性读物，我们衷心期望本书系能够有助于广大读者了解铜陵、走进铜陵，感受铜文化魅力，拓展文化视野，增强文化自觉与文化自信。对广大文化工作者（包括城市规划设计工作者）而言，则期望其能够从中有所启发，有所感悟，有所借鉴。同时，也希望相关领域的专业工作者，在现有研究的基础上，有新的拓展、新的创见，把铜文化研究进一步推向深入。

序

如果从宋代的金石学起算,中国的铜器和铜文化研究已有千年以上的历史。我们不知道百年后这一研究会是怎样,但在可以想见的二三十年内,这一学科分支将可持续甚至有所发展应是无疑问的。那么,我们要不要对此作一回顾、反思和瞻望?

李济先生曾指出,须从六个方面来研究青铜器,即制作之原始、形制、铭文、纹饰、器名和功用。他的意见是有指导意义的。在很长一段时间内,青铜器研究多局限于后五个方面,很少涉及制作技艺。因为不了解制作之原始,也就影响了其他方面的研究深度和确解,例如铭文的做法及其特征。

随着科学技术和分析检测手段的进步,从20世纪30年代起,制作之原始的探讨被提上了日程。特别是六七十年代及之后,这一研究领域有了很大的发展,获得了一系列重大成果,诸如商周铜器绝大部分由铸造成形的确认,以铸为主的工艺传统的深远影响,失蜡法铸件的发现与认知,商周铜料主要来自荆扬两州和中条山铜矿带,等等。

从器类研究的层面看,早先的注意力多聚焦于礼器、礼乐之器或礼乐兵车等器。20世纪50年代,唐兰对商周农具作了开拓性的研究,后继者有陈良佐等。六七十年代,陈振中系统整理了商周生产工具。靳尚毅等分析、检测了东北、中原、吴越地区的各式铜剑,对戈、矛、钺等铜兵器也间有探究之作。这些工作拓展了青铜器的研究领域,在学科建设上具有重要价值。值得指出的是,黄渭馨、陈建立、刘煜、刘彦琪等从20世纪80年代起,陆续检测、分析了含锡量达24%~28%的多件超高锡青铜刃具,含锡量最高的达32%,揭示了人们前所未闻的此类器件的真实存在与特性,使我们对上古工师合金配制与制作的广泛实践有了新的认识,并为锡青铜的正确分类和"六齐"的科学论证提供了新的依据。

盖蒂研究所的斯各特先生以锡含量16%为界,把锡青铜分为低锡和高锡两类。这从金相学的角度来看多少有点道理,但并不尽然;而从合金配比和功能来看,则明显不妥,既不符合历史情况,也不切合当代的工程实际。我们综合地衡度各种因素,现将锡青铜分为四类,即:锡含量2%~8%的为低锡青铜;锡含量8%~14%的为中锡青铜;锡含量14%~20%的为高锡青铜;锡含量大于20%的是超高锡青铜。这类锡青铜还可以细分为20%~24%锡含量和24%~30%锡含量这两类。有没有锡含量更高的锡青铜器件,目前还不清楚。值得注意的是,《考工记》所记载的锡青铜,从钟鼎之齐到鉴燧之齐全都是高锡和超高锡青铜。这种情况意味着什么,为什么出现这样的情况,都值得探究。

汤姆·齐思等学者曾以"六齐"的合金配比与商周铜器成分的实测不符为由,怀疑其科学性和客观实在性。他们的这种看法不为无据,但并不符合历史实际。总的来说,我们对先秦工师在合金配制及功能应用方面的广大实践与探索,还知之不多,不够完整,需做更多工作来揭示历史的真相和其中蕴含的道理。并不是说《考工记》关于"六齐"的记述不存在问题。化学史家刘广定教授曾撰文指出《考工记》有些记述,有可能曾经汉代文人删改,并不完全可靠。他的意见有一定道理,但"六齐"之说在总体上还是有一定的科学性和事实依据的,超高锡青铜刃具的发现与分析检测也说明了这一点。

从铜文化研究的社会层面看,先前的学者多侧重于庙堂之器。"国之大事,唯祀与戎",常常被学者们引用。这句话并不错,但我们也应当注意到,它所表述的是上层人士的观点和权益所在,而远非铜文化的全部。铜(金)在商周时期属于战略物资,为统治者所垄断,平民百姓是无权使用铜器件的。充其量,一些工匠因工作需要使用或拥有了若干青铜工具。钱币用铅锡铜合金或铅基铜合金铸作,作为通货也为人们所使用。战国时期,平民中有地位、较富裕的商人、作坊主拥有带钩、铜镜等日用铜器件,钟鸣鼎食仍与他们无缘。随着时代的变迁,日用铜器件的使用范围逐渐扩大，至迟到宋代已成家常之物。铜文化有阳春白雪和下里巴人之分（这两个词这里只表示铜器件使用有阶层之别，其意涵并不恰当）。我们要研究、呈现于读者的是真实、全面、多元的铜文化，而不是偏颇、片面、只有阳春白雪却不见下里巴人的铜文化。北方人用铜火锅，现已推广到全中国，南方先前用的是暖锅，只加热不涮。南方没炕，用手炉、脚炉和汤婆子取暖。这些算不算铜文化的表现？

学术界存在不同的研究模式。有些学者属于专精型，例如有人专一研究铜器铸造的块范法，数十年专注于是，探讨至精至细且旁及其他，这当然很好。有的学者属广博型，例如有人既研究青铜锻铸又研究银饰，还关注它们的文化属性，这当然也很好。从铜器和铜文化研究的全局来考虑，我们特别是年轻学者是不是可以把目光放得宽一些和远一些，沿着前人开辟的道路走下去，并予以拓展和创新。研究礼乐之器尤其是出土的有重大价值的礼器和乐器，固然较易得到引人注目的成果，但同时，如果另辟蹊径、深入一般人未予关注的领域，例如工具、农具及超高锡青铜刃具等，并做出系统深入的成果，它的学术价值和社会影响更不容忽视和低估。

有人会问，为什么要研究青铜生产工具？大家知道，文明的产生有三大要素：文字、城池和冶金术。史学研究回答"是什么"相对要容易些，要回答"为什么"就难得多。冶金术是文明形成的一大要素，这一点是大家公认的。再问一句："为什么？"答复就常常只是定性的而非定量的。如果我们对早期的铜斧、铜凿、铜刀、铜锯作系统深入的研究，检测它们的成分、机械性能、装柄方式、使用方法、功能、效能和耐用度，辅以实验考古也就是模拟试验的方法，例如，把石斧和铜斧作比较，砍一棵树要多少分钟，做一个车轮要多少小时，一把石斧能用多久，一把铜斧又能用多久，我们就能知道铜斧比石斧的功效和耐用度提高了多少倍，就能具体地更有说服力地说明为什么文明必然替代蒙昧，为什么冶金术是文明产生的一大要素。

进而言之，人们都很重视钟镈鼎彝等器，这些铜器也确实很精美很显眼。但我们要知道，青铜时代最基本的技术手段是青铜生产工具。没有它们就没有辉煌的商周青铜文明。尽管它们并不那么精美，也不显眼，学术研究的某种偏颇是在历史上形成的，带有那个时代的烙印。我们要明了这一点，要改变这种格局。当然，我只是举一个例子，研究领域的扩展和创新远不止这些。

  为今之计，21世纪的我们要注重在传承的基础上创新，要扩展研究领域，改变既有格局，要与时俱进，努力开创新的局面。创新是一种突破，是对既有格局和局面的创造性颠覆。创新有难度，但唯有锐意创新才有学术的进步和繁荣。如果您认可这一点，那就请在创新上多动点脑筋、多下点功夫吧！

华觉明 谭德睿
2018年2月

目　录

总序 ·· i
序 ·· vii

第一章　铜石并用时代和夏代 ·· 001
　第一节　西北地区 ·· 003
　　一、甘肃马家窑文化遗址的青铜刀 ··· 003
　　二、青海宗日遗址的环形耳饰 ·· 004
　　三、齐家文化遗址的铜器 ·· 005
　第二节　北方地区 ·· 007
　　一、朱开沟遗址的铜工具、武器和饰品 ··· 007
　　二、夏家店下层文化遗址的耳环、杖首与铜冒 ···································· 009
　第三节　海岱地区 ·· 010
　　一、山东三里河遗址的黄铜钻头 ·· 010
　　二、岳石文化遗址的铜刀、铜环及铜锥 ··· 011
　第四节　中原地区 ·· 012
　　一、约6000年前中原仰韶文化遗址的青铜器 ····································· 012
　　二、中原龙山文化遗址的铜铃与铜齿形器 ··· 014
　　三、二里头文化遗址的铜工具与青铜礼器 ··· 016

第二章　商、西周 ·· 025
　第一节　商 ··· 028
　　一、兽面纹方鼎 ·· 028
　　二、饕餮纹爵与饕餮纹斝 ·· 030
　　三、兽面纹建筑构件 ·· 032
　　四、兽面纹壶 ··· 033
　　五、龙虎尊 ·· 035
　　六、铁刃铜钺 ··· 037

七、后母戊方鼎 ·· 038

八、鸮卣 ·· 040

九、妇好偶方彝 ·· 042

十、四龙中柱盂 ·· 044

十一、旅盘 ·· 046

十二、镶嵌铜骸玉矛 ·· 048

十三、菱形纹铲 ·· 050

十四、铜贝 ·· 051

十五、四羊方尊 ·· 052

十六、象尊 ·· 054

十七、虎卣 ·· 056

十八、皿方罍 ·· 058

十九、立人像 ·· 060

二十、纵目人像 ·· 062

二十一、兽面纹胄 ·· 063

二十二、兽面纹方壶 ·· 064

二十三、兽面纹立鹿耳甗 ·· 066

二十四、兽面纹犁铧 ·· 068

二十五、双面神人像 ·· 069

二十六、兽面纹鼓 ·· 070

二十七、黄觚 ·· 072

二十八、鸮纹觯 ·· 074

二十九、龙纹觥 ·· 076

三十、亚醜钺 ·· 078

三十一、兽面纹锛 ·· 079

第二节　西周 ·· 080

一、龙纹鼎 ·· 080

二、强伯簋 ·· 082

三、伯矩鬲 ·· 084

四、户方彝、户卣、斗和禁 ·· 086

五、乳钉纹四耳簋 ·· 090

六、凤鸟纹簋 ·· 092

七、龙纹簋·················094

　　八、肇宁角·················096

　　九、作册折觥···············097

　　十、何尊···················099

　　十一、兽面纹卣·············101

　　十二、邓仲牺尊·············103

　　十三、龙柄盉···············105

　　十四、匍盉·················106

　　十五、周生豆···············108

　　十六、三年瘭壶·············109

　　十七、丰尊·················111

　　十八、大克鼎···············113

　　十九、虢季子白盘···········115

　　二十、鸟盖人形足扁盉·······117

第三章　春秋、战国·············119

　第一节　春秋·················123

　　一、青铜人面饰·············123

　　二、建筑构件···············125

　　三、虎鸟纹阳燧·············126

　　四、刖人守囿挽车·········127

　　五、夔龙纹甋帐顶帽········129

　　六、春秋乐器三种··········131

　　七、子仲姜盘···············134

　　八、鸟形器·················137

　　九、伎乐铜屋模型·········138

　　十、变形夔纹分体甗········140

　　十一、莲鹤方壶············142

　　十二、菱形纹饰兵器········144

　　十三、栾书缶···············148

　　十四、王子午鼎············149

　　十五、透空云纹禁··········151

　　十六、青铜镂空夔龙纹带座圆筒形器·····153

- 十七、鸟盖兽耳盉 ·············· 155
- 十八、牺尊 ·············· 157
- 十九、蛇纹尊 ·············· 160
- 二十、虎形灶 ·············· 162
- 二十一、铜陵先秦菱形冰铜锭 ·············· 164
- 二十二、铜绿山特大型铜斧 ·············· 166
- 二十三、青铜书刻工具 ·············· 167

第二节 战国 ·············· 169
- 一、几何纹尊 ·············· 169
- 二、曾侯乙尊与盘 ·············· 171
- 三、曾侯乙鉴缶 ·············· 175
- 四、曾侯乙编钟 ·············· 177
- 五、曾侯乙鼓座 ·············· 182
- 六、曾侯乙炭炉、箕、漏铲 ·············· 184
- 七、错金银四龙四凤铜方案 ·············· 186
- 八、错银双翼神兽 ·············· 188
- 九、十五连盏铜灯 ·············· 190
- 十、铁足铜鼎 ·············· 192
- 十一、交龙纹插座 ·············· 193
- 十二、龙纹钩镶 ·············· 194
- 十三、陈璋圆壶 ·············· 196
- 十四、立凤蟠龙大铺首 ·············· 199
- 十五、错银承弓器 ·············· 201
- 十六、错金银兽首軎饰 ·············· 202
- 十七、透空镶嵌几何纹方镜 ·············· 203
- 十八、错银几何纹扁壶 ·············· 205
- 十九、镶嵌云纹盒 ·············· 206
- 二十、双色剑 ·············· 207
- 二十一、龙形方炉 ·············· 209
- 二十二、斑纹钺 ·············· 210
- 二十三、镶红铜鸟兽纹壶 ·············· 212
- 二十四、五牛枕 ·············· 214

二十五、牛虎祭案 ··········216
二十六、动物纹棺 ··········218
二十七、四人缚牛扣饰 ··········220
二十八、兽纹铜臂甲 ··········221
二十九、滇族乐器 ··········223
三十、滇族兵器 ··········225
三十一、滇族工具 ··········227
三十二、虎纹带饰 ··········229
三十三、刺猬形竿头饰 ··········230
三十四、错金银狩猎纹镜 ··········231
三十五、凤鸟衔环铜熏炉 ··········233
三十六、商鞅方升 ··········235
三十七、厚氏扁壶 ··········237
三十八、宴乐渔猎攻占纹壶 ··········239
三十九、刻纹宴乐图杯 ··········242
四十、杜虎符 ··········245
四十一、铜印 ··········246
四十二、蚁鼻钱铜范 ··········248
四十三、青铜工具 ··········250

第四章 秦汉 ··········253

第一节 秦 ··········256

一、错金银乐府钟 ··········256
二、度量衡器 ··········258
三、秦陵铜车马 ··········260
四、彩绘青铜天鹅 ··········262
五、斗兽纹镜 ··········263

第二节 西汉 ··········264

一、错金云纹犀尊 ··········264
二、人面纹羊角钮钟 ··········265
三、错金银云纹博山炉 ··········266
四、错金银铭文壶 ··········268
五、铜漏壶 ··········270

六、铜钻 …………………………………… 272
七、花形悬猿钩 …………………………… 273
八、说唱俑 ………………………………… 274
九、长信宫灯 ……………………………… 275
十、铜骰 …………………………………… 277
十一、阳信家温酒炉 ……………………… 278
十二、"诚信"铜印 ……………………… 279
十三、见日之光透光镜 …………………… 280
十四、龙纹五钮长方镜 …………………… 282
十五、日光对称单层草叶纹镜 …………… 283
十六、铲模 ………………………………… 284
十七、弩机 ………………………………… 285
十八、虎节 ………………………………… 286
十九、铜夹背锯 …………………………… 287
二十、鎏金银铜象 ………………………… 288
二十一、鎏金兽形砚盒 …………………… 289
二十二、铜梳 ……………………………… 290
二十三、铜针 ……………………………… 291
二十四、祭祀场面贮贝器 ………………… 292
二十五、圆形猴边扣饰 …………………… 294
二十六、四兽鎏斧 ………………………… 295
二十七、孔雀纹锄 ………………………… 296
二十八、蛇柄剑 …………………………… 297
二十九、锣 ………………………………… 298
三十、龙首青铜灶 ………………………… 299
三十一、竞渡纹鼓 ………………………… 300
三十二、仓屋 ……………………………… 301
三十三、铜锅 ……………………………… 302
三十四、六博盘 …………………………… 303
三十五、秦汉货币 ………………………… 304
三十六、青铜卡尺 ………………………… 307

第三节　东汉 ·········· 309
　一、悬山顶干栏式铜仓 ·········· 309
　二、陶座摇钱树 ·········· 311
　三、圭表 ·········· 312
　四、铜席镇 ·········· 314
　五、铜车马仪仗队 ·········· 315
　六、神兽镜 ·········· 318
　七、铜奔马 ·········· 320
　八、独角兽 ·········· 322
　九、铜钹 ·········· 323

第五章　魏晋南北朝、隋唐五代 ·········· 325
第一节　魏晋南北朝 ·········· 327
　一、铜龙首勺 ·········· 327
　二、仙人骑狮铜灯台 ·········· 328
　三、木芯鎏金铜马镫 ·········· 329
　四、铜鹿形饰 ·········· 330
　五、蹀躞带制套件 ·········· 331
　六、铜首饰 ·········· 333
　七、鎏金铜带饰 ·········· 335
　八、鎏金释迦多宝并坐像 ·········· 337
　九、鎏金力士铜像 ·········· 339
　十、蹀躞带鎏金铜日用品 ·········· 341

第二节　隋唐五代 ·········· 343
　一、龙首柄熨斗 ·········· 343
　二、董钦造鎏金铜佛坛 ·········· 345
　三、鎏金铜钗 ·········· 347
　四、萧皇后礼冠 ·········· 349
　五、铜眼罩 ·········· 352
　六、缠枝花卉纹直尺 ·········· 353
　七、铜秤 ·········· 354
　八、云龙纹镜 ·········· 355
　九、海兽葡萄纹方镜 ·········· 356

  十、金背禽兽葡萄菱花镜 …………………………………………358

  十一、镶绿白料饰鎏金铜镜 ………………………………………361

  十二、金银平脱花鸟纹葵花镜 ……………………………………363

  十三、花鸟纹宝装镜 ………………………………………………365

  十四、鎏金铜梳 ……………………………………………………367

  十五、观音立像 ……………………………………………………368

  十六、思维菩萨 ……………………………………………………370

  十七、铜走龙 ………………………………………………………372

  十六、鎏金铜胡腾舞俑 ……………………………………………374

  十七、铜油灯 ………………………………………………………376

  十八、铜龟符 ………………………………………………………378

第六章 宋元、辽金西夏 …………………………………………381

第一节 宋 …………………………………………………………383

  一、慧能铜像 ………………………………………………………383

  二、大和(大晟)钟 …………………………………………………385

  三、宣和尊 …………………………………………………………387

  四、北宋货币 ………………………………………………………388

  五、阿育王塔 ………………………………………………………389

  六、箕形砚 …………………………………………………………391

  七、线刻佛像铜镜 …………………………………………………392

  八、蹴鞠纹铜镜 ……………………………………………………393

  九、济南刘家功夫针铺铜版 ………………………………………394

  十、龙首凤尾鐎斗 …………………………………………………396

  十一、鎏金阿弥陀佛铜造像 ………………………………………397

  十二、衔环铜虎 ……………………………………………………399

  十三、姜娘子方炉 …………………………………………………400

  十四、兽面纹捣药罐 ………………………………………………401

第二节 辽金西夏 …………………………………………………402

  一、"李家供奉"花鸟纹铜镜 ………………………………………402

  二、铜坐龙 …………………………………………………………403

  三、鎏金铜牛 ………………………………………………………404

  四、大日如来鎏金铜像 ……………………………………………405

第三节　元······407
一、铜铳······407
二、大德九年铜权······408
三、贯耳铜扁瓶······409
四、铜磬······410
五、铜壶滴漏······411
六、天祝铜牦牛······413
七、铜卧佛······414
八、凤凰牡丹纹镜······415
九、不动金刚像······416
十、大元通宝······417
十一、掐丝珐琅······418

第七章　明清······421
第一节　明······424
一、"大明通行宝钞"铜版······424
二、永乐大钟······427
三、武当山太和宫金殿······429
四、大威德金刚鎏金铜坛城······431
五、宣德炉······434
六、宣德款铜钹······436
七、针灸铜人······437
八、简仪······439
九、显通寺铜塔······441
十、喷水鱼洗······445
十一、"喜生贵子"镜······447
十二、石叟款观音立像······448
十三、胡文明款锦地花卉纹铜炉······449

第二节　清······450
一、錾花银箍紫铜东布壶······450
二、铜胎掐丝珐琅凫尊······451
三、画珐琅荷叶式盒······452
四、"张鸣岐制"款手炉······454

五、陈寅生款带勺白铜水盂 ……………………………………………… 455

六、十八罗汉铜臂搁 ……………………………………………………… 456

七、"湖城朱永春造"铜熨斗 …………………………………………… 457

八、黄铜靴形水烟筒 ……………………………………………………… 458

九、咸丰九年铜权码 ……………………………………………………… 459

十、铜铃 …………………………………………………………………… 460

十一、锁具 ………………………………………………………………… 461

十二、明清货币 …………………………………………………………… 464

十三、四喜铜娃 …………………………………………………………… 466

十四、双身十二臂上乐金刚 ……………………………………………… 467

十五、镇水铜牛 …………………………………………………………… 469

十六、"武成永固大将军"铜炮 ………………………………………… 470

十七、天体仪 ……………………………………………………………… 471

十八、宝云阁 ……………………………………………………………… 473

第八章 现当代的中华铜文化 …………………………………………… 475

一、墨盒 …………………………………………………………………… 477

二、锁具 …………………………………………………………………… 478

三、取暖器具 ……………………………………………………………… 480

四、荣华富贵铜壶 ………………………………………………………… 482

五、铜秤杆 ………………………………………………………………… 484

六、日常生活用具 ………………………………………………………… 486

七、"金板寸"铜盆 ……………………………………………………… 488

八、"虎门销烟"铜盘 …………………………………………………… 490

九、铜罗盘 ………………………………………………………………… 491

十、铜币 …………………………………………………………………… 492

十一、孙中山像 …………………………………………………………… 493

十二、沉思 ………………………………………………………………… 494

十三、川军抗日阵亡将士纪念像 ………………………………………… 496

十四、"家破人亡":纪念南京大屠杀遇难者雕像 …………………… 498

十五、鲁迅像 ……………………………………………………………… 499

十六、垦荒牛 ……………………………………………………………… 500

十七、谭嗣同像 …………………………………………………………… 501

十八、世纪宝鼎……………………………………………………………502
十九、中华和钟……………………………………………………………504
二十、香港新界观音………………………………………………………508
二十一、四喜娃……………………………………………………………512
二十二、自在观音…………………………………………………………513
二十三、富锡处理的饰件…………………………………………………515
二十四、铜陵铸丝珐琅……………………………………………………517
二十五、巧生炉……………………………………………………………518
二十六、西藏锻铜鎏金佛像………………………………………………520
二十七、白族火锅…………………………………………………………523
二十八、长子铜钹…………………………………………………………524
二十九、马与龙……………………………………………………………527
三十、刻铜墨盒和镇纸……………………………………………………529
三十一、乌铜走银酒具和墨盒……………………………………………531
三十二、斑铜虎牛案………………………………………………………533
三十三、和合自然…………………………………………………………534
三十四、小山水铜壶………………………………………………………535
三十五、宏音斋吴氏管乐…………………………………………………536
三十六、贝拉………………………………………………………………539
三十七、黄河楼……………………………………………………………540
三十八、上海静安寺金刚宝座塔…………………………………………542
三十九、铜幕墙……………………………………………………………544
四十、纽约双子星座：美国曼哈顿中心商务区626项目………………547

后记…………………………………………………………………………550

第一章 铜石并用时代和夏代

据报道，伊朗和土耳其出土有公元前第九千纪至公元前第二千纪的小件铜针、铜锥和铜珠；埃及和叙利亚公元前第五千纪已用自然铜锻制工具；以色列提姆纳遗址和巴勒斯坦出土了公元前第四千纪的炼炉和红铜、砷铜制品，兼用铸造和锻造金属工艺；北美苏必利尔湖地区则在公元前3000年至前1500年间，用自然铜锻制矛头。

中国的冶铜技术起步较晚，已知最早的铜器件为陕西临潼姜寨仰韶文化半坡遗址出土的原始黄铜片、管，距今约6700年，是为铜文化的萌生期。公元前第三千纪为铜石并用时代，所出土铜器分布于西北、北方、海岱、中原等地区，分属多种考古学文化，已出现人工冶炼的红铜、锡青铜、铅锡青铜和原始黄铜，使用铸造、锻造、热处理等金属工艺。在黄河下游的河南偃师二里头遗址发现了青铜冶铸作坊，出土了多种青铜器件，标志着中国在公元前第三千纪与公元前第二千纪之交已进入青铜时代。

从分布地域来看，早期铜器以西北地区所出土的为最多，分别存在于马家窑文化、宗日文化和齐家文化。这对研究中国铜文化的起源与传播有重要意义。北方地区的夏家店下层文化和朱开沟文化出土有耳环、臂钏等饰件和小型工具，如铜针、铜锥，未见铜容器。海岱地区的岳石文化所出土的铜器多于铸造成形后，继之以整体或局部的冷锻或热锻，在技术上有其独特之处。中原地区则不但有已知中国最早的铜制品，且由中国历史上第一个王朝——夏朝建立了王室专属的青铜冶铸作坊，所制青铜器有工具、武器、酒具、食器、响器、饰件等，表明该时期的青铜器已具备礼器、乐器、兵器、生活用具和装饰品五大功能，并初步形成以复合泥范为特色的范铸技术体系，对后世具有重大和长远的影响。

（华觉明）

第一节 西 北 地 区

一、甘肃马家窑文化遗址的青铜刀

这是迄今所知中国年代最早的青铜铸件，出土自甘肃东乡县马家窑文化遗址，年代为公元前2900年至前2740年。刀柄和刃部经金相检测为α固溶体树枝状结晶和少量（α+δ）共析体，含锡6%～10%，铸造成形。刃缘可见树枝状晶取向排列，说明刃部曾经冷锻或戗磨。

（刘彦琪）

参考文献：

孙淑云，韩汝玢，李秀辉. 中国古代金属材料显微组织图谱：有色金属卷[M]. 北京：科学出版社，2015.

二、青海宗日遗址的环形耳饰

环形耳饰3件,出自青海同德县宗日文化墓葬,由粗细不均的铜条弯成。该遗址位于青海省同德县巴沟乡,据碳十四测定,其绝对年代距今4000~5600年。徐建炜、梅建军对该遗址的3件齐家文化铜器残片做了成分分析,其含砷量较高,均为铸造成形。

(刘彦琪)

参考文献:

陈洪海,王国顺,梅端智.青海同德县宗日遗址发掘简报[J].考古,1998(5).

三、齐家文化遗址的铜器

磨沟遗址齐家文化铜器
1.臂钏　2.铜匕　3.耳环　4.铜斧　5.桃形铜叶　6.螺纹铜管　7.铜管
8.月牙形项饰　9.耳环　10.耳环　11.环首铜削　12.喇叭口耳环
13.手镯　14.铜刀　15.铜珠　16.铜泡　17.铜泡　18.三联泡饰

　　图中所示铜器出自甘肃临潭陈旗磨沟遗址，磨沟遗址为迄今齐家文化遗址出土铜器最多者，绝对年代在公元前2000年前后。SEM-EDS分析结果可知，这18件器物中，锡青铜铸成的有13件，铅锡青铜、铅砷青铜、锡砷青铜铸成的各1件，红铜铸成的有2件，分别由铸造、热锻成形，或继之以冷加工技术加工而成。材质和器形存在对应关系，小件饰物多为锡青铜，耳环、铜泡等稍大的装饰品以铜、锡、铅三元合金为主，铜刀、铜匕等大件工具为红铜。

铜镯　　　　　　　　　　　　铜镜

铜镯出自青海贵南尕马台齐家文化遗址，年代为公元前2000年，由砷铜铸成，有α枝晶偏析。

重轮星芒铜镜出自甘肃临夏齐家文化遗址，直径14.6 cm，重300 g。弓形钮，无钮座；镜面微凹，镜背三重弦纹，纹饰粗放。齐家文化遗址出土了我国最早的铜镜，迄今已出土3面，此镜为最大最精致者，现藏国家博物馆。

（刘彦琪）

参考文献：

1. 徐建炜. 甘肃地区新获早期铜器及冶铜遗物的分析研究[D]. 北京：北京科技大学，2010.
2. 孙淑云，韩汝玢，李秀辉. 中国古代金属材料显微组织图谱：有色金属卷[M]. 北京：科学出版社，2015.
3. 潘静. 中国早期铜镜研究[D]. 长春：吉林大学，2015.

第二节 北方地区

一、朱开沟遗址的铜工具、武器和饰品

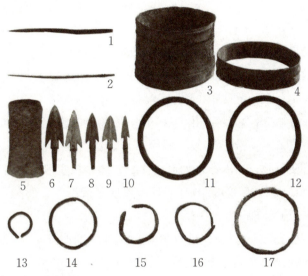

朱开沟三期铜器

1.锥(H1044:1)　2.针(T238③:1)　3.臂钏(M3028:2)　4.臂钏(M4035:1)　5.凿(T230③:1)　6.铜镞(H5003:10)　7.铜镞(F5001:3)　8.铜镞(H5003:7)　9.铜镞(T401②:1)　10.铜镞(M4040:1)　11.臂钏(M3019:3)　12.臂钏(M3019:8)　13.环(M6011:4)　14.环(M4003:3)　15.环(M4003:2)　16.环(M4003:1)　17.臂钏(M4007:1)

铜锥的金相组织

铜针的金相组织

铜凿的金相组织

铜镞的金相组织

朱开沟三期铜器的化学成分和制作方法：

（1）铜锥（H1044：1），出自朱开沟遗址三期遗存，长12.9 cm。成分为铜92.3%、锡＜0.1%、铅1.3%，铸后锻制而成。

（2）铜针（T238③：1），出自朱开沟遗址三期遗存，长11.7 cm。成分为铜86.2%、锡10.6%、铅＜2.4%，属铜、锡、铅三元合金。经金相检测可见α固溶体等轴晶及孪晶。晶内存在大量滑移线，部分粒变形，铸后磨制而成。

（3）臂钏（M3028：2），出自朱开沟遗址三期遗存，直径6.7 cm。用青铜铸造并经冷热加工处理。

（4）铜凿（T230③：1），出自朱开沟遗址三期遗存，长3.15 cm。成分为铜89.5%、锡9.2%，属铜、锡二元合铸造成形。

（5）铜镞（M4040：1），长5.7 cm，朱开沟文化四段。成分为铜91.5%、锡6.1%、铅2.1%，属铜、锡、铅三元合金铸造成形。

（6）环（M4003：3），出自朱开沟遗址三期遗存，直径3.7 cm。用锻造的铜条弯成，纯铜材质。

朱开沟遗址三期文化遗存的年代大体相当于夏代早期。

（刘彦琪）

参考文献：

内蒙古自治区文物考古研究所，鄂尔多斯博物馆.朱开沟：青铜时代早期遗址发掘报告[M].北京：文物出版社，2000.

二、夏家店下层文化遗址的耳环、杖首与铜冒

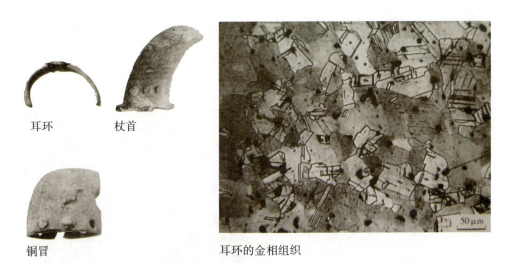

耳环　　杖首

铜冒　　耳环的金相组织

夏家店下层文化遗址出土铜器的化学成分和制作方法：

(1) 耳环（M813：3），出自大甸子墓地夏家店下层文化遗址，金相组织为铜锡α固溶体再结晶晶粒及孪晶，由热锻成形，含铜86.9%、锡8.7%、铅4.4%。夏家店下层文化遗址的16座墓葬共出土26件耳环，皆为青铜质，表面经锉磨平整。随葬耳环的墓为男女各半。

(2) 杖首（M43：12），青铜，合范铸成，有芯，通高54 mm。

(3) 铜冒（M683：7），圆顶，空心，用以套在斧柄顶端，范铸痕迹清晰可见，系用范两块、芯一块铸成。沿銎口边每面有3个钉孔，其上保存两枚铜钉。

大甸子墓地的年代相当于夏代。墓葬棺木经碳十四测定为3645 a B.P和（3585±135）a B.P（树轮校正）。

（刘彦琪）

参考文献：

1. 中国社会科学院考古研究所. 大甸子：夏家店下层文化遗址与墓地发掘报告[M]. 北京：科学出版社，1996.

2. 孙淑云，韩汝玢，李秀辉. 中国古代金属材料显微组织图谱：有色金属卷[M]. 北京：科学出版社，2015.

第三节 海岱地区

一、山东三里河遗址的黄铜钻头

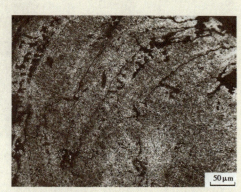

黄铜钻头

钻头的金相组织

该遗址位于山东胶县，在龙山文化层出土有残铜钻，年代为公元前2405年至前2030年。经中国冶金史编写组鉴定其由黄铜制成，可能用铜、锌共生矿还原得到。经金相检测其基体是α相，有蓝灰色δ相及黑色硫化铅。

（刘彦琪）

参考文献：

1. 中国社会科学院考古研究所.胶县三里河[M].北京：文物出版社,1988.
2. 孙淑云，韩汝玢，李秀辉.中国古代金属材料显微组织图谱：有色金属卷[M].北京：科学出版社，2015.

二、岳石文化遗址的铜刀、铜环及铜锥

岳石文化铜器

1.铜刀（T222⑦:45） 2.铜环（T216⑦:27） 3.铜锥（T268⑦:4） 4.铜刀（T198⑦:5） 5.三角形铜刀（79H5:2） 6.铜刀（T221⑦:21）

铜刀的金相组织

岳石文化遗址出土铜刀、铜环及铜锥的化学成分及制作方法：

（1）铜刀（T222⑦:45），长5.3 cm。表面锈层成分经激光光谱半定量分析为：铜48%、锡39%、铅5%。锻后锻打。

（2）铜环（T216⑦:27），长径7.4 cm、短径6.6 cm。成分经激光光谱半定量分析为：铜91%、锡3%、铅2%。红铜材质，锻打成形。

（3）铜锥（T268⑦:4），长6.1 cm。成分经激光光谱半定量分析为：铜64%、锡7%、铅25%。铸造后局部经锻打。

（4）铜刀（T198⑦:5），残长6.1 cm。经金相检测基体为再结晶的α固溶体，有孪晶存在。成分经扫描电镜能谱仪分析为：铜66.33%、锡0.97%、铅32.70%。属铅青铜经热锻成形。

岳石文化的铜制品，经北京科技大学冶金史研究室鉴定，多数为锡青铜，少数为铅青铜，有镞、刀、锥和环等，表明岳石文化所处时代已步入早期青铜时代。

尹家城岳石文化的年代，为公元前1900年至前1600年左右，与二里头文化相当。

（刘彦琪）

参考文献：

山东大学历史系考古专业教研室. 泗水尹家城[M]. 北京：文物出版社，1990.

第四节 中原地区

一、约6000年前中原仰韶文化遗址的青铜器

黄铜管

黄铜片

黄铜片的金相组织

铜笄

铜笄的金相组织

临潼姜寨第一期仰韶文化半坡类型遗存出土有黄铜片（T74F29：15）和黄铜管状物（T259③：39）。年代为公元前4500年至前3900年。

黄铜片出自74号探方的F29，直径4.8 cm，厚0.1 cm，一面较光滑，另一面较粗糙，边缘有锉痕，局部凹进，保留了铸造凝固时的表面。经检测，含铜66.54％、锌25.56％、锡0.87％、铅5.92％，为含铅的原始黄铜。黄铜片基体为树枝状晶偏析的Cu-Zn α相，晶界处为含锡较高的δ相或（α+δ）共析相，有弥散的纯铅颗粒。杂质较多，可能是含铅锌的铜矿石，在较低温度（950～1000 ℃）下炼得，再经重熔，在单面范中铸成圆片。

黄铜管状物由铜片卷成，残长5 cm。经扫描电镜能谱仪半定量分析，含铜68％、锌32％。

这两件黄铜制品为探索我国冶金技术的起源提供了十分重要的物证。

黄铜笄于1982年出土自陕西渭南北刘遗址仰韶文化庙底沟类型地层，年代为公元前4000年至前3800年。经金相分析其为黄铜热锻组织，含锌27％～32％。

（刘彦琪）

参考文献：

1. 半坡博物馆，陕西省考古研究所，临潼县博物馆. 姜寨：新石器时代遗址发掘报告[M]. 北京：文物出版社，1988.
2. 孙淑云，韩汝玢，李秀辉. 中国古代金属材料显微组织图谱：有色金属卷[M]. 北京：科学出版社，2015.

二、中原龙山文化遗址的铜铃与铜齿形器

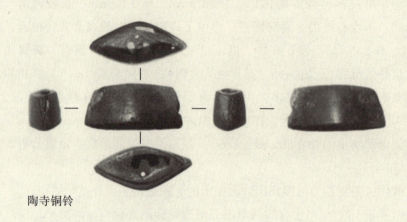

陶寺铜铃

陶寺铜齿轮形器

山西襄汾陶寺铜铃，1983年于M3296墓主腰侧发现。其横断面为菱形，通高2.65 cm，壁厚0.28 cm。顶部中央一侧有小孔，孔径0.25 cm，用于安置铃舌。顶部不规则透孔，表明铜铃由复合陶范铸成。该墓位于陶寺早期的王族墓地，为晚期小墓，属中原龙山文化。成分分析表明其含铜97.86%、铅1.54%，为含铅红铜。绝对年代为公元前2085年。它是迄今所知最早的铜铃，其后的铃形器及钟铙都是沿袭其菱形横断面的形制。

铜齿轮形器，2001年在陶寺城址外M11出土，中有圆孔，外缘有29个齿形突起物。M11墓主臂上套着一件玉璧和铜齿轮形器，含砷4.08%，为砷铜器。

登封王城岗龙山文化遗址四期出土的铅锡青铜容器残片，经金相检测为铸造组织，绝对年代为公元前1900年或略早。

（刘彦琪）

容器残片

容器残片的金相组织

参考文献：

1. 宫本一夫. 中国初期青铜器文化の研究[M]. 九州：九州大学出版社，2009.
2. 高江涛，何努. 陶寺遗址出土铜器初探[J]. 南方文物，2014(1).
3. 孙淑云，韩汝玢，李秀辉. 中国古代金属材料显微组织图谱：有色金属卷[M]. 北京：科学出版社，2015.

三、二里头文化遗址的铜工具与青铜礼器

二里头文化遗址一、二期铜器
1. 铜刀（Ⅱ·VT111⑤:12） 2. 铜刀（ⅣT24⑥:9） 3. 铜渣（VT33D⑩:7） 4. 铜刀（ⅣT21⑤:6） 5. 铜刀（Ⅱ·VH159:2） 6. 铜锥（ⅣT2⑤:4） 7. 陶范（ⅣT2⑦:28) 8. 铜铃（VM22:11） 9. 铜牌饰背面（1981YLVM4:5） 10. 铜牌饰正面

二里头文化遗址一、二期铜器的化学成分和制作方法：

(1) 铜刀（Ⅱ·VT111⑤：12），刀身前部残，后部略呈三角形，残长2.4 cm。

(2) 铜刀（ⅣT24⑥B：9），长条形，长5.5 cm。

(3) 铜渣（VT33D⑩：7）。

(4) 铜刀（ⅣT21⑤：6），长条形，残长3.9 cm。

(5) 铜刀（Ⅱ·VH159：2），残长2.6 cm。

(6) 铜锥（ⅣT2⑤：4），细条形，一侧有范线，刃部锋利，长5.1 cm。

(7) 陶范（ⅣT2⑦：28），表面敷有细泥浆，外范面刻有符号，便于对合。

(8) 铜铃（VM22：11），出自二里头文化遗址二期的墓内，放在墓主腰部。顶部有半圆形钮，器一侧有扉，器钮两侧各有一孔，用以系铃舌。器表有布纹和朱砂痕迹，高9 cm。铜铃属合瓦形截面，开双音青铜乐钟之先河。

(9) 镶嵌绿松石铜牌饰（背面）（1981YLVM4：5），出自二里头文化遗址二期遗存。牌饰正面见图10，其两侧各有两穿孔，由绿松石粘嵌成兽面纹，甚精美。牌饰出自墓主胸部，有学者认为牌饰与祭祀、通神有关。

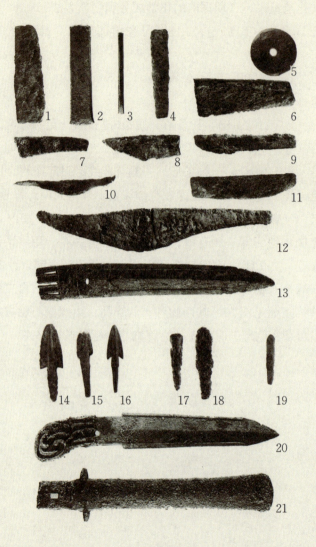

二里头文化三期铜器

1.锛（ⅣH57:27） 2.锛（ⅢF2:10） 3.凿（Ⅴ采:61） 4.凿（ⅣT2④:7） 5.铜纺轮（ⅣH58:1） 6.锯（ⅣH57:84） 7.刀（ⅣH74:1） 8.刀（ⅣT31③:8） 9.刀（ⅣH57:7） 10.刀（ⅣT7④:11） 11.刀（Ⅱ·ⅤT122③:3） 12.刀（ⅤT203⑤:3） 13.戈（Ⅲ采:60） 14.铜镞（Ⅱ·ⅤT119④:70） 15.铜镞（Ⅱ·ⅤH158:4） 16.铜镞（Ⅱ·ⅤT119④:71） 17.铜镞（ⅣT6⑤:54） 18.铜镞（Ⅱ·ⅤT122③:1） 19.铜镞（Ⅱ·ⅤH158:12） 20.戈（ⅥKM3:2） 21.钺（ⅥKM3:1）

二里头文化遗址三期铜器的化学成分和制作方法：

(1) 锛（ⅣH57：27），单面刃，长5.3 cm。

(2) 锛（ⅢF2：10），单面刃，长11.4 cm。

(3) 凿（Ⅴ采：61），顶部有捶打痕迹，单面刃，长8.2 cm。

(4) 凿（ⅣT2④：7），双面刃，长5 cm。

(5) 铜纺轮（ⅣH58：1），底部周围和孔边有花棱，直径3.1 cm。

(6) 锯（ⅣH57：84），残，背有范线，残长4.2 cm。

(7) 刀（ⅣH74：1），双面刃，长4.2 cm。

(8) 刀（ⅣT31③：8），斜刃，残长4.1 cm。

(9) 刀（ⅣH57：7），柄两侧有竹片痕迹，长1.9 cm。

(10) 刀（ⅣT7④：11），长1.9 cm。

(11) 刀（Ⅱ·VT122③：3），残长6 cm。

(12) 刀（VT203⑤：3），长4.4 cm。

(13) 戈（Ⅲ采：60），援、内无明显分界线，锋刃较锐利，长27.5 cm。

(14) 铜镞（Ⅱ·VT119④：70），菱形剖面，残长7.15 cm。

(15) 铜镞（Ⅱ·VH158：4），菱形剖面，残长6.1 cm。

(16) 铜镞（Ⅱ·VT119④：71），菱形剖面，有倒刺，长6 cm。

(17) 铜镞（ⅣT6⑤：54），长3.8 cm。

(18) 铜镞（Ⅱ·VT122③：1），长3.05 cm。

(19) 铜镞（Ⅱ·VH158：12），四棱柱状，长2.9 cm。

(20) 戈（ⅥKM3：2），直援，曲内，无阑。援两面有脊，锋刃锐利。穿、援之间有安柲痕，内后部铸有凸起云纹，纹间凹槽可能镶嵌有绿松石，制作精细，长27.5 cm。

(21) 钺（ⅥKM3：1），长23.5 cm。

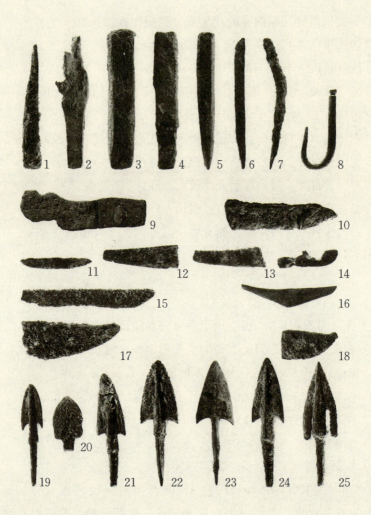

二里头文化遗址四期铜器

1.凿（ⅣT23④:47) 2.凿（ⅣT24④B:116) 3.凿（ⅤT7F③:11) 4.凿（ⅣT21④:10) 5.锥（ⅤH103:3) 6.锥（ⅣT24④B:59) 7.锥（ⅣT1③A:2) 8.铜鱼钩(VH82:9) 9.刀（ⅣT22④:28) 10.刀（ⅣT19②:32) 11.刀（ⅣT13②A:5) 12.刀(VT211③B:1) 13.刀(VH51:2) 14.刀（Ⅱ·V119③:20) 15.刀(VT26A⑥:7) 16.刀（ⅣT13②:33) 17.刀(VT26B⑤下:13) 18.刀（Ⅱ·V104③:32) 19.铜镞(VT24④B:1) 20.铜镞(VT12B③B:1) 21.铜镞(VH108:1) 22.铜镞(VH101:6) 23.铜镞(VT124③A:14) 24.铜镞(VH20:1) 25.铜镞(VT17B⑤:2)

二里头文化遗址四期铜器的化学成分和制作方法：

(1) 凿（ⅣT23④：47），长3.7 cm。

(2) 凿（ⅣT24④B：116），两侧有范线，刃锋利，长4 cm。

(3) 凿（ⅤT7F③：11），顶部有捶打痕迹，长4.1 cm。

(4) 凿（ⅣT21④：10），长4.3 cm。

(5) 锥（ⅤH103：3），顶部有打击痕迹，长4.05 cm。

(6) 锥（ⅣT24④B：59），长7.3 cm。

(7) 锥（ⅣT1③A：2），长6.1 cm。

(8) 鱼钩（ⅤH82：9），有凹槽可系绳，长2.7 cm。

(9) 刀（ⅣT22④：28），长4 cm。

(10) 刀（ⅣT19②：32），长3.6 cm。

(11) 刀（ⅣT13②A：5），长3.8 cm。

(12) 刀（ⅤT211③B：1），残长3.8 cm。

(13) 刀（ⅤH51：2），残长3.8 cm。

(14) 刀（Ⅱ·Ⅴ119③：20），残长3.8 cm。

(15) 刀（ⅤT26A⑥：7），残长7.4 cm。

(16) 刀（ⅣT13②：33），长6.6 cm。

(17) 刀（ⅤT26B⑤下：13），残长6.3 cm。

(18) 刀（Ⅱ·Ⅴ104③：32），柄残，仅存尖部。

(19) 铜镞（ⅤT24④B：1），残长5.8 cm。

(20) 铜镞（ⅤT12B③B：1），残长3 cm。

(21) 铜镞（ⅤH108：1），有倒刺，长铤，长7.5 cm。

(22) 铜镞（ⅤH101：6），有倒刺，长8.4 cm。

(23) 铜镞（ⅤT214③A：14），有倒刺，长6.5 cm。

(24) 铜镞（ⅤH20：1），有倒刺，长6.4 cm。

(25) 铜镞（ⅤT17B⑤：2），长条形倒刺，长6 cm。

二里头遗址三、四期铜爵
1. 二里头三期铜爵（ⅧT22③:6）
2. 二里头三期铜爵（ⅢKM6:1）
3. 二里头三期铜爵（1980YLⅢM2:2）
4. 夏晚期乳钉纹铜爵（ⅦKM7:1）

二里头文化遗址三、四期铜爵的化学成分和制作方法：

（1）二里头三期铜爵（ⅧT22③：6），窄长流，矮足，薄胎。鋬内侧残存陶范。从流口和尾尖到器底以及底部四周都有范线痕迹，爵底有烟炱。爵高12 cm，经北京钢铁研究院电子探针定量分析，含铜92%、锡7%。

（2）二里头三期铜爵（ⅢKM6：1），薄胎，尾部有修整痕迹，高13.3 cm。

（3）二里头三期铜爵（1980YLⅢM2：2），通高22.4 cm，爵底部下接裙状结构，裙周有四个圆形镂孔。

（4）夏晚期乳钉纹铜爵（ⅦKM7：1），二里头四期墓葬出土。高26.5 cm。

二里头不同时期爵的形制变化很大，体量渐增大，造型渐趋精美，反映出范铸技术的发展。

网格纹鼎

铜斝

二里头四期网格纹鼎和铜斝

网格纹铜鼎出土于二里头Ⅴ区1号墓，沿用郑光的说法，定为二里头文化遗址四期遗物。形体小，纹饰简率，高20 cm。

二里头文化遗址四期铜斝，通高30.5 cm，素面，竖腰平底，口沿有两个锥状柱，腹体有三个圆饼状装饰。

中国考古学界普遍认为二里头遗址属夏文化，出土的大量青铜工具表明其使用广泛，成为新的生产力的代表，由此开拓了辉煌的商周青铜文明。鼎、爵、斝、铜铃以及绿松石镶嵌的青铜牌饰的出现，昭示着礼乐器在中国青铜时代的重要地位，学者们以为该时期已有初始的青铜礼器组合，戈、钺、镞等铜兵器则开启了冷兵器的青铜时代。

（刘彦琪）

参考文献：

《中国青铜器全集》编辑委员会.中国青铜器全集：第1卷[M].北京：文物出版社，1996.

第二章 商、西周

商代和西周是中华铜文化史上最辉煌的时段之一。

商代早中期的青铜器以郑州商城遗址和武汉盘龙城遗址出土的青铜器为代表，陕西、山西、安徽、河北、山东等地也有出土。

从各地出土的青铜器来看，这一时期青铜容器和兵器的种类明显增多，表明青铜体制正在逐步形成。青铜器数量的显著增加和出土范围的扩大，说明青铜器作为礼器已被广泛采用。考古发现的资料表明，青铜礼器的使用已形成一定的组合关系。青铜器的造型逐步摆脱了陶器的影响，开始形成自身的形制规范。兽面纹、龙纹、鸟纹等青铜器上的主要装饰题材已被广泛运用，装饰手法由简趋繁，由粗变精，开始向成熟的装饰工艺发展。在青铜器的铸造中，分铸技术已被娴熟应用，大型青铜容器的铸造也较普遍。在这一时期较晚的时候青铜器上偶有文字。

中国的青铜艺术在商代晚期达到了辉煌灿烂的鼎盛时期，并一直延续到西周早期。青铜器的种类与器形在这一时期已基本齐全，食器、酒器、水器、乐器、兵器等分类明确，工具、农具、钱币和建筑构件也开始应用。器物使用中的组合关系确立，礼器中重酒的体制在商代晚期臻于完善，到西周早期则开始向重食的体制转变。器物的造型成熟，器壁厚重，多见大器、方器，且比较多地运用动物形象作为器形，充分表现出了鼎盛期青铜器的恢宏气势。青铜器的装饰空前发达，纹饰的题材进一步扩大，动物、植物、几何形纹饰经过图案化处理后的多种组合，使青铜器的装饰丰富多样。器物往往是满饰花纹，浮雕和平雕相结合的装饰方法使青铜器纹饰富有层次感，立体效果强烈。铭文在较多的青铜器上出现，在商代晚期以使用者的氏族徽记和名号为主，稍晚也出现了纪事体铭文，字体主要是笔势刚劲有力的波磔体。到西周早期，青铜器上普遍铸有铭文，内容逐渐以纪事为主，甚至有长达数百字的长篇纪事铭文。

除了中原地区，在湖南、江西、四川、湖北、安徽、浙江、江苏等地也有大量的青铜器出土，其中部分青铜器具有中原青铜文化特色，大量的则具有当地青铜文化特色。这表明在这一时期，青铜铸造工艺在中原以外地区也开始蓬勃发展。

西周中期以后，中国的青铜体制发生了比较大的转变。这个转变可以说是周人通过近百年的革新除旧，逐步确立起来的具有本民族特点的政治、宗法、宗教等制度的物质体现，也是殷商的政治、文化、宗教影响日益减弱，周人本民族的政治、文化、宗教和社会习俗得以在青铜器上充分表现的结果。在这一时期，青铜酒器的种类和数量继续减少，青铜食器的种类和数量则逐步增加，盨、簠、铺等正是在这一时期新出现的食器种类。列鼎制度也在这一时期得以确立。列鼎制度中的鼎一般器形、纹饰及铭文均相同，大小则依次递减。列鼎通常与以偶数组合的簋配套使用。列鼎制度的实质就是强化和巩固为统治阶级政治利益服务的宗法制度和等级制度，使统治集团内部的政治、经济利益得到有秩序的分配。

从这一时期开始，青铜器的器形由鼎盛期的雄奇厚重向端庄实用转变，如过去为了增添器物气势而设置的扉棱在这一时期的青铜器上逐渐消失，一些器足也由粗壮变得细长。青铜器的装饰由豪华精丽的具象性纹饰转变为粗犷简朴的抽象性纹饰，兽面纹、龙纹和凤鸟纹多以变形的形式出现，由动物形纹饰变形产生的波曲纹、兽体变形纹等成为纹饰的主体，这些纹饰给人以清新流畅的感觉。器形的简洁实用和装饰的朴实简约相得益彰，使得这一时期青铜器的总体面貌焕然一新。

西周晚期以后，随着国力的衰败，青铜工艺发展相对停滞。青铜器的器形与纹饰多是前一阶段的延续，几乎没有什么创新，一些器形和装饰则出现了程式化的倾向，如鼎和簋等的器形和装饰一般都固定于两三种形式，鲜有以往那种千姿百态的变化。青铜器的铸造质量也呈现出下降的趋势，但在一些为王臣显贵所铸之器中尚有制作讲究的青铜精品。

（周　亚）

第一节 商

一、兽面纹方鼎

商代早期
通高100 cm,口径62.5 cm,重86.4 kg
1974年河南郑州张寨南街出土(杜岭一号)
河南省博物院藏

鼎是古代烹饪器。这件方鼎方唇，口沿外折，沿面上有两半环形立耳，耳外壁呈凹槽状。深腹且作方斗形，直壁，下腹略向内收，腹底近平。四柱足上粗下细、内呈中空，截面为正圆形，与鼎腹相接。鼎底有十字形加强筋，作为腹壁与器底的连接加固。鼎腹上部周饰八组兽面纹形成条饰带，分别为四壁正中各饰一组，四转角处各饰一组。乳钉纹则分饰四壁的左右与下方，形成"凹"字条带。近足根处周饰两组兽面纹，下接凸弦纹三周。此种兽面乳钉纹方鼎的形制，是商代早期方鼎的典型形制。

全器虽上大下小却显比例协调、稳重大气，造型设计高超。

此鼎出土时保存完整，东西并列，一式两件，腹底与足表皆有烟炱痕，说明应为实用器物。

根据方鼎上的范线分析，该鼎采用了分铸技术，鼎足和方鼎的四块中壁是先铸成，然后才与方鼎的框架铸接成形。在3000多年前大型陶范难以制作、翻动和烘焙的情况下，先人创造了逐块铸造并铸接的分铸技术(见附图)，铸造出大尺寸的铸件，技艺极高。

（周　亚　谭德睿）

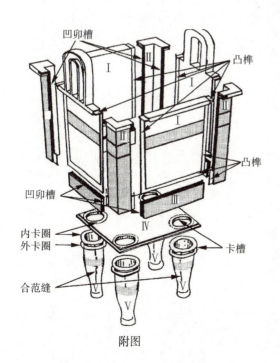

附图

参考文献：

1. 河南省文物考古研究所，郑州市文物考古研究所.郑州商代铜器窖藏[M].北京：科学出版社，1999.

2. 裴明相.郑州商代青铜器铸造述略[J].中原文物，1989(3).

3. 李京华.郑州食品厂商代窖藏大方鼎："拼铸"技术初探[M]//李京华.中原古代冶金技术研究：第二集.郑州：中州古籍出版社，2003.

二、饕餮纹爵与饕餮纹斝

饕餮纹爵

饕餮纹斝

商代早期
饕餮纹爵：高23 cm，从流到尾长18.9 cm
饕餮纹斝：高33 cm，口径18.1 cm，腹径13.8 cm
1983年12月出土于铜陵市铜官区西湖镇
铜陵市博物馆藏

饕餮纹爵、饕餮纹斝是铜陵乃至皖南地区迄今发现的年代最早的珍贵文物之一。

饕餮纹爵形似鸟雀，直壁平底，上有菌状单柱，柱顶铸有涡纹，下有三角锥状长足；腹部饰饕餮纹，上下一周饰有连珠纹。饕餮纹斝桶状腹，菌状双柱，平底三足，腹部上下各饰一周饕餮纹，且上下对称，共有三组。

爵、斝都是商周时期的酒器。其中爵为饮酒器，相当于今天的酒杯，但当时只限于奴隶主贵族使用，成为权力的象征，所以爵又引申为"爵位"，成为贵族封号秩序的统称。斝为盛酒器，兼可温酒。这两件酒器常常组合在一起使用，西周以后，爵逐渐绝迹，斝也随之消失了。

这两件器物从纹饰到器形，与湖北黄陂盘龙城出土的商代前期的爵、斝基本相同，年代也很相近。值得注意的是，这两件器物的表面都呈现铁锈色，显然是含铁量高所致，这和铜陵出土的不少青铜器表面都呈铁锈色的特点一致。铜陵地区矿体中含铁品位较高，加之与同时期铜矿遗址和铸范的发现对照考量，这两件器物很可能就是铜陵当地所铸。

（张国茂　李劲松）

参考文献：

张国茂.安徽铜陵先秦青铜文化简论[J].东南文化,1991(2).

三、兽面纹建筑构件

商代中期
高 18.5 cm，正面宽 18.8 cm，侧面宽 16.5 cm，重 6 kg
1989 年河南郑州石佛镇小双桥采集
河南博物院藏

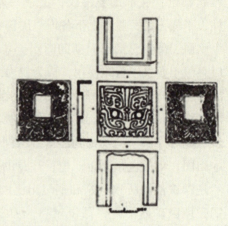

附图：构件视图

构件作凹字形，正侧面上下有折沿，两侧有长方形孔。正面饰兽面纹，两侧饰龙纹和虎纹。同一地点共发现三件类似的构件。根据形状和构造，推测可能是大型宫殿建筑中套在建筑物正门两侧门枕前端的装饰构件。

（韦心滢）

参考文献：

1. 河南省文物考古研究所. 郑州小双桥：1990~2000 年考古发掘报告[M]. 北京：科学出版社，2012.

2. 宋国定. 商代前期青铜建筑饰件及相关问题[M]//河南省文物考古研究所. 郑州商城考古新发现与研究：1985~1992. 郑州：中州古籍出版社，1993：72.

四、兽面纹壶

商代中期
通高 22 cm
1977 年北京平谷县
刘家河商代墓葬出土
首都博物馆藏

壶是古代盛酒器。兽面纹壶直口，长颈，圆鼓腹，圈足开有三个十字形镂孔。口上有圆盖，顶部呈穹隆状，上有环钮，器盖与器身作子母口套合。肩部附有两半环形，上套绳索状提梁，并以环链将盖钮与提梁连接。颈部饰弦纹，肩部装饰龙纹纹，腹部为兽面纹，上下各以一周联珠纹镶边。

提梁呈三维麻花形扭曲，无范线，表明已用可焚失材料制作提梁的模，然后在提梁模外包覆无需分范的整体陶范，经加热，模焚失，可铸造出无范线的呈三维扭曲的青铜提梁。此器为迄今使用焚失法铸造最早的铸件。

（韦心滢）

参考文献：

1. 北京市文物管理处. 北京市平谷县发现商代墓葬[J]. 文物，1977(11).
2. 谭德睿. 中国青铜时代陶范铸造技术研究[J]. 考古学报，1999(2).

五、龙虎尊

商代中期
通高50.5 cm,口径44.9 cm,重26.2 kg
安徽阜南月儿河出土
中国国家博物馆藏

尊是古代盛酒器。这件尊敞口、高颈、鼓腹、折肩。口大过肩，肩部微鼓，下折成腹，腹壁呈微弧收敛成圜底，高圈足，足壁外斜不明显，上有三个十字形镂孔。颈下装饰三道凸弦纹，肩部装饰三条微凸逶迤的龙身，立体圆雕龙首，犄角扬立、双目圆睁、探出肩外，龙身旁还加饰有张口卷唇的小夔纹，长短夔龙相互呼应、生动灵活、惟妙惟肖。器腹以云雷纹铺地，以三道扉棱为界，分饰三组虎食人纹。虎食人纹以圆雕虎首为中心，左右开展成虎身，虎尾上卷，虎口下衔一蹲踞裸身人首，双臂弯曲，面带微笑。虎身下另饰尾部上卷之两相背夔纹，以扉棱为中心，又相对形成一大兽面纹。除虎首外，虎身、人、夔纹皆作半浮雕形式，线条清晰，画面紧凑，整体充满张力与动感。圈足上部饰一道凸弦纹，下部周饰上卷兽面纹。此尊整体轮廓清晰，图案错落有致，构思绮丽丰富，为商代时期江淮流域青铜器的代表作。

"虎食人"母题在殷墟地区与长江流域出土青铜器中亦见，如妇好墓出土的大型钺（M5：799）与后母戊方鼎鼎耳上皆有"双虎噬人"纹，传湖南出土的虎食人卣；另外四川广汉三星堆也出土一件龙虎尊，形制、纹饰与此尊大同小异。可见，"虎食人"这一主题在当时甚为流行。张光直先生认为"虎食人"体现的是一种古代巫术，大张的虎口象征生死两界，虎口下的人即为巫师，巫师透过祭祀活动让老虎协助取得通天地、知鬼神的能力。

龙虎尊体型高大，铸造技术高超复杂，分两次浇铸：首先浑铸器体，其次将龙头、虎头分别浇铸其上。可以在部分头、身相接处看到二次铸造的接缝与痕迹。且后铸的龙头、虎头铜质呈带光泽感的黄绿色，先铸的器体呈无光泽的暗灰色，也证明器体与龙头、虎头为分铸。此尊采用等壁厚设计，即纹饰凸起部位在相应的内范也凸起，既可减少青铜耗量，亦可减少因壁厚不均造成的缩孔、缩松等铸造缺陷。

（韦心滢）

参考文献：

葛介屏. 安徽阜南发现殷商时代的青铜器[J]. 文物，1959(1).

六、铁刃铜钺

商代中期
残长11.1 cm,阑宽8.5 cm
河北藁城台西112号墓出土(M112:1)
中国国家博物馆藏

铁刃铜钺援部呈梯形,上下阑出齿,方形内、中部有一圆穿,铁刃前半部已断失,后半残存部分夹于青铜援内,以X射线进行探视,发现夹入部分约1 cm。援部近阑处两面装饰两排乳钉纹,其中一面两排各为6枚乳钉纹,另一面两排分别为7枚与8枚乳钉纹。

经检测分析,铁刃含有大量的镍及罕见的钴、锗金属成分,具有陨铁特征。

迄今,中国境内发现有确切出土地址的陨铁刃兵器,另有1977年北京平谷刘家河商墓中发现的铁刃铜钺以及1931年河南浚县辛村发现的铁刃铜钺与铁援铜戈。陨铁的使用虽非经过人工冶炼,但可以确认铁刃部分是经过热变形锻打而成。

陨铁的利用说明当时已认识到铁比青铜更坚硬,更具杀伤力,并掌握加工技术应用到兵器上。这是中国最早的金属复合材料。

(韦心滢)

参考文献:

1. 河北省文物研究所.藁城台西商代遗址[M].北京:文物出版社,1985.
2. 李众.关于藁城商代铜钺铁刃的分析[J].考古学报,1976(2).

七、后母戊方鼎

商代晚期
通高 133 cm,口沿长 110 cm,宽分别为 76.5 cm 和 78 cm,重 832.84 kg
1939年河南安阳武官村北地出土
中国国家博物馆藏

后母戊方鼎方唇、折口、宽沿，双半环形立耳位于口沿上，其中一耳为后配。长方形腹，腹壁近直，下接四中空柱足。器耳上饰首尾相连之半浮雕式鱼纹，耳外侧饰浮雕式双虎食人首纹，耳内侧为素面无纹。腹壁上下正中以短棱为分界，左右装饰张口对视夔纹，其后上部接半个牛角兽面纹，下部接半个下卷角兽面纹，四隅转角处有长扉棱，巧妙地作为上、下半个兽面纹的鼻部；腹壁左右各饰一对称夔纹。足跟装饰兽面纹，鼻部以扉棱代替，整体作浮雕形式，下接三圈凸弦纹。整体纹饰运用轴对称原理，使得鼎体上下左右纹样协调均衡，以实现庄严凝肃的视觉效果。

根据1991年后母戊鼎X射线检测结果，并结合冶铸史专家历年的研究，宋淑悌认为：模和范均须干燥、烘焙；块范组装时为保持壁厚均匀，使用了垫片；块范在地坑内组合；安阳殷墟曾出土可熔铜200 kg的熔铜坩埚，按此计算，共需6只熔铜坩埚同时熔铜1200 kg，方可连续不断注满后母戊鼎和浇注通道；倒置浇注，浇道为四足中的一足，另三足为排气通道；足部与器腹的一侧均经补铸；鼎耳后铸。后母戊鼎其铸造大致经过"制模—制范—装配型范—熔铜、浇注—补铸—铸耳"等工艺流程。

商代晚期，在无起重吊装设备、无大型焙烧炉、无大型熔铜炉和大型浇注设备的条件下，铸师必须有高超的技艺和智慧，生产组织严密，方可实施这项技术难度极高的重大铸造工程。

后母戊方鼎出土保存过程十分曲折艰辛，1939年武官村农民吴培文在田野掘地时发现，因体积庞大，为防日军抢夺，重埋地下，以躲避劫难。途中经历古董商人高价收买并要求分解，以利转运，乡民在砸锯方鼎的过程中，感念大鼎铸成不易，遂放弃售卖，重埋地底。其间日军数次搜索，方鼎历经三次转移埋藏，1946年重新出土，转运至南京，先保存于"南京中央博物院"，1959年调拨至北京中国历史博物馆（今中国国家博物馆）收藏至今。

（韦心滢　谭德睿）

参考文献

1.《中国青铜器全集》编辑委员会.中国青铜器全集：第2卷[M].北京：文物出版社，1997.

2.冯富根，王振江，白荣金，等.司母戊鼎铸造工艺的再研究[J].考古，1981(2).

3.宋淑悌.司母戊鼎的X光检测及其铸造工艺[J].东南文化，1998(3).

八、鸮卣

商代晚期
通高 19 cm，口径 11.5 cm
1980 年河南安阳大司空村 539 号墓出土（M539∶32）
中国社会科学院考古研究所藏

鸮卣整体造型为两相背伫立的鸮鸟。两面对称，分器盖与器身两部分。盖上有小耳、尖喙、圆眼，盖钮呈四阿屋顶形。盖、器作子母口相合。腹上双翅收拢，颈部左右有环耳，上接绳索状提梁，四足粗壮。整体以云雷纹铺地，器盖与口沿相接处各饰一周圆圈纹。双翅饰鳞纹，环钮两侧饰有鸟纹。

相背伫立的鸮卣形式出现于商代晚期，形制大同小异，唯纹饰有繁简之分。仿生动物造型酒器从出土地点分布来看，主要在殷墟等中原地区与长江流域一带。

绳索形提梁是采用了焚失法这种早期无分块整体陶范工艺铸造的。

（韦心滢）

参考文献：

1. 中国社会科学院考古研究所安阳工作队. 1980年河南安阳大司空村M539发掘简报[J]. 考古，1992(6).

2. 谭德睿. 中国青铜时代陶范铸造技术研究[J]. 考古学报，1999(2).

九、妇好偶方彝

商代晚期
通高60 cm,重71 kg
河南安阳小屯村5号墓出土(M5:791)
中国社会科学院考古研究所藏

方彝是古代盛酒器。此方彝形制特殊，宛若两件方彝连成一体，故名偶方彝。口、腹、盖、圈足截面皆呈长方形。方唇、折肩、腹壁近直，腹底向内收，器腹上有对称两附耳，底近平。器身长边两侧各有七个方形槽与尖形槽。高圈足，其两长边中部各开一横长方形孔，两短边中部各开一方形孔。器腹、圈足四面中部与四隅均对应装饰有短扉棱，折肩处长边两面正中各饰一突出牺首，其两侧装饰小鸟纹；短边两面正中各饰一突出象首，其两侧装饰鸱鸮纹。器腹长边两面各饰一大兽面纹，以短扉棱为鼻，臣字眼圆目，两尾端分饰卷尾张口的夔纹；短边两面亦各饰一兽面纹。圈足四边以夔纹形成装饰带。

器盖作四阿式屋顶，两端有对称的四阿式柱钮，长边两侧各有七个方形盖与尖形盖，恰与器身的槽口相合，盖器作子母扣设计。两长边中部各饰一浮雕式鸱鸮纹，喙嘴突出，两侧各饰一钩喙卷尾立鸟纹；短边各饰倒置的两夔纹。盖面有丝织品残痕。

器底内有铭"帚（妇）好"，为器主名。此件大型酒器造型特殊，纹饰繁复，为殷墟出土青铜器中的杰作之一。器盖相合后，仿若古代殿堂，排列规整的七个方槽宛如屋椽，应是模仿当时大型宫殿建筑而作。

（韦心滢）

参考文献：
1. 中国社会科学院考古研究所. 殷虚妇好墓[M]. 北京：文物出版社，1980.
2. 郑振香，陈志达. 安阳殷墟五号墓的发掘[J]. 考古学报，1977(2).

十、四龙中柱盂

商代晚期
通高15.7 cm，口径25.7 cm，足径16.3 cm
1935年河南安阳武官村1005号墓出土
中国台湾"中央研究院历史语言研究所"藏

此盂圆唇、侈口、深腹，腹壁较直，近底部圆曲内转，腹中部有两索状附耳，下接斜直壁圈足。器内中央设上空下实立柱，柱上端作六瓣花形，围绕中柱有四条龙，龙身屈曲，犄角挺立，张口露齿，呈间隔排列，尾部相连为柱，形成转盘，可追逐旋转。上腹一周饰目雷纹，圈足饰上卷兽面纹，盂内龙身上饰三角纹。整体设计精巧，纹饰大方，反映出此盂拥有者的高贵身份。

中柱盂的用途目前有器盖说、盛器说、灯具说、迅缶说、防虫食用说等。盂为古代的一种盛水器，石璋如先生认为四龙中柱盂与同出的壶共同组成一套祭祀摆设，用于某种象征性的礼仪场合中；亦有学者根据云南西双版纳傣族的民族调查，类比推测中柱盂的用途为向内注水，以防止虫蚁咬蚀食物。目前以此两说较为流行。

中柱盂结构复杂，龙体作中空管状，上接圆雕龙头，花瓣形中柱空心，花瓣可出水。如此构造的青铜器需要高超、精准的铸造工艺，为我们展现了殷墟铸铜遗址曾经的辉煌。

（韦心滢）

参考文献：

石璋如. 侯家庄：1005、1022等八墓与殷代的司烜氏[M]. 台北："中央研究院历史语言研究所",2001.

十一、旅　盘

商代晚期
口径33 cm
传河南安阳出土
美国旧金山亚洲艺术博物馆藏

盘为古代盥器，考古发掘出土的盘常置于匜下，即《仪礼·既夕礼》所言："盘匜，匜实于盘中。"使用时以匜往手上浇水，下以盘承接洗手落下的水。此盘敞口、折沿、无耳，腹壁圆转内收成平，下接高直壁圈足。口沿上等距分饰六只圆雕立鸟，腹外壁饰目雷纹，腹内壁饰三组动物纹，每组各为鱼、鸟、虎，其中鱼纹与鸟纹为浅浮雕突起，虎纹为阴纹。盘底中央饰一龟纹，龟背上有圆圈纹。圈足周饰兽面纹，鼻部有细棱突起。

盘内龟纹左右各铸铭"旅"一字，为旅氏铸器。旅盘造型巧妙、纹饰精美，龟纹置于盘底，盛装水时宛若悠游其中，立鸟停伫口沿，仿佛停歇于池岸，奇思妙构，为商代青铜器中的精品。

（韦心滢）

参考文献：

1. René-Yvon Lefebvre d'Argencé. Bronze Vessels of Ancient China in the Avery Brundage Collection[M]. San Francisco: Asian Art Museum of San Francisco, 1977.

2.《中国青铜器全集》编辑委员会. 中国青铜器全集：第3卷[M]. 北京：文物出版社，1997.

十二、镶嵌铜骹玉矛

商代晚期
通长 21 cm,柄长 12 cm
1986 年河南安阳大司空村南 25 号墓出土(M25:7)
中国社会科学院考古研究所藏

矛身呈三角叶状，中央起脊，材质为青玉。柄部材质为青铜，呈上窄下宽的圆銎状，其下接木柲。柄与矛身相接处呈扁圆形，中有豁口将玉质矛身嵌入。柄部装饰两组弯曲卷尾的蛇纹，蛇头部正好是柄部与矛身相接之处，宛若张开的蛇口正好衔着玉质矛身，柄上嵌有绿松石片，柄部末端饰简化的兽面纹。器物整体造型与纹饰搭配紧密，匠心独具，工艺精良。

镶嵌铜骹玉矛虽列兵器之属，但从矛身为玉质、刃不出锋的情况判断，此矛应作礼器之用。且商代出土玉质兵器中，玉矛所占数量比例极小，且多出土于规模较大的墓葬中，说明拥有玉矛之人身份等级较高。

玉质兵器始见于中商时期，至殷墟文化二期时种类开始增多，品相与纹饰亦趋于复杂，镶嵌铜骹玉矛即是商代晚期玉质兵器中的代表作。

（韦心滢）

参考文献：

中国社会科学院考古研究所安阳工作队. 1986年安阳大司空村南地的两座殷墓[J]. 考古, 1989(7).

十三、菱形纹铲

商代晚期
通长12 cm,刃宽9.5 cm,銎径2.1 cm,重0.25 kg
1976年河南安阳小屯村5号墓出土(M5:1153)
中国社会科学院考古研究所藏

  铲为农业生产工具,不仅可用于挖沟掘土,还可用于除草播种,为商周时期的重要生产工具。此铲平刃,铲体上端内卷成角,中腰两侧略向内收。直柄、上宽下窄,截面为椭圆形,銎内残留有朽木。柄部及两角装饰菱格纹。

  此铲虽属于日常实用器,但制作精良、纹饰简洁、造型华美,不但充分体现出商代高级贵族的不凡身份,还反映出当时统治阶级重视农耕的态度。

(韦心滢)

参考文献:
1. 中国社会科学院考古研究所. 殷虚妇好墓[M]. 北京:文物出版社,1980.
2. 郑振香,陈志达. 安阳殷墟五号墓的发掘[J]. 考古学报,1977(2).

十四、铜　　贝

商代晚期
长 1.6 cm
河南安阳殷墟西区 M620 出土
中国社会科学院考古研究所藏

贝可能是中国早期的货币形式之一，商代晚期开始出现仿制海贝的铜贝，虽然数量极少，但这应该是中国金属铸币的肇始。此铜贝贝面凸起，背后有一道开口。

（韦心滢）

参考文献：

中国社会科学院考古研究所安阳工作队. 1969～1988 年殷墟西区墓葬发掘报告[J]. 考古学报，1979(1).

十五、四羊方尊

商代晚期
通高 58.3 cm,重 34.5 kg
1938年湖南宁乡月铺山出土
中国国家博物馆藏

四羊方尊方唇敞口，长颈折肩，方腹微鼓，高圈足。颈部每面中央与四隅皆有短扉棱，上部装饰蕉叶纹，下部为兽面纹饰带。肩上攀附蜿蜒曲折的高浮雕龙身，向前连接位于每面正中探出肩外的双角龙首，肩部四端各装饰圆雕卷角羊首，圆目张口，羊颈外伸，胡须下垂形成短扉棱，羊颈与前胸饰鳞纹，尊腹装饰长冠凤鸟纹，羊腿附于圈足上，形成羊体半露。圈足每面正中与四隅皆有短扉棱，周饰夔纹。

四羊方尊优美雄奇、寓动于静，集线雕、浮雕与圆雕于一器，空间错落安排有致，动物仿生惟妙惟肖，公羊似乎要突出尊体迎面而行。

该尊是采用分铸技术制成，首先将羊首与龙首铸造完成，分别配置于外范的相应位置，再进行尊体铸造，然而分铸痕迹甚难发现，极似全器一气呵成，展现了鬼斧神工的高超陶范铸造水平。

(韦心滢)

参考文献：

1.《中国青铜器全集》编辑委员会. 中国青铜器全集:第4卷[M]. 北京:文物出版社，1998.

2. 湖南省博物馆. 湖南出土殷商西周青铜器[M]. 长沙:岳麓书社，2007.

十六、象 尊

商代晚期
通高22.8 cm,长26.5 cm,宽14.4 cm,重2.775 kg
1975年湖南醴陵狮形山出土
湖南省博物馆藏

象尊整体呈象形，前额扁平，臣目扬眉，双耳张立，象牙外露，长鼻高举。鼻端开口，与腹部相通，形成流口。躯体肥硕，四肢粗壮，背部开椭圆形口，盖已佚失，尾部下垂。鼻端作凤鸟形，鸟首上又倒伏一虎，上卷的凤冠亦互作虎尾，虎口又叼一夔龙，鼻下端为倒悬的夔纹，尾部下卷成钩。额头装饰有一对呈涡状类似龙形体躯纹饰，耳壳饰云雷纹，耳壳背部、颈部下方为凤鸟纹，颈部至臀部由兽面纹、夔纹、虎纹、凤鸟纹等数种动物纹所构成，通体由云雷纹铺地。

这件象尊的纹饰多采用中原文化青铜器上纹饰的式样，然其额头装饰的卷曲形类似龙形体躯的纹饰，仅见于南方地区出土的青铜器上。象尊范线匀薄，造型和纹饰准确，足以代表当时南方地区青铜铸造技术的高水平。

过去象尊发现极少，出土地点皆不清楚，且均流失海外，如法国吉美博物馆藏象尊、美国弗利尔美术馆藏象尊等。该尊于1975年在湖南醴陵县狮形山出土，有明确的出土地点，可作为判断其他类似形制象尊文化属性的参考依据。

（韦心滢）

参考文献：
湖南省博物馆.湖南出土殷商西周青铜器[M].长沙：岳麓书社，2007.

十七、虎卣

商代晚期
通高 35.7 cm，口径 9~10.4 cm，
重 5.09 kg
传湖南出土
日本京都泉屋博古馆藏

虎卣形为整体作踞坐的虎形。虎耳耸立，双目圆瞪，张口露齿，直腰屈背，以粗壮的两后腿与上卷的尾部形成稳定的三支点。虎口下与虎腹相对紧贴一人，人首左转至虎身的右侧，双手抱攀于虎身，双足踩踏在虎的后肢上，虎的前肢紧抓人背两侧，仿若彼此拥抱的姿态。虎背正中有椭圆形开口，上承器盖，盖上有立鹿捉手，虎背两侧接半环形提梁，提梁两端作象鼻兽首，套接卣体突出的榫头。

虎卣纹饰繁缛华丽，有具体表现虎、人部位的描述纹样，也有增添效果的装饰纹样，一实一虚，相辅相成。提梁上装饰龙纹，器盖中线以短扉棱相界，左右对置内卷尾龙纹。虎背中脊起透雕扉棱，装饰一浮雕牛角大兽面，圆目阔鼻。提梁两侧下装饰有顾首龙纹，后肢上亦饰张口卷尾龙纹，虎口两侧有大口卷躯龙纹。人背肩部以菱格纹排列成凹字形，虎爪相抱中间的人的腰背处装饰一兽面纹，臀部至大腿为透迤相对的蛇纹。卣底为卷尾、曲身、立角的夔龙，一侧饰有鱼纹。大量的动物纹饰相互叠合排比，为虎卣装饰纹样的特色之一，此卣据传出土于湖南，符合商代时期南方青铜器特征。

铸造立体动物造型与复杂交错的纹饰，且范线匀薄，需要高超精良的铸造工艺水平。虎卣的铸造方法为器体、器盖分别浑铸，提梁后铸再套接于器体的榫头上。虎卣通体光洁、纹饰清晰、构思奇巧，技术上展现了工匠块范组合严丝合缝以及娴熟的青铜铸造控制能力。目前所见虎卣有两件：一件藏于日本泉屋博古馆，另一件藏于法国赛努奇博物馆。

（韦心滢）

参考文献：

1. 湖南省博物馆. 湖南出土殷商西周青铜器[M]. 长沙：岳麓书社，2007.
2. 泉屋博古. 中国古铜器编[M]. 京都：便利堂，2002.

十八、皿方罍

商代晚期
通高84.8 cm，器身高63.6 cm，口纵22.3 cm，口横22.5 cm
1922年湖南桃源水田乡出土
湖南省博物馆藏

罍是古代盛酒器。这件罍器口横截面呈方形，高颈直口，溜肩深腹，肩部有一对羊角兽首耳衔环与一对圆雕兽首，下腹有一兽首环形鋬，高圈足。罍口上承四阿式屋顶形盖，盖上亦接四阿式屋顶形捉手（见附图）。通体从盖、颈、腹至圈足装饰八道钩戟形扉棱。盖上每面装饰一倒兽面纹，上接卷尾对夔纹，捉手各面装饰一倒牛角兽面纹。颈部、上腹与圈足皆饰鸟首对夔纹，肩部与腹部装饰兽面纹。皿方罍整体风格大胆，纹饰巧妙繁华，体量奇伟魁梧，是目前所知最大的一件青铜方罍。

附图：皿方罍盖

皿方罍盖的盖内铸铭2行8字，器内壁铸铭3行6字；盖铭为"皿而全乍（作）父己尊彝"；器铭为"皿乍（作）父己尊彝"。皿氏为器主，而全是其私名，该罍是皿而全为父己所作祭器。

方罍的盖钮、凸起的兽首以及耳、鋬和环等附件都是先分铸，之后再与器件和器盖铸接为一体，从而形成铸造精品。

（韦心滢）

参考文献：

湖南省博物馆.湖南出土殷商西周青铜器[M].长沙：岳麓书社，2007.

十九、立 人 像

商代晚期
通高260.8 cm,立人像高180 cm
四川广汉三星堆二号祭祀坑出土
(K2②:149)
四川广汉三星堆博物馆藏

立人像由人像与台座两部分组成，台座又由座基、座腿和台面构成。座基呈梯形，素面无纹，可能是置入地底起固定作用。座腿为四个相连龙首，卷唇臣目，吻部下端与台座连接，角部上卷支撑台面。台面呈方形，上下平面无纹，四侧面各饰一周圆圈纹，中间纹饰为单目变形兽面纹。

立人像身躯修长高大，手臂粗大，与身体相比略显夸张，两手呈握拳状，手心中空，似双手原握持某种物件。人像方脸直鼻，浓眉大眼，阔嘴薄唇，双耳招风，耳垂穿孔，手腕戴镯，脚踝着环，赤脚；头戴冠饰，冠上周饰两圈回形纹，正面加饰变形兽面纹，兽面两眉之间有日晕纹。冠后部有长方形孔，可能是作为插挂羽饰之用。立人身着窄袖及半臂式右衽三件式长衫。外衣上左侧装饰阴刻两组龙纹，右侧为一组倒兽面纹与一组虫纹和回纹，两组间以平行线相隔。经推测，立人的身份应是向神灵献祭的大祭司之类，为祭祀中重要的巫祝形象。

据研究，如此高大的青铜立人像，采用了分段浇铸成型的方法。先浇铸台座，然后依次浇铸躯干下半部和双腿、躯干上半部和头部，最后浇铸头冠。

(韦心滢)

参考文献：

1. 四川省文物考古研究所. 三星堆祭祀坑[M]. 北京：文物出版社，1999.
2. 曾中懋. 三星堆出土铜器的铸造技术[J]. 四川文物，1994(6).

二十、纵目人像

商代晚期
通高66 cm，宽138 cm
四川广汉三星堆二号祭祀坑出土（K2②:148）
四川广汉三星堆博物馆藏

纵目人像方脸，扉斗，宽粗弯曲刀眉；臣目，大眼袋，眼球呈圆柱状向前突出；阔鼻，鼻翼呈螺旋状；宽嘴，嘴唇极薄；双耳向上扬张，内凹形成耳窝。额上眉间开一长方形镂孔，原此处应安有额饰，然已脱落佚失。口缝涂有朱砂，眉眼有黑色颜料痕迹。

纵目人像独特的造型特征，明显和中原地区青铜文化不同，反映出鲜明的地方色彩，从出土地点来看，应属早期蜀文化范围。纵目人像的用途目前仍有多种揣测，未有定论，其中可能的观点之一是作为祖先亡灵的形象，接受后代蜀人祭祀。

三星堆遗址所代表的是具有高度发展水平、工艺技术的古蜀文明，从二号祭祀坑中出土的铜罍、铜尊来看，其与长江中游地区的青铜文化有所交流、接触，并非孤立、封闭地存在。

（韦心滢）

参考文献：
四川省文物考古研究所. 三星堆祭祀坑[M]. 北京：文物出版社，1999.

二十一、兽面纹胄

商代晚期
通高18.7 cm, 重2.21 kg
1989年江西新淦大洋洲
出土(XDM:341)
江西省博物馆藏

  胄的功用是在作战时保护头、颈，亦称作盔。此胄圆顶，正面下方开一横长缺口，左右及后部向下延伸，以保护耳部与颈部。顶部有一圆管，可安插缨饰。正面以脊棱为中线，装饰有高浮雕式兽面纹，双角斜上并下卷，椭方形凸目、卷云纹作耳部与鼻部。与此造型近似者尚有安阳侯家庄西北岗1004号大墓出土的胄。

  兽面纹胄出土时锈蚀甚微，保存状况良好，器表色泽呈现绿中带黄，光滑润泽。铸造方法为以鼻为中心对开分型，浑铸而成。

（韦心滢）

参考文献：

江西省博物馆，江西省文物考古研究所，新淦县博物馆. 新淦商代大墓[M]. 北京：文物出版社，1997.

二十二、兽面纹方壶

商代晚期
通高 28 cm，口径 7.3 cm，
重 2.3 kg
1989 年江西新淦大洋洲
出土（XDM:47）
江西省博物馆藏

壶为古代盛酒器。此壶圆唇、敞口、长颈、广肩、方腹、斜直圈足。圆盖作子口与器相合，盖顶呈穹隆状。肩部提梁两端作回顾兽首，嵌铸于肩部小钮，兽身连延成为扁平条状环形提梁，于盖部位置附近突出一环形钮，用以连接盖顶蛇形状套钮，以此固定壶盖与控制提梁前后摆动幅度。方腹中央开有一等比缩小的方孔，截面呈空心十字形，上、下均为平底。

盖面饰两组兽面纹，臣眼圆目，阔鼻扬角，云雷纹铺地。蛇形套钮作S形，方目，周饰菱形纹。提梁兽首双角内卷，臣字形眼、圆目特别突出，张口露齿，提梁满饰雷纹与三角纹。口沿下饰一周变形龙纹；颈部上层装饰变形鸟纹两组，圆凸目，口部为内勾鸟喙状；颈部下层装饰内卷角兽面纹两组，臣眼、展体、卷尾。腹部四周上下饰兽面纹，左右饰单目变形龙纹。圈足为镂空纹饰。

全器纹饰繁复、工艺精美、形制独特，尤以铸造技术堪称时代领先。壶盖、提梁及蛇形套钮各自分别铸造，壶体浑铸，再利用销子等将各部位零件铸接为一体。提梁与壶腹之间的间隙极窄，套接之后几乎看不到与壶腹相接的小钮，此一铸接工艺以现代技术仍难完美复制，足见当时工艺水平之高超。壶腹内十字通道边沿，均可见铸造补块痕迹，应是去除泥芯时其自带的泥芯撑位置出现孔洞，为弥补缺失二次补铸而致。

此壶腹部有方孔对穿，使得器腹呈管状曲折相连，造型奇巧，兼具实用与观赏功能。方形器在古代仅高级贵族才能使用，可知墓主人身份应为商代南土方国首领或高级统治贵族。

兽面纹方壶提梁几乎贴近壶身，可转动但不能拆卸，充分表现出精湛的分铸工艺与精致的审美情操，说明商代时期长江流域地区的青铜文明亦臻发达之境。

(韦心滢)

参考文献：

江西省博物馆，江西省文物考古研究所，新淦县博物馆.新淦商代大墓[M].北京：文物出版社，1997.

二十三、兽面纹立鹿耳甗

商代晚期
通高 105 cm,甑口径 61.2 cm,鬲高 39.5 cm, 鬲口径 34.1 cm,重 78.5 kg
1989 年江西新淦大洋洲出土
江西省博物馆藏

甗是古代烹饪器，具有蒸煮功能。这件甗为甑、鬲连体。甑部为圆唇、直口，口内呈台阶状。双立耳，耳上分立雌雄幼鹿各一，短尾上翘，顾向相对。圆深腹、甑鬲相接处有一周箅托。鬲分裆较高，袋形蹄足，四足中空。甑部口沿外侧周饰斜角目纹，立耳外侧饰两圈鱼鳞纹，甑腹上半以短棱作为兽鼻，左右分饰椭方形凸目，组成一组兽面纹，三组兽面纹之间再以C形扉棱间隔，上下各装饰一周圆圈纹；腹下半部为素面。鬲腹通体饰浮雕式牛角兽面纹，臣眼圆目，鼻部以C形扉棱替代，与甑部所饰同型扉棱位于同一垂直线上。蹄足装饰二道凸弦纹。

兽面纹立鹿耳甗整体粗犷厚重、沉稳洗练。全器除耳上双鹿外，其他皆一次浑铸成形，双鹿与器耳为铸接而成。这件甗体量巨大，为目前所知商周时期形制最大的青铜甗。器外底与足内侧有浓厚烟炱痕，显示此器为墓主生前祭祀礼仪场合的实用器。

（韦心滢）

参考文献：

江西省博物馆，江西省文物考古研究所，新淦县博物馆. 新淦商代大墓[M]. 北京：文物出版社，1997.

二十四、兽面纹犁铧

商代晚期
通长 10.7 cm,銎高 1.9 cm,重 230 g
1989 年江西新淦大洋洲出土
江西省博物馆藏

  犁铧为农业生产工具。此器形近等腰三角形,背面平齐,两侧为薄刃微带弧度,銎部为钝角三角形。两三角截面装饰简体兽面纹,并以三角形为框。铸造方式为上下二分范浑铸成形。

  兽面纹犁铧出土于贵族墓葬之中,不仅说明当时之人重视农耕,可能也与当时的籍田礼仪有关,即孟春正月,春耕之前,天子率诸侯亲自耕田,以祈求丰收的典礼。

(韦心滢)

参考文献:

  江西省博物馆,江西省文物考古研究所,新淦县博物馆. 新淦商代大墓[M]. 北京:文物出版社,1997.

二十五、双面神人像

商代晚期
通高 53 cm，銎长 8.5 cm，面宽 14.5~22 cm，重 4.1 kg
1989 年江西新淦大洋洲出土
（XDM:67）
江西省博物馆藏

双面神人像为中空扁平双面人首造型，宽额、窄颔，面孔呈倒等腰梯形。双目镂空，浑圆突起；竖耳上尖，耳孔镂空；鼻翼肥厚，开设两孔；张口露齿，下犬齿上卷似獠牙，余皆作方形；高颧骨，头顶两侧有二角高耸，角顶端曲折下卷，角上装饰阴线卷云纹，两角间出一圆銎，颈部以方銎表示。双面神人像整体形象狰厉诡怖。

神人像为两次分铸，先铸人首上半部与双耳双角，再铸人首下半部及方銎，均为二分范，沿两侧中线对开。此件神人像造型特殊，中原地区罕见，反映出当时赣江流域存在异于商周文明的独立的地方性青铜文化。

（韦心滢）

参考文献：

江西省文物考古研究所，江西省博物馆，新淦县博物馆. 新淦商代大墓[M]. 北京：文物出版社，1997.

二十六、兽面纹鼓

商代晚期
通高75.5 cm,长径39.5 cm,重47.5 kg
湖北崇阳出土
湖北省博物馆藏

鼓身为椭圆形、横置，作仿木腔蒙皮鼓的样式。上有马鞍状鼓冠，中开一孔，可插杆饰或用以悬吊，下有长方形鼓座，鼓座四边中央开有同形方孔。鼓身两侧装饰三列乳钉纹，正中垂直起棱延伸至鼓座，水平横向亦起一弧棱，构成上下相对两大兽面纹，双目圆突，而上部的兽面纹与乳钉纹饰带相接处不仅起棱，且两边、弧棱上等距加饰乳钉纹。鼓座以四隅转角为中线，左右构成一完整兽面纹，共装饰四组兽面纹。兽面纹鼓整体浑厚凝重，造型气魄奇伟，纹饰繁缛华美。

与此铜鼓形制相似者尚有一件，现藏于日本京都泉屋博古馆，名为双鸟鼍纹鼓，两件鼓身造型几无差别，鼓座各异。鼓为八音之一，常被使用在乐舞、祭祀与战争中。兽面纹鼓是研究古代礼乐制度珍贵的实物材料。

(韦心滢)

参考文献：

崇文. 湖北崇阳出土一件铜鼓[J]. 文物，1978(4).

二十七、黄觚

商代晚期
通高 27.3 cm，口径 16 cm，
腹深 17.8 cm，重 1.04 kg
上海博物馆藏

觚一般被认为是古代的饮酒器。黄觚敞口长颈，腹壁近直，中腹微鼓，高圈足，逐渐外撇成折阶。腹部与圈足有等距四道扉棱，圈足上有十字形镂孔。颈部装饰蕉叶纹，下接云雷纹饰带。中腹饰倒立卷尾对夔纹两组，圈足装饰两组大兽面纹，角、目框、鼻、足的边缘皆采用透雕线条，上接云雷纹饰带。制作大面积透雕纹饰，要求内范、外范相合精准，陶范雕刻技艺高超。类似使用透雕铸造技术的青铜觚，在安阳小屯妇好墓中亦出土过一对，由于铸造难度较高，罕见采用此种技法的器物。

圈足内铸铭一字"黄"，标示了器主出身的族氏。从黄觚巧夺天工的艺术妙思与铸造水平，可知器主应为具备较高社会地位的贵族。

（韦心滢）

参考文献：

陈佩芬. 夏商周青铜器研究[M]. 上海：上海古籍出版社，2004.

二十八、鸮纹觯

商代晚期
通高 19.05 cm
美国旧金山亚洲艺术博物馆藏

觯是古代饮酒器。这件觯口、腹身横截面为椭圆形，深腹、束颈、高领、敞口、高圈足。觯口上承穹窿形盖，盖上有四阿式屋顶形捉手，通体从盖、器身至圈足有四道透雕扉棱。器盖装饰卷鼻对夔纹；器身以鸮面为中心主题纹饰，特别强调圆瞪的双目、凹陷的眼窝、突出器外的鸟喙、并拢伏贴的羽翅，间饰夔纹；两足有力强健，从器腹延伸至圈足；两爪相对而立；圈足上间饰兽面纹与夔纹。整体造型生动，稚拙瑰丽，纹饰采用半浮雕与高浮雕手法，产生出仿佛两鸮背对的强烈立体感，形象地刻画出鸮鸟机警凶猛的神态。

鸮纹、鸮形常见使用于商代青铜器上，反映出当时人们对于鸮鸟昼伏夜出、机敏迅猛特性的敬畏之情。

（韦心滢）

参考文献：

《中国青铜器全集》编辑委员会. 中国青铜器全集：第2卷[M]. 北京：文物出版社，1997.

二十九、龙纹觥

商代晚期
通高 19 cm，长 44 cm，宽 13.4 cm，重 8.6 kg
1959 年山西石楼桃花庄出土
山西省博物院藏

觥为古代的一种盛酒器，《诗经》屡次提到兕觥之名，如"我姑酌彼兕觥，维以不永伤""跻彼公堂，称彼兕觥"等。此件龙纹觥为我们认识文献中的抽象描述提供了实物依据。这件觥整体似夔龙状船形或角形。前端为龙首，翘首露齿，两眼圆鼓，犄角上扬。龙身略作平滑的凹曲线，后端截平。背上有长方形盖，盖上置蕈状钮，器腹近盖沿处有两对贯耳，腹底接长方形圈足，圈足四面中部皆开长方形缺口。盖面装饰逶迤的龙身与前端龙首相衔接，龙身微微凸起，两侧饰以涡纹、云雷纹，盖钮亦饰涡纹。腹壁两侧各饰一夔纹与鼍（鳄鱼）纹，头部方向朝后，间饰鱼纹、夔纹，圈足周饰目雷纹。

觥通体呈蓝绿锈色，造型奇诡，构思独特，纹饰华美。选用鼍纹作为装饰纹样十分罕见，尤其是此觥出土于中国北方地区，说明当时华北的气候比现在温暖。

（韦心滢）

参考文献：

1. 谢青山，杨绍舜. 山西吕梁县石楼镇又发现铜器[J]. 文物，1960(7).
2. 《中国青铜器全集》编辑委员会. 中国青铜器全集：第4卷[M]. 北京：文物出版社，1998.

三十、亚醜钺

商代晚期
通长32.7 cm,宽34.5 cm,重4.6 kg
1965年山东益都苏埠屯出土
山东省博物馆藏

亚醜钺为弧形刃,两角外侈,短方内,平脊,阑侧有两长方形穿,援两侧有透雕扉棱,援部作透雕人面纹:双眉隆起、张目圆凸、阔鼻高突、露齿开嘴、张耳微竖,表情生动传神、原始素朴。

援部近嘴角两侧各铸铭有"亚醜",铭文虽然简单,却标志着器主人的出身——"醜"氏。

在目前已发现的商代时期的40余件铜钺中,亚醜钺是制作最为精美、体形最为壮观者。商周时期,大型钺往往可以作为政治、军事权力的象征。

(韦心滢)

参考文献:
《中国青铜器全集》编辑委员会. 中国青铜器全集:第4卷[M]. 北京:文物出版社,1998.

三十一、兽面纹锛

商代晚期
通长8.7 cm,长方銎2.2 cm×4 cm
1980年河南罗山莽张后李商代墓地11号墓出土
河南省罗山县文化馆藏

  锛是古代的生产工具,用以砍削木料,使木材表面平整。此锛为圆弧刃,器身窄长,器身两侧自銎口向下微斜内收,至近底处外张成圆角,刃比銎口略宽。器身上部装饰简化兽面纹与蝉纹。

  锛上的銎的作用是为了安柄,柄的方向与刃部垂直,使用时向下向内用力,柄多为曲形。锛作为实用工具,一般无装饰、素面无纹,然兽面纹锛在器身上铸纹,说明持有者的身份等级较高。

(韦心滢)

参考文献:

信阳地区文管会,罗山县文化馆.罗山县蟒张后李商周墓地第二次发掘简报[J].中原文物,1981(4).

第二节 西 周

一、龙 纹 鼎

西周早期
通高122 cm,口径83 cm,腹深54 cm,重226 kg
1979年陕西淳化史家塬出土,陕西淳化县博物馆藏龙纹鼎方唇、宽沿，腹部鼓垂，双立耳外侈，鼎腹中部有三兽首半环形耳，下有小钩形珥。腹下接三蹄形足，足内部中空，与鼎腹相连，腹底形成3个直径17 cm的圆窝。鼎耳外侧装饰两条相对龙纹。口沿下装饰两两相对的龙纹，张口卷唇，中部以短扉棱为界，形成兽面纹的鼻部。短扉棱下又设圆雕牛首，牛角曲翘。足部上端装饰浮雕兽面，巨耳利爪，双角下卷突出器外，鼻部形成短扉棱凸起，下接三道凸弦纹。

龙纹鼎造型魁伟厚重、肃穆庄严，纹饰布局疏朗、简洁明快，是西周目前已知体量最大的青铜鼎，为研究西周青铜器铸造技术提供了珍贵的实物资料。

（韦心滢）

参考文献：

李西兴. 陕西青铜器[M]. 西安：陕西人民美术出版社，1994.

二、彊伯簋

西周早期
通高31 cm, 口径25cm, 方座高11.3 cm, 重9.35 kg
1980年陕西宝鸡纸坊头一号墓出土
宝鸡青铜器博物院藏

㝬伯簋方唇、侈口、深鼓腹、高圈足，下接方座，器腹上有两附耳，耳下有长珥。腹部两面各装饰一大兽面纹，双角上扬内卷，方目凸出，鼻梁突起为扉棱。鼻梁两侧各饰折身龙纹。圈足四隅与中线突起扉棱，饰相对拱身卷尾龙纹。附耳作牛首，牛角立体上翘，牛耳侧竖，牛头上有厉虎盘踞，龇牙咧嘴，前爪紧握牛耳，后爪攀附器壁，长尾下垂。方座上四隅各有一浮雕小牛首，四壁转角处各饰一大牛首，牛角突起上扬于器外，间饰顾首折身龙纹。圈足内悬一铜铃，搬动时可发出清脆声响。通体以云雷纹铺地，形成高低起伏的立体效果。

器内底铸铭2行6字，铭文为"㝬伯作寶尊簋"。器主人㝬伯，可能是当地一个地位显赫的家族的首领。

对于青铜器制范时难于脱范的某些部位，古人已用"活块范"技术解决此难题，即在难脱模部位设活块范，便可解决难于脱模问题。典型者如翘出器表的兽角，模的翘出部位内侧无法脱模，为此在内侧设活块范，以解决此问题(附图中兽角内侧为活块范)。这种技术技艺精湛，流行于青铜时代鼎盛期。

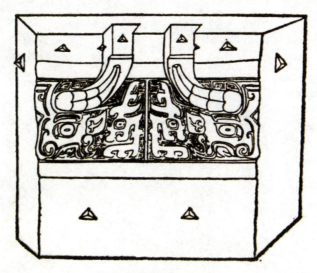

附图：兽角内侧的活块范

(周　亚　谭德睿)

参考文献：

卢连成，胡智生. 宝鸡㝬国墓地[M]. 北京：文物出版社，1988.

三、伯矩鬲

西周早期
通高 33 cm，口径 22.9 cm
1974 年北京琉璃河 251 号墓出土
首都博物馆藏

伯矩鬲方唇、折沿、束颈、平盖，口沿上有两立耳，分裆袋形柱足。盖面装饰两相背的浮雕牛角兽面纹，牛角向上翘起，与鬲耳相抵，盖钮下部作环钮，上接圆雕牛首。颈部平排两短扉棱之间置一龙纹，袋形腹上亦装饰浮雕大牛角兽面纹，牛角上扬飞翘，与盖面纹饰呼应。整器未施地纹，粗犷厚重，以牛为主题的装饰遍布全器，造型奇伟。

盖内与器内壁铸铭15字，大意是"燕侯赏赐伯矩贝，伯矩铸器铭记此事以祭祀父戊"。

这种牛角高翘出器表的纹饰，须采用复杂而精确细致的带有活块范的组合范铸造而成。西周以后此类纹饰较为流行，说明自西周初期以来，青铜器的铸造技术和工艺又有了较大的进步和发展。

（韦心滢）

参考文献：

苏天钧.北京考古集成(11)：琉璃河燕国墓地、北京大葆台汉墓[M].北京：北京出版社，2005.

四、户方彝、户卣、斗和禁

户方彝	大户卣
小户卣	铜斗

西周早期
户方彝：通高63.7 cm，口径35.4 cm×23.5 cm，重35.55 kg
大户卣：通高50 cm，口径18.2 cm×14.5 cm，圈足径23 cm×19.6 cm，重17.85 kg
小户卣：通高36 cm，口径13.8 cm×10.8 cm，圈足径16.3 cm×15.3 cm，重8.92 kg
小户卣器座：通高10.3 cm，长17.4 cm，宽14.4 cm，重2.06 kg
铜斗：长32.5 cm，重0.44 kg
铜禁：通高20.5 cm，长94.5 cm，宽45 cm，重41.8 kg
2012年陕西宝鸡石鼓山3号墓出土
宝鸡石鼓山考古队藏

户方彝体呈长方形，方唇、侈口、束颈、直腹，长方形高圈足，通体有八道扉棱。上承四阿式屋顶盖，盖中脊有四阿式屋顶捉手，四隅起脊，脊上竖立倒折角钩状戟，每面中线亦起短扉棱。盖面饰倒大兽面纹，上接鸟纹。颈部每面中部伸出圆柱接高浮雕兽首，龇牙咧嘴、圆目扬耳，角似掌状张开，左右装饰相对象鼻龙纹。器腹四面各装饰大兽面纹，巨目隆鼻，圈足周饰对龙纹。盖器同铭，各铸一字"户"。

户卣大、小各一件，形制、纹饰皆同，仅器体大小有别。整体皆呈扁圆形，器身作子口内敛，垂腹外鼓，颈部有一对环钮，套接兽首提梁。高圈足，下外撇成高阶。外罩式盖，盖顶有花苞式钮，两侧有犄角状突起，通体周身从盖至圈足有四道扉棱。盖面装饰直棱纹及垂尾小鸟纹，盖沿曲壁上亦饰华冠垂尾凤鸟纹，两组四只。犄角顶端有牛角兽面纹与蝉纹，各面为阴线牛首纹与锯齿纹。提梁外侧装饰顾首夔纹，内侧装饰阴线卷尾夔纹，两端兽首作圆雕立体凸起，圆目阔鼻、掌状形角。颈部饰相背垂尾小凤鸟纹，腹部上段为直棱纹，下段为勾喙华冠大凤鸟，尾羽下伏卧一小凤鸟。圈足饰两组8只垂尾小凤鸟纹。盖器同铭，各铸一字"户"。

铜斗斗首呈桶状，敛口，横截面呈圆形，平底内凹。曲柄接于斗首下腹，相接处作阶状加固设计。斗柄分前、后段，前段截面呈半圆形；后段扁平，正中有一道凸棱，弯曲部位装饰牛首纹，末端渐宽呈三角形。

小户卣器座为长方体，中空，禁面正中有椭圆形凸起，恰可承载小户卣。四周长方形边框装饰回首龙纹。四侧面有长方形镂孔，左右为直立的鸟纹，上部为两头龙纹，下部正中起棱，左右装饰垂尾凤鸟纹。

铜禁为长方体器座，四侧面中间装饰直棱纹，上下正中有短扉棱，扉棱两侧为立刀纹，左右分别装饰卷尾对夔纹及鸟首夔纹。禁面中间为素面，四周饰回首龙纹一周。

出土时户方彝、户卣与小户卣连器座一起放置在铜禁上，铜斗置于户卣旁，显然为一组器，且器铭皆同为"户"。为我们展示了商周之际青铜酒器的组合及放置形式。

(韦心滢)

参考文献：

1. 石鼓山考古队. 陕西宝鸡石鼓山西周墓葬发掘简报[J]. 文物，2013(2).

2. 陈昭容. 宝鸡戴家湾与石鼓山出土商周青铜器[M]. 台北："中央研究院历史语言研究所"，西安：陕西省考古研究院，2015.

3. 常怀颖."宝鸡戴家湾、石鼓山与安阳出土青铜器及陶范学术研讨会"纪要[J]. 古代文明研究通讯，2016(68).

4. 廉海萍. 从铸造工艺看石鼓山青铜器[C]. 宝鸡戴家湾、石鼓山与安阳出土青铜器及陶范学术研讨会，2015.

（周　亚）

五、乳钉纹四耳簋

西周初期
高 29.7 cm，口径 35 cm
2013 年石鼓山墓地四号墓出土
宝鸡石鼓山考古队藏

乳钉纹四耳簋敞口、折沿、方唇，腹壁近直，高圈足，下具高阶状足跟。器身附有四组牛首半环形耳，牛角高耸上扬突出于口沿，牛角间置两"冂"形短棱，短棱间又有一牛首浮雕。耳下有牛首浮雕长方垂珥，双耳间设置扉棱，腹部的两道扉棱与圈足部位的扉棱不在同一条垂直线上。腹部上下各分饰3排夸张突出器表的长乳钉纹，中央装饰一圈直棱纹，形成张扬中不失沉稳的气质。圈足以四耳为分界，分饰四组相对于扉棱的夔纹，圈足内底有菱格纹。值得注意的是，四附耳正面、侧面共出现24个牛首浮雕，四扉棱与口沿交接处各有4个牛首图案，整件器物共计使用了28个牛首图案。

以大量牛首图案作为装饰的四耳簋，目前仅见4件。四耳簋出现于商末周初，流行于西周早期，其后渐渐消失，这或许与周人轻酒重食的观念有关。为突显食器地位，故而创造了此种夸张、巨大的四耳簋形式；但就实用性来看，四耳鎣的设置不仅增加了器物重量，平添取拿时的不便，且极占摆放空间，因此西周中期以后便不再流行。

作为目前所见体型最大的圈足簋，从铸造工艺来看，本器采用了分铸法，四耳与扉棱先铸。由于腹部的铜质有叠压耳根与扉棱的痕迹，说明器身为后铸。扉棱分铸的技术，最早的实例可上溯至陕西岐山贺家村出土的二里岗上层时期的凤鸟斝，说明古人很早便已掌握较为复杂的铸造技术。

（韦心滢）

参考文献：

1. 陕西省考古研究院，宝鸡市考古研究所，宝鸡市渭滨区博物馆.陕西宝鸡石鼓山商周墓地M4发掘简报[J].文物，2016(1).

2. 苏荣誉.论西周初年的牛首饰青铜四耳簋[M]//陈昭容.宝鸡戴家湾与石鼓山出土商周青铜器[M].台北："中央研究院历史语言研究所"，西安：陕西省考古研究院，2015.

六、凤鸟纹簋

西周早期
通高 21.7 cm，口径 16 cm，重 4.65 kg
2013 年陕西宝鸡石鼓山四号墓出土
宝鸡石鼓山考古队藏

凤鸟纹簋腹为球形圆鼓，腹两侧有兽首半环形耳，耳下有小珥，圜底，下接矮圈足。敛口，口上承盖，作子母口相合，盖上有圆形捉手。盖面与腹壁等距均匀四分面，其内装饰散羽大鸟纹，尖喙圆睛，羽冠向后飘扬翻卷，颇具特色。器颈上以兽首为对称中线，装饰相对的卷尾龙纹，圈足亦装饰对视长卷尾凤鸟纹，中线两侧为立刀纹。通体以细云雷纹铺地，耳錾上除兽首外，亦以云雷纹为装饰。

球腹簋的器形极罕见，簋上的主体纹饰散羽大鸟纹很有特色，目前装饰此种纹样的器物，集中于宝鸡戴家湾和石鼓山出土的青铜器上，是极具青铜文化地域特色的一种装饰题材。

此簋耳与器腹浑铸，值得注意的是，器腹面对耳内侧的器壁上铸有云雷纹，这需要在耳内侧的范上预刻纹饰，这对合范的要求比较高，说明在西周初期当地已具备较高的青铜铸造技术。

（韦心滢）

参考文献：

陕西省考古研究院，宝鸡市考古研究所，宝鸡市渭滨区博物馆. 陕西宝鸡石鼓山商周墓地M4发掘简报[J]. 文物，2016(1).

七、龙纹簠

西周早期
通高34.5 cm，口长45.4 cm、口宽34.8 cm，重12.7 kg
2013年陕西宝鸡石鼓山四号墓出土
宝鸡石鼓山考古队藏

簠是盛食器。这件簠的盖、器大小相同，纹饰一致。盖作母口、器作子口，可相互扣合。盖、器皆作弧角长方形、斜壁斗状，两长边近底中部各有一长方形镂孔，器身长边一侧附悬一铃，铃有舌，短边两侧有半环状附耳。盖、器皆有长方形圈足，弧形外侈、起阶状台。盖、器腹部装饰一周直棱纹，上下各面中线两侧装饰立刀纹，左右分饰两组相对张口卷尾夔龙纹。与其同出土的还有一个形制、纹饰相近的小簠。它们是目前所知最早的青铜簠，它们的出土对于认识青铜器的器形发展、演变过程极其重要。

龙纹簠器腹上的悬铃，在搬动铜簠时会发出清脆悦耳的响声，这是其鲜明突出的特征。器上悬铃并非罕见，目前已发现的器类有簠、豆、瓿、卣、方彝、罍与盉，但多在隐蔽之处悬挂，不似该簠位于明显的器腹之上。宝鸡地区为西周早期悬铃铜器出土较集中的区域之一，说明龙纹簠具有地方青铜文化的风格与特色。

悬铃的钮是用铸焊的方式与器腹相连接的。

（韦心滢）

参考文献：

陕西省考古研究院,宝鸡市考古研究所,宝鸡市渭滨区博物馆.陕西宝鸡石鼓山商周墓地M4发掘简报[J].文物,2016(1).

八、肇宁角

西周早期
通高 28 cm，口长 19.8 cm
1986 年河南信阳浉河港出土
河南信阳博物馆藏

  角是古代温酒器。此角卵底、深腹、直壁，有屋脊形盖，以斜子母口与器扣合，盖上有半环形钮，腹一侧接犀首扁环鋬，盖脊与器腹两侧有短扉棱，腹下接三棱锥足。盖上两面各饰一组背对夔纹，以云雷纹铺地。口沿下饰大、小三角纹，腹部饰两组兽面纹，足上饰蕉叶蝉纹。该角庄重美观、匠心独具、华丽神秘。

（韦心滢）

参考文献：

  信阳地区文管会,信阳县文管会.河南信阳县浉河港出土西周早期铜器群[J].考古,1989(1).

九、作册折觥

西周早期
通高 28.7 cm，腹深 12.5 cm，口宽 11.8 cm，重 9.1 kg
1976 年陕西扶风法门寺庄白一号窖藏出土
陕西宝鸡市周原博物馆藏

作册折觥前有流，后有鋬，鼓腹，方圈足，腹、足截面皆作长方形，整体分成盖、器两部分。盖作羊首，鼓目宽鼻、双齿外露、曲角下卷，中脊为凸起的C形扉棱，盖面两侧与流下装饰回首卷尾龙纹，盖后部装饰一卷角大兽面纹，羊角竖起。流下、颈部两侧正中与器腹、圈足四隅皆有透雕扉棱，器腹为两组大兽面纹，方目突出。圈足饰回首垂冠龙纹。鋬体作圆雕复合动物造型，上部为卷角兽首，中部为鸷鸟，下部为垂卷的象鼻，整体庄重大方、神秘华丽。

盖内壁、器内底铸铭42字，铭文为"唯五月，王在□，戊子，命作册折貺望土于相侯，錫金、錫臣，揚王休，唯王十又九祀，用作父乙尊，其永寶。木羊冊"。

作册折觥器外形端庄而奇巧，纹饰制作繁复且精致，展现了当时青铜铸造工艺的极高水平。

（韦心滢）

参考文献：
1. 曹玮.周原出土青铜器：第5卷[M].成都：巴蜀书社，2005.
2. 陕西周原考古队.陕西扶风庄白一号西周青铜器窖藏发掘简报[J].文物，1978(3).

十、何　尊

西周早期
通高38.8 cm，口径28.8 cm，重14.6 kg
1963年陕西宝鸡贾村镇出土
宝鸡青铜器博物院藏

此尊敞口，口圆体方，中腰微鼓，高圈足，下侈成阶状。通体四面有透雕扉棱，口沿下饰蕉叶纹与曲体蛇纹，中腰装饰浮雕羊角大兽面纹，角下卷翘出器表；圈足上亦饰兽面纹。何尊造型雄伟，奇诡华丽，厚重肃穆，简洁大方。

何尊是西周贵族何所作祭器，器内底铸铭122字，铭文内容记述了成王对宗族小子的告诫，并牵涉武王灭商史事与武王、成王相继营建成周洛邑，为研究西周初期史事的珍贵材料。文中"宅兹中国"的文辞，更是最早提及"中国"的文字记载。

翘出尊体的兽角采用了西周初已流行的活块范工艺与尊体浑铸而成，铸工奇巧。

（韦心滢）

参考文献：

《中国青铜器全集》编辑委员会. 中国青铜器全集：第5卷[M]. 北京：文物出版社，1996.

十一、兽面纹卣

西周早期
通高49.5 cm，口径12.1 cm×15.2 cm
2007年湖北随州市安居镇羊子山四号墓出土
湖北省随州市博物馆藏

兽面纹卣的口、腹与圈足的横截面皆呈椭圆形，外罩式盖，盖呈坡状，盖钮作曲折角象首形，器身为子口承盖。垂腹，高圈足，坡状下撇，下折成阶。颈部有两半环形钮，上套接兽首提梁，兽首顶生掌状角、卷鼻尖齿、两耳上扬。提梁中央有U形出戟扉棱，两边各间饰一圆雕兽首，头顶花叶形犄角，两耳上扬、大眼阔鼻。颈部两面各突出一短圆柱，上接圆雕曲折角象首；器腹前后各饰一大兽面纹，杏目浓眉，獠牙外露，两耳突出于器外；正中为上卷象鼻形出戟扉棱。腹两侧为鸟形扁扉棱。圈足上饰双身蛇纹，尾似鱼尾，翘出器外形成扉棱。盖面扉棱为象鼻形与龙纹形扉棱，大兽面纹则与器腹相同。盖沿有两道C形扉棱，左右各装饰以卷身蛇纹，尾部亦作鱼尾形翘出。

此卣造型神秘奇诡，纹饰狞厉梦幻，面容似笑非笑，为目前青铜器纹样中首见。盖内铸铭3字："作宝彝"。与兽面纹卣同墓出土的部分青铜器也饰有相同的神秘兽面纹，器上多铭有"噩侯"，说明墓主人应为一代噩侯，即文献中提到的鄂侯。这些造型奇异、分铸技艺高超的青铜器的出现，表明地处中原文化的边缘地区存在着一个独特的青铜冶铸中心，为我们展现了别具地方风格的青铜文化。

（韦心滢）

参考文献：

随州市博物馆.随州出土文物精粹[M].北京：文物出版社，2009.

十二、邓仲牺尊

西周中期
通高 38.8 cm,通长 41.4 cm,重 14.6 kg
陕西长安张家坡西周墓出土
中国社会科学院考古研究所藏

形体似马非马、似羊非羊，头生双角、双耳，腹有双翼。曲颈、蹄足，腹中空，背上开有椭方形口，上承穹窿形盖，盖钮为立鸟。颈上立一虎，前胸攀附一卷尾顾龙，臀部立一昂首吐舌的卷尾龙。盖周饰双身龙纹，从颈部延伸至前肢装饰头部朝下的龙纹，腹部中央有鸟形扉棱，背部装饰兽面纹，两侧及臀上装饰折身龙纹，后臀饰大兽面纹。整体造型奇特，繁缛华丽，集数种幻想出来的动物于一器。

盖器同铭，共2行6字，铭文为"邓仲作宝尊彝"。

邓仲牺尊铸造精良、巧思妙构，尊上有多个圆雕的动物形饰件，应该都采用了铸接技术。这件尊不仅反映出西周时期宗周地区高超的青铜器铸造水平，铭文内容亦透露出关中地区井氏家族与邓国之间的婚姻往来关系。

(韦心滢)

参考文献：

中国社会科学院考古研究所沣西发掘队.长安张家坡西周井叔墓发掘简报[J].考古，1986(1).

十三、龙 柄 盉

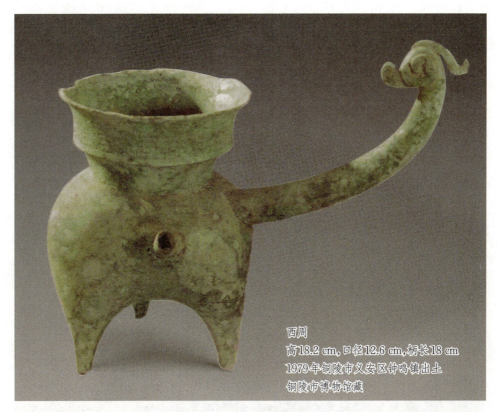

西周
高18.2 cm,口径12.6 cm,柄长18 cm
1979年铜陵市义安区钟鸣镇出土
铜陵市博物馆藏

  龙柄盉1979年出土于铜陵市义安区钟鸣镇。盉上部为盆形敞口,颈部饰有变形窃曲纹,有两端回钩的扁长线条图案,下部为鬲形三袋足。铜盉的曲柄仰起,顶端为龙首,双目俯视盉口。整件器物构思巧妙、造型别致,一改中原铜器浑雄凝重的风格,给人以生动活泼的愉悦感受。

  据史书记载,商王曾多次伐淮夷,迫使淮夷到江南定居。春秋时期,铜陵归属吴、楚,从而使铜陵与江淮地区的青铜文化有了密切的联系。考古发现江淮地区也曾出土过类似的龙柄盉,这些江淮流域的铜壶具有明显的吴越文物风貌,彰显出南方青铜器的特色。

(张国茂 李劲松)

参考文献:

铜陵市博物馆. 铜陵博物馆馆藏集萃[M]. 合肥:黄山书社,2012.

十四、匍　　盉

西周中期
通高 26 cm，流至尾长 31.8 cm，体宽 17.2 cm，重 3.55 kg
1988 年河南平顶山市滍阳镇应国墓地 50 号墓出土
河南省文物考古研究所藏

匍盉通体作鸿雁形,昂首曲颈,长喙圆目,嘴微张成流口。鸟背上开有圆形口,方唇敞口,上承穹隆状盖,盖上有圈足状捉手,盖沿有环形钮,套接立于雁尾的圆雕铜人的双手,人足又与盉颈部的环形衔接(见附图),形成连接盖与器之间的链条。人俑双手环抱,面容瘦削、深眼高鼻,额上有一道深竖痕,似乎受过黥刑,上身赤裸、下着皱褶裙,腰间束有菱格纹的革带,脚踩短筒靴。腹腔为椭方体,高束颈,一侧接有卷身上曲的龙形鋬,腹下接四柱足。捉手内装饰顾首旋鸟纹,盖沿与颈部装饰对视长尾凤鸟纹,云雷纹铺地。全器造型生动、瑰丽神秘,分铸技术应用娴熟。雁尾阴刻三竖线,并有一浮雕牛首。匍盉通体光洁明亮。

附图:铜人

(韦心滢 周 亚)

参考文献:

河南省文物考古研究所,平顶山市文物管理局. 平顶山应国墓地[M]. 郑州:大象出版社,2012.

十五、周 生 豆

西周中期
通高 19.5 cm，盘径 15 cm，重 3.3 kg
1978 年陕西宝鸡西高泉村一号墓出土
宝鸡青铜器博物馆藏

  豆为古代盛食器，青铜豆的形制源于陶豆，初见于商晚期，通行于两周，春秋晚期至战国盛行。敛口浅盘，口沿内缩，束腰假腹，圜底，高实柄。盘腹装饰浮雕涡纹与云纹，高柄中部突起一道箍棱，上下装饰鳞纹。

  器内底铸铭 10 字，铭文为"周生作尊豆，用享于宗室"。

（韦心滢）

参考文献：

1.《中国青铜器全集》编辑委员会. 中国青铜器全集：第5卷[M]. 北京：文物出版社，1996.

2. 宝鸡市博物馆，宝鸡县图博馆. 宝鸡县西高泉村春秋秦墓发掘记[J]. 文物，1980(9).

十六、三年㝬壶

西周中期
通高 65.4 cm，口径 20 cm，腹深 48.8 cm，重 26.7 kg
1976年陕西扶风庄白村一号窖藏出土
陕西宝鸡周原博物馆藏

　　三年㝬壶长颈垂腹，器身两侧有螺旋犄角兽首耳套环，下接矮圈足。口上承盖，盖作较长子口，可内插至器口，圈足状捉手。盖顶装饰团鸟纹，盖沿周饰单目变形兽面纹，颈部、腹壁分饰三层波带纹，间以双圈素带相隔，由上至下曲伏渐大。圈足周饰窃曲纹。纹饰松紧有致、流畅明快，造型大方庄重、典雅华美，为西周中期青铜壶的典范。

盖榫铸铭12行60字，字体端庄匀称、笔画结构紧密，章法行距清晰，展现出西周金文字体已迈向成熟阶段（见附图）。

附图：盖榫铭文

三年瘨壶为一对，形制纹饰相同，大小相近。

（韦心滢）

参考文献：
陕西周原考古队. 陕西扶风庄白一号西周青铜器窖藏发掘简报[J]. 文物，1978(3).

十七、丰 尊

西周中期
通高16.8 cm,口径16.8 cm,腹深14.6 cm,重1.637 kg
1976年陕西扶风庄白村西周窖藏出土
陕西宝鸡市周原博物馆藏

丰尊为敞口、束颈、垂腹，腹的最大径接近底部，圈足外侈，有矮阶。整器满布形态各异的大、小鸟纹，可分成口沿下、颈部、尊腹三层细部纹样排列。口沿下装饰仰叶对视鸟纹，尾羽向上卷曲至鸟首前；颈部带饰为两组垂冠小鸟纹，两组之间以浮雕兽首为中心，鸟首相对；垂腹饰以两组相视垂冠分尾大鸟纹，羽冠前垂贴地，翎羽翻卷身后。通体云雷纹铺地，外底有长方格网线。丰尊沉稳内敛、丰满华美、富丽典雅、铸造精良。

内底铸铭33字，铭文为"唯六月既生霸乙卯，王在成周，命丰殷大矩，大矩锡丰金、贝，用作父辛宝尊彝，木羊册"。

丰尊的器形是西周早、中期之际由筒形尊向垂腹尊演变过程中的式样，尊上所饰的凤鸟纹也是这一时期开始流行的纹饰，所以此丰尊可以说是西周早、中期之际青铜器风格转变过程中的一件代表作品。

（周　亚）

参考文献：
陕西周原考古队. 陕西扶风庄白一号西周青铜器窖藏发掘简报[J]. 文物，1978(3).

十八、大　克　鼎

西周晚期
通高 93.1 cm，口径 75.6 cm，腹深 43 cm，重 201.5 kg
陕西扶风法门寺出土
上海博物馆藏

大克鼎方唇、宽沿、敛口、侈腹，腹略鼓而垂，双立耳，三蹄足。颈部饰三组变形兽面纹纹，间以六道扉棱，每组变形兽面纹中部起棱脊；器腹饰波曲纹，立耳外侧装饰勾连相对龙纹，三足上部装饰浮雕兽面纹。整体铜胎厚重、肃穆庄严、沉稳大气。

器内壁铸铭28行290字，铭文首先记述器主克赞美祖父师华父有谦逊的心地、宁静的性格与美好的德行，能辅弼王室。周王念其功绩，任命师华父之孙——克作为出传王命、入达下情的大臣。其次详载周王任命克的仪式以及赏赐内容。大克鼎铭文牵涉册命、赏赐制度，基层地域组织，土田采邑的地理位置，井氏势力消长的变化等有关反映西周史事等有关事项。

大克鼎铭文字体端正、笔画遒健，铭文前半部画有方格，一字一格，行气规整、气势严密，为西周金文书法艺术的典范（见附图）。

附图：大克鼎铭文

大克鼎的整体浑铸技术及长篇铭文铸成技术，为研究西周大型青铜器铸造工艺提供了重要参考。

（韦心滢 谭德睿）

参考文献：

1. 上海博物馆. 盂鼎、克鼎[M]. 上海：上海博物馆，1959.
2. 周亚. 再读大克鼎[J]. 上海文博论丛，2004(1).

十九、虢季子白盘

西周晚期
通高41.3 cm，口长130.2 cm，口宽82.7 cm，重215.3 kg
传陕西宝鸡虢川司出土
中国国家博物馆藏

虢季子白盘直口方唇、圆角长方形槽体，腹壁下斜近底内收成圆弧、平底，下接四个曲尺形足，腹壁四面各有一对兽首衔环耳，环作绹纹。口沿下周饰窃曲纹，器腹满饰波曲纹。该盘整体简洁肃穆、气势宏大，是目前所知最大的一件青铜盘。

盘内底铸铭8行111字，记述虢季子白受王命征伐猃狁，武功赫赫，王赏赐马匹、弓矢、铜钺以兹奖励，虢季子白便铸盘铭记此事（见附图），以使子孙后代都能知晓。铭文字体规整、布局疏密有致，是西周晚期金文书法的典范之作。

（韦心滢）

附图:虢季子白盘铭文

参考文献:

《中国青铜器全集》编辑委员会. 中国青铜器全集:第6卷[M]. 北京:文物出版社,1997.

二十、鸟盖人形足扁盉

西周晚期
通高 34.6 cm
1993年山西曲沃北赵村晋侯墓地31号墓出土
山西省博物院藏

鸟盖人形足扁盉龙首曲流，腹扁圆，上有长方形口，口沿外侈；口上有伏鸟形盖，尖喙圆目、曲爪张翼；盖后有一环，通过熊形链与器身上一环相连。鋬为半环形兽首，两足为弯腰半蹲的光头裸身人形。盖上鸟身上饰鳞纹，双翼饰单线纹，腹面两侧中心装饰有盘曲的夔龙，张口吐舌，头上有冠，冠作一小夔龙状，另有一小夔龙位于大龙身下。其外装饰一圈重环纹，最外圈装饰斜角云纹与螺旋形云纹。

鸟盖人形足扁盉构思奇特、别致生动，尤其是裸人负重的神态，栩栩如生、惟妙惟肖。

(韦心滢)

参考文献：

山西省考古研究所. 北京大学考古系. 天马：曲村遗址北赵晋侯墓地第三次发掘简报[J]. 文物, 1994(8).

第三章 春秋、战国

春秋战国时期，贵族领主制度逐渐瓦解，新的社会关系兴起，中国进入了铁器时代，社会生产力迅速发展。各诸侯国兴起变法运动，文化学术领域出现了"百家争鸣"的局面，经济、文化、科技空前繁荣。

这一时期出现了记述多种器物设计制作的重要著作《考工记》，其中"天有时，地有气，材有美，工有巧，合此四者然后可以为良"的观点，把季节、环境、材料、技艺作为优秀器物设计和制作的必备条件，极有见地。根据不同使用要求而记述的六种铜锡合金配方，即著名的"金有六齐"之说，是世界上首次关于合金配方的记载。书中还记录了熔铸锡青铜时根据火焰颜色确定火候的经验，并绘图阐述了甬钟等青铜器物部位名称和尺度比值。

战国末年成书的《吕氏春秋》谈及"金柔锡柔，合二柔以为刚"，是对锡青铜中铜和锡功用的规律性认识。基于这种认识，早在春秋时期已设计铸造出了青铜复合剑。这种剑脊含锡量较低、剑从含锡量较高，应用分铸技术铸成刚柔相济的青铜复合剑，成为当时冠绝列国的先进兵器。

春秋战国冶铸遗址已发现多处，最著名者当推山西侯马晋国都城冶铸遗址。这里出土了数以万计的陶模、陶范以及与制范、精整和熔炼有关的原辅材料和工具、坩埚。陶范纹饰细如发丝，陶模雕塑精致。为适应规模化生产，部分礼器附件（例如鼎耳）已规范化并有成品贮备。出现了母模化整为零的分块模法等新技术。陶范的配料、处理和性能是青铜时代各铸造遗址中最合理、最优越的。

战国早期曾侯乙编钟的出土，反映了中国古代声学、乐律学和铸造工艺学的卓越成就。编钟音律准确，每钟可奏出相差三度的两个乐音，总音域包括五个八度，可旋宫转调，音域宽广，音色优美，被国际音乐史界誉为"世界奇迹"。

出自春秋战国时期或在这个时期得到发展的铸造工艺和铸件表面装饰工艺层出不穷：

1. 失蜡铸造

由于这一时期楚国等诸侯国的青铜器流行重叠缠绕、立体穿插等富于浪漫主义的装饰设计，使用组合块范铸造已难以成形。于是在继承商代已发明的焚失法铸造工艺原理的基础上，古人寻找到运用蜂蜡、松香、油脂等混合物制造加热后可从整体陶范中熔失的蜡模，即不需分范的失蜡铸造法。

目前所知最早的失蜡铸件为春秋中期晋国的透空蟠蛇纹鼎、楚国的愠儿盏，其后便是楚王盏和透雕云纹铜禁上的立体透空附饰。春秋中晚期和战国时期，失蜡铸造珍品层出不穷，尤以曾国的曾侯乙尊盘和燕国的陈璋圆壶最具代表性。陈璋圆壶透空附饰之复杂精致，分铸技艺之高超，堪称世界青铜文化遗产中屈指可数的珍品。

2. 叠铸

将多块陶范水平分范重叠堆装，各层由直浇道连通，浇注后得成串铸件，金属回收率和生产效率大为提高。战国时期水平分范的叠铸技术开始应用于钱币、车马器和工具的批量生产。这项技术对于提高社会生产力和促进商品经济的发展起到了巨大的促进作用。

3. 金属范铸造

春秋时期已出现用于铸造青铜货币的铜范。战国时期出现将铁范用于铸造农具、车马器等需求量大的金属器物上。金属范铸造对于封建社会早期迅速提高生产力发挥了重要作用。

4. 极薄铸件成形

春秋中晚期至战国时期，不少器壁已非常薄，个别器壁薄到即使在当代也必须通过加压、真空、负压等特殊浇注手段方可成形的程度。几何纹尊和越王勾践剑剑首同心圆即其代表。

5. 表面装饰技艺

用其他材料装饰青铜器表面，也在这一时期得到了极大发展，无论是装饰材料还是装饰技术，都是青铜时代最为丰富多彩的。这对传统金属工艺产生了深远影响，不少装饰工艺流传至今。

（1）嵌错

嵌错是于器表镶嵌金、银、红铜或宝石、贝壳等材料，成为纹饰或铭文。除将金属薄片或细丝压入带燕尾的凹槽之外，还有预铸红铜纹饰置于器物范中铸成一体的铸镶工艺。

春秋战国的错金银器景象万千，或流畅自然，或细如发丝，不少艺术品既错金又错银，还镶以绿松石或嵌琉璃，呈现出绚丽多彩的艺术效果。

（2）鎏金银

春秋战国出现了鎏金银器。鎏金银是将黄金或白银溶解到加热的汞液中形成膏剂,将其涂覆于铜器表面后,边加热铜器边压实汞剂驱汞,使金或银附着在铜器表面,形成光亮滋润的金色或银色表面。这种工艺到西汉时臻于鼎盛,东汉以降大量应用于宗教造像。

(3) 表面富锡

在铜器表面形成渗入青铜基体的富锡相,使器表白亮且耐腐蚀的表面合金化技术,中国在2500多年前就已发明,并先后产生了膏剂涂层富锡、擦渗富锡、液态富锡和热浸锡等多种铜器表面富锡技术,这是中国金属表面装饰技术史中了不起的成就。

目前发现最早的表面富锡器物,应属春秋中晚期出现在吴、越青铜兵器上的"菱形暗格纹"装饰,是富锡涂层加热扩散在器表形成白亮的富锡细晶相。

(4) 刻纹

在铜器上刻凿线条或錾刻出点、面,这种技术是在铁工具得到应用的春秋晚期开始的,并盛行于战国时期。在人工冶铁术尚未发明之前,究竟用何种工具在铸态高锡青铜上刻出铭文?学者们提出了两种设想:或应用陨铁工具凿刻,或将超高锡青铜工具经热处理后用以凿刻。

春秋晚期和战国的刻纹铜器多为薄壁器,壁厚不足1 mm,在其上施以凿刻,图案多接近生活,刻纹流畅生动、细如毫发。

在上述春秋战国社会变迁及一系列先进制作技术与装饰工艺的基础上,自春秋中晚期至战国造就了灿烂辉煌的众多铜文化制品,由此构成了继商代和西周早期之后中国铜工艺史的又一高峰。

(谭德睿　廉海萍)

第一节 春 秋

一、青铜人面饰

春秋
铜陵市西湖镇出土
铜陵市博物馆藏

六件青铜人面饰有的卷发，有的弯眉，有的露齿，有的背面上部饰有几何图纹，其中一件脸部饰蚯蜥状纹，与安徽蚌埠双墩遗址出土的一件红陶纹人面像相似，说明早在7300年前生活在淮河流域的人们就有文面的习俗。

这六件铜饰件都有銎柄，估计这些铜饰件是用来插在木柄上用于祭祀的神器。

铜陵出土的青铜人面饰，与殷商青铜面具、三星堆青铜人面像都不同，最突出的特点是雕题——额头上的纹饰。雕题虽难以作为先秦时期当地人具有额头文身习俗的实证，但是，对于研究当时原住民的宗教习俗具有重要的文物价值。

（张国茂　李劲松）

参考文献：

铜陵市文物局，铜陵市博物馆.铜陵博物馆文物集粹[M].合肥：黄山书社，2012.

二、建筑构件

蟠蛇纹楔形建筑构件
春秋
长 31 cm，宽 22 cm
陕西凤翔出土
陕西历史博物馆藏

蟠蛇纹曲尺形建筑构件
春秋
长 44 cm，另一侧面长 34 cm，宽 16 cm
陕西凤翔出土
陕西历史博物馆藏

　　蟠蛇纹楔形建筑构件中空，有圆铆眼，表面饰蟠蛇纹。属春秋秦国宫殿建筑构件，可用来加固木构及衔接木件。

　　蟠蛇纹曲尺形建筑构件曲尺状，外转角两侧面与底面满饰蟠蛇纹。两端呈锯齿形，内侧为空格框架，用以套在两根木件交接处，能起到增强木件连接强度的作用，既实用又美观大气。其属宫殿建筑构件。

（廉海萍）

参考文献：

《中国青铜器全集》编辑委员会. 中国青铜器全集：第 7 卷[M]. 北京：文物出版社，1998.

三、虎鸟纹阳燧

春秋早期
直径 7.5 cm
国家历史博物馆藏

阳燧，古代应用凹面镜原理聚阳光于焦点以取火的工具。最早出现于西周。

虎鸟纹阳火遂镜背以镜钮为中心，对称分布双虎、双鸟、双虺，局部表面有银白色残留。镜面下凹呈抛物面状，银白色。

（廉海萍）

参考文献：

《中国青铜器全集》编辑委员会. 中国青铜器全集：第7卷[M]. 北京：文物出版社，1998.

四、刖人守囿挽车

通高 8.9 cm，通长 13.7 cm，宽 11.3 cm
山西闻喜出土
山西省考古研究所藏

刖，古时断足的刑罚。一断左足全身赤裸刖人立于挽车守后门，左手挂拐，右手挟门闩，门可开启（见附图1），车厢顶盖正中一猴钮，四周各设一可就地作任意转动的巨喙神鸟（见附图2），车身四隅及两侧各置一虎，与《周礼》"域养禽兽"的苑囿、"刖者使守囿"的记述相符。

车有6轮，前4小轮后2大轮，车厢前设一铺首衔环供牵引挽车用，应属高级玩物。

在尺寸如此小的作品中，竟然有近20处可转动又不可拆卸的活动部件，与子仲姜盘内可原地转动又不可拆卸的水禽等实有异曲同工之妙。结构奇巧，铸造工

附图1：刖人守囿

附图2：可转动的神鸟

艺精湛无比，十分罕见，足以证明春秋时期晋国分铸技艺达到了最高水平。

(廉海萍)

参考文献：

《中国青铜器全集》编辑委员会.中国青铜器全集：第8卷[M].北京：文物出版社，1995.

五、夔龙纹氈帐顶帽

顶帽正视图

顶帽背视图

春秋
通高17.7 cm
山西太原出土
山西省考古研究所藏

夔龙纹毡帐顶帽为北方草原民族支架行帐的青铜构件之一种。顶部微凸，素面圆形，底部装饰夔龙纹，周围设 11 个长方形孔，孔中间设半圆环，环上连接鸭形扣，用于系帐篷扣绳。下承圆柱形接口，以连接木柱的柱头。圆筒部设三角云纹。

（廉海萍）

参考文献：

《中国青铜器全集》编辑委员会. 中国青铜器全集：第 8 卷[M]. 北京：文物出版社，1995.

六、春秋乐器三种

1. 象纹铙
高 71 cm,铣间 46.5 cm,鼓间 35.6 cm
湖南宁乡出土
湖南省博物馆藏

1. 象纹铙

铙,形似扁圆形铃,无舌而有中空之柄。小型铙可执柄敲击,大型铙可插于柱上敲击,多认为是在退军时击之以示退却。

此大型铙的甬中空,与铙腔相通。鼓部饰兽面纹,两侧饰倒立的龙纹,左右各饰一卷鼻象纹。钲部有凸出粗壮线条构成的变形兽面纹,粗线条上加刻云雷纹。两铣及舞沿饰浮雕虎纹、鱼纹,间饰火纹。甬饰云雷纹,两火纹有如兽目,旋上有起翘的耳形纹饰。器形厚重,纹饰丰满粗放。

附图:秦象纹

2. 秦公镈
高 75.1 cm
陕西宝鸡出土
陕西宝鸡青铜博物馆藏

2. 秦公镈

镈，器身横断面多作扁椭圆形，平口，无枚或有扁圆及其他形制的枚，钮部多附有蟠曲堆垛的兽形装饰。

同时出土三件，大小相次。鼓部有四扉棱，两侧扉棱上延至舞部连接成钮，由九条飞龙蟠曲组成。前后两扉棱由五飞龙一凤鸟蟠曲组成，舞瓿各一龙一凤相背回首。镈身和舞部分饰蟠龙纹。镈身下端铭文135字，是研究秦早期历史与文化的重要史料。

附图：秦公镈局部铭文拓片

3. 人面纹錞于
高43 cm,肩长径26.5 cm,口长径20.8 cm
江苏丹徒出土
镇江博物馆藏

附图：人面浮雕

3. 人面纹錞于

錞于，古时一种军用打击乐器，亦用于祭祀场合。

同时出土3件，大小相次。圆突肩，斜弧腹渐向下内收，近口处稍外侈，口呈椭圆形。上部前倾，中部内收。虎钮，顶饰云纹等，器体中上方前倾处饰一浅浮雕清秀的人面纹，其下方设一兽形扉棱。器体两侧各饰3行共18枚螺旋纹凸起。此器造型在不对称中见协调，其纹饰在神秘中见生活气息，极罕见，颇具吴国地方特色。

（谭德睿）

参考文献：

1. 朱凤瀚. 中国青铜器综论：上[M]. 上海：上海古籍出版社, 2009.

2.《中国青铜器全集》编辑委员会. 中国青铜器全集：第7卷[M]. 北京：文物出版社, 1998.

2.《中国青铜器全集》编辑委员会. 中国青铜器全集：第11卷[M]. 北京：文物出版社, 1997.

七、子仲姜盘

春秋早期
口径45 cm,高18 cm,
重12.4 kg
上海博物馆藏

附图1:盘的俯视图

盘，盛水器，亦被称为盥洗器。常配以匜使用，匜用以注水，盘承接洗过手的水，两者组成一套盥器。

子仲姜盘器形硕大，颇为厚重，整器风格质朴浑厚，口折沿，浅腹，圈足。圈足下设三只立体爬行猛虎，若负重状。虎身侧面与圈足边缘相接。盘的外壁饰窃曲纹，两侧设有一对宽厚的附耳高耸，其外侧装饰有云纹。盘前后各设一条立体的曲折角龙，龙身躬背曲体，攀缘于盘腹之外壁，龙首耸出盘沿作探视状，似正觊觎盘中的水生动物，将跃入盘内捕食。

盘内有规则地装饰有浅浮雕鱼、蛙和龟以及立体的鱼、蛙、水鸟等水生动物。浅浮雕的动物分3圈排列：外圈由7条鱼首尾相接；中圈由4只青蛙和4只龟相间排列；内圈由2只青蛙和2只龟相间排列。外圈的鱼与中圈的蛙和龟一一对应，但外圈的鱼少了1条，以设置铭文。盘中立体水生动物共13只，其中1只青蛙缺损。盘中心是带有头冠的雄性水鸟，第一圈由4条鱼组成，第二圈由4只头上无冠的雌性水鸟组成，第三圈由4只青蛙组成（见附图1）。

附图2：盘内的立体动物

此盘最具特色之处在于立体动物可在原地作360度的转动，这在青铜器中极为罕见（见附图2）。动物体内的轴分成两种：青蛙体内是较简单的蘑菇形转

附图3：盘内的铭文拓片

轴；水平度要求高的动物，轴顶是圆锥形榫头，动物脊背内侧设凸出的卯口，形成可转动的榫卯结构，中间有非常薄的间隙。同时，在腹内侧轴上设有直径较大的扁圆柱，防止轴与动物脱离。

盘内铸有6行32字铭文，大意是在六月初七，大师为夫人仲姜所做的盥洗用盘，此盘既大且好，用来祈求长寿，子子孙孙永用为宝（见附图3）。

子仲姜盘使用了多次分铸铸接的方法，攀龙、立虎及其他动物的轴都与盘体铸接。制作步骤是：

（1）根据需求制作不同类型的轴。需要固定轴心的轴，在轴顶涂覆薄层泥料，焙烧后放入动物范的型腔中。顶部带柱帽的蘑菇形轴，则直接放在动物内腹陶范中。

（2）动物铸成后，将轴转动。

（3）攀龙制作。在龙口内，前、后双足之间设横向金属圆柱，使攀龙与盘体铸接时得以咬合。

（4）虎足制作。虎体内为空腔，虎足外侧有纹饰，内侧为不封闭的带有一定弧度的平面体，设有4个间距相等的金属条栅栏，用于盘体金属液流入虎体，铸接时与内侧面栅栏形成咬合。

（5）所有附件制成后，放入盘体陶范中，一次性与盘体铸接。盘体为倒浇，浇口呈长方形，设在盘底中心。三虎足对应的圈足处各设1个冒口。厚实的盘耳为实心。

子仲姜盘的造型生动、典雅，铸造工艺精湛。体现了春秋早期极高的制作工艺水平和巧妙的构思。

（丁忠明）

参考文献：

1. 谭德睿. 子仲姜盘：中国古代艺术铸造系列图说之二十三[J]. 特种铸造及有色合金，2008(11)：901～902.

2. 刘辉. 从"子仲姜盘"看艺术与技术的关系[J]. 新视觉艺术. 2010(6)：76～77.

八、鸟 形 器

春秋
长 33 cm
安徽铜陵市出土
铜陵市博物馆藏

鸟形器器首呈鸟形，鸟身呈管状，为不规则方形，鸟喙前端及冠部分缺失。鸟身中空，背部分铸一小鸟，鸟身呈卷云纹状内曲。类似鸟形饰件皖南出土了三件，造型风格一改中原青铜器凝重的风格，活泼新颖，颇具地域特色。有学者认为此器为鸟首杖，持有者为巫师，持杖时飞鸟冲天，导引亡魂升天。

（廉海萍）

参考文献：
1. 铜陵市文物局，铜陵市博物馆. 铜陵博物馆文物集粹[M]. 合肥：黄山书社，2012.
2. 陆勤毅，官希成. 皖南商周青铜器研究[M]. 北京：文物出版社，2016.

九、伎乐铜屋模型

春秋
通高 17 cm,面阔 13 cm,
进深 11.5 cm
浙江绍兴越墓出土
浙江省博物馆藏

附图1:铜屋内视

此铜屋在商周青铜器中属孤例,有人认为它是越人用作祭祀的庙堂建筑模型,也有人认为它是一座具有戏台性质的房屋。

铜屋坐北朝南,南立面仅有两根明柱,东西立面为方格镂空墙壁,北壁仅在正中开有一格窗,屋顶四坡攒尖,顶立一柱,柱顶塑一大尾鸠,背上开孔,与柱相通,似图腾。立柱饰勾连云纹,屋顶及平台侧面饰勾连雷纹。

屋内有伎乐俑6人,分前后两排,均裸体席地而坐。一鼓师,左手前伸,似在指挥,右手执槌,正欲敲击身前的架鼓。鼓师前方并坐两人,双手交叠于腹前,似歌者。后排三人,一人吹笙,一人击筑,一人抚琴(见附图1、附图2)。

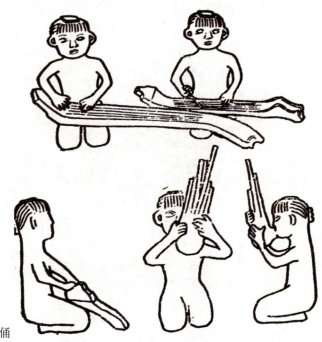

附图2:伎乐俑

从铸痕和颜色观察,全器系先将六俑、鼓架、图腾柱铸就后再与铜屋合铸成一体。从一俑右手置前,小指翘起,乐器与俑连成一体铸就,发式纹路无法分范,亦无范线或错位等痕迹表明,六俑均为失蜡法铸成。

(谭德睿)

参考文献:

1. 牟永抗. 绍兴306号越墓刍议[J]. 文物,1984(1).
2. 谭德睿. 灿烂的中国古代失蜡铸造[M]. 上海:上海科学技术文献出版社,1989.

十、变形夔纹分体甗

春秋
通高 58.2 cm、口径 38.8 cm
青铜
安徽铜陵出土
铜陵市博物馆藏

甗，古代蒸煮用的炊具。下部是鬲（器腹与足部相连并中空），盛水；上部是甑（底部有透气孔槽的容器），置食物。鬲下举火煮水，以蒸汽蒸炊食物，类似今日的蒸锅。

甑上的绳索状双耳无范线，是先秦时期出现焚失法铸造成形的实证。此法以绳索作模，外覆湿态的范料，无需分范脱模，经干燥烘焙、焚烧绳索成灰、吹去灰烬，得无分范面的整体范，铸造成形即可得此三维方向均无范线的铸件（见附图）。焚失法铸造为无须分范的整体范铸造工艺——失蜡铸造的出现奠定了技术基础。

附图：无范线的绳耳

参考文献：

1. 安徽大学，安徽省文物考古研究所. 皖南商周青铜器[M]. 北京：文物出版社，2006.
2. 谭德睿. 中国青铜时代陶范铸造技术研究[J]. 考古学报，1999(2).

十一、莲鹤方壶

春秋
锡青铜
高118 cm，口长30.5 cm
1923年河南新郑李家楼出土，故宫博物院藏

自春秋中晚期开始，随着奴隶等级制的衰微，整个社会出现变革之风。青铜技术也随青铜器造型风格从庄严神秘走向自由活泼、华丽轻灵而出现相应的创造与革新。

莲鹤方壶属郑国器。郑国青铜器融合了商、周传统文化和晋、楚文化精华，并加以创新，无论是造型和纹饰都令人感到清新。

方壶的盖上加莲瓣，莲瓣盖上装饰一展翅欲飞的仙鹤，并可与其脚爪下连成一体的平板一同取下，便于壶盖倒置；方壶两侧有龙形双耳，四角置立体怪兽，圈足下有一对咋吞怪兽作承托，使整器承现具有动态的旋律感。著名考古学家郭宝钧评价道：立鹤是牵动器物全局的关键，高踞顶巅的立鹤，可以形成"振衣千仞，冠冕全器"的格局。

遗憾的是，这件重要器物的成形工艺尚未作详细研究。

（廉海萍　谭德睿）

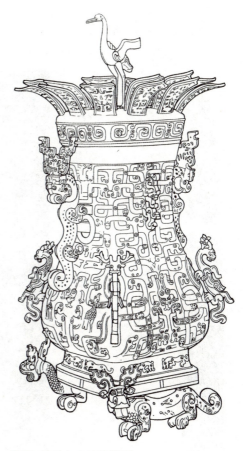

附图：莲鹤方壶纹饰线图

参考文献：

1.《中国青铜器全集》编辑委员会.中国青铜器全集：第7卷[M].北京：文物出版社，1998.

2.苏荣誉，华觉明，李克敏，等.中国上古金属技术[M].济南：山东科学技术出版社，1995.

十二、菱形纹饰兵器

越王勾践剑
春秋
通长 55.7 cm，重 0.875 kg
青铜
1965 年湖北江陵望山 1 号楚墓出土
湖北省博物馆藏

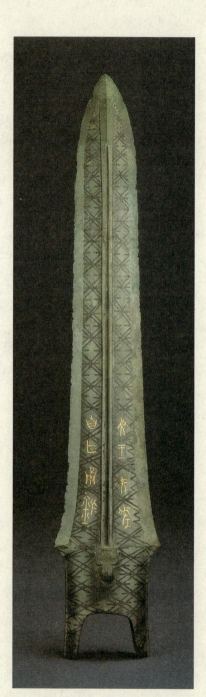

吴王夫差矛
春秋
通长 29.5 cm
青铜
1983 年湖北江陵马山 5 号楚墓出土
湖北省博物馆藏

附图1：越王勾践剑剑铭

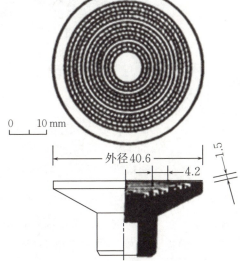

附图2：剑首薄壁同心圆

1. 越王勾践剑

春秋时期，吴越兵器名满天下，作为王者所持兵刃，更是非同一般。

剑身前窄后宽，近锋处束腰，中脊起棱，锋部尖锐，刃部锋利。剑身饰双线菱格纹，剑身近格处有"越王勾践，自作用剑"（见附图1）2行8字错金铭文。剑格正面用蓝色琉璃、背面用绿松石镶嵌出几何图案。

全剑由剑身（与剑茎一体）、剑格、剑首组合而成。

剑首向外翻卷成圆盘形，内铸11道薄壁同心圆，槽底饰细绳纹（见附图2）。剑首单独制作，同心圆底范采用预制的带齿模板在陶轮上旋制，焙烧后在相应的凸棱顶部刻下凹绳纹，再与顶范组合并浇注而成（见附图3）。

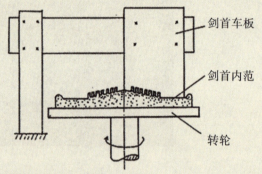

附图3：剑首同心圆底范白成形

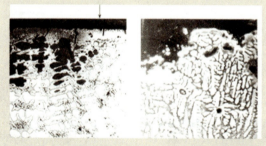

附图4：左，菱形纹饰剑金相，深色为α相流失形成的空洞，右上端白亮层为细晶层(80×)；右，菱形图案细晶层(白亮层)成分像(1000×)

剑身基体为含锡16%～17%的青铜，既能保证强度，又有一定的韧性。剑格的含铅量较高，金属液的流动性较好，便于铸造薄壁纹饰。

铜剑表面菱形暗格纹的黑色线条处，树枝晶中富铜α相流失严重，表明铜剑基体受到腐蚀。黑色线条旁的菱形图案表面，有含锡量高达40%左右的富锡细晶层（见附图4）。富锡细晶层及其表面生成的二氧化锡，既能保护铜剑基体不受腐蚀，又可使表面保持白亮，虽经千百年埋藏，仅略变灰白。

剑身的菱形图案区表面有一层厚约几十微米的富锡细晶区，由膏剂富锡涂层热扩散工艺形成，含锡量高于基体，并与基体相互扩散，具有良好的耐蚀性。纹饰区组织与基体组织相连，表明纹饰区与基体为一体。菱形图案区因含锡较高而呈白色，图案区边缘的线条则为青铜的黄色。由此说明并挖掘出我国早在2500年前已发明了金属表面合金化技术。

在历经两千多年的埋藏后，由于土壤中的腐殖酸水溶液等介质的氧化及络和作用，使富锡且呈细晶的菱形图案区呈灰白色，青铜剑本体外露部分由于没有富锡细晶区的保护，腐蚀严重，呈黑色。

此剑铸造、磨削、嵌错、表面处理技艺极为精良，代表了吴越兵器制作技术的最高水平，被誉为"中华第一剑"。

2. 吴王夫差矛

此矛通体绿色，刃部锋利，中脊起棱，上开血槽，棱下各铸一浮雕兽首，骹横截面椭圆，内有残断的竹柲，骹底有凹口。矛体满饰黑色的双线菱格暗纹，双线交叉处有横线装饰，近骹处有"吴王夫差，自作用鈼"2行8字错金铭文。

此器装饰的菱形纹，制作工艺应与越王勾践剑相同。

此器工艺精湛，与越王勾践剑并称为我国古代兵器的双绝瑰宝。

春秋时期开始出现的表面局部膏剂富锡工艺应用于青铜兵器，处理成菱形纹、火焰纹等，在长江流域的安徽铜陵、江苏镇江、湖北江陵及四川彭州等地多有珍品出土。

（谭德睿　廉海萍）

参考文献：

1. 湖北省文物考古研究所. 江陵望山沙冢楚墓[M]. 北京：文物出版社，1996.

2.《中国青铜器全集》编辑委员会. 中国青铜器全集：第11卷[M]. 北京：文物出版社，1997.

3. 廉海萍，谭德睿，徐惠康. 东周时期青铜剑首同心圆的制作技术研究[J]. 文物保护与考古科学，2003(3).

4. 谭德睿，廉海萍. 东周铜兵器菱形纹饰技术研究[J]. 考古学报，2000(1).

十三、栾书缶

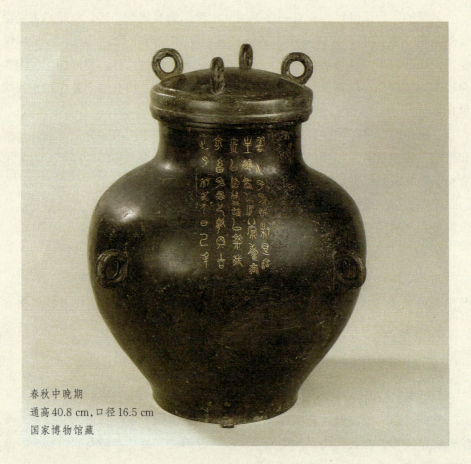

春秋中晚期
通高 40.8 cm,口径 16.5 cm
国家博物馆藏

《说文解字》:"缶,瓦器,所以盛酒浆,秦人鼓之以击歌。"既是酒器,亦是古代敲击乐器。此铜缶为祭祀祖先的盛酒器。

器盖饰以云纹,上有4环,盖内有铭文8字;器腹素面,对称置4耳。颈和肩部有错金铭文40字,记载晋大臣栾书伐郑败楚的功绩。

栾书缶是中国最早错金铜器之一。错金铭文结构优美,线条圆润婉转,婀娜多姿,书法艺术和错金技艺高超。

(廉海萍)

参考文献:
《中国青铜器全集》编辑委员会. 中国青铜器全集:第8卷[M]. 北京:文物出版社,1995.

十四、王子午鼎

春秋
通高68 cm,口径66 cm
河南淅川出土
河南博物院藏

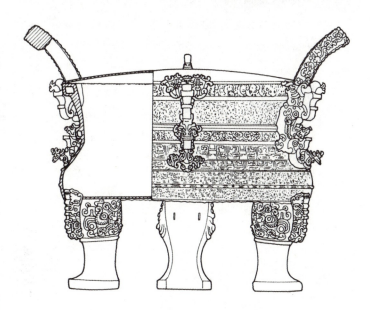

附图:王子午鼎剖视图

王子午鼎方唇、束腰、平底、蹄足，双耳外侈较甚，满饰浅浮雕交龙纹。盖微鼓，正中立桥形钮，钮两端作兽首形，设交龙纹两圈。器颈内收，中腰有一道凸箍。蹄足上部出扉棱，鼎身攀附6条装饰复杂龙形怪兽，口衔鼎沿，龙角由卷曲盘绕的龙纹构成，造型奇异。器身纹饰繁缛，立耳、盖面、口沿、颈部、凸箍、腹部均饰卷曲盘绕的蟠螭纹或蟠虺纹，蹄足上部饰兽面纹。盖铭4字，器铭86字，记王子午铸鼎事。王子午为楚庄王之子——子庚，曾任楚康王时期的令尹（春秋战国时楚国的最高行政长官）。

此器采用分铸、铸焊技术制作，鼎身和附件分别铸成，然后再将附件逐一用锡铅低熔点焊料焊接于鼎身上。鼎身铸型为腹范6块、底范4块、内范1块。鼎足铸型为外范3块、内范1块。鼎耳铸型为外范6块、内范1块。怪兽结构复杂，由兽身、兽角、腰饰、尾饰四部分焊接而成。

王子午鼎一套7件，形制相同，大小相次，此为最大的一件，造型奇伟，纹饰华丽张扬，尽显独特的楚文化风格。

（谭德睿　廉海萍）

参考文献：

1. 河南省丹江库区文物发掘队. 河南省淅川县下寺春秋楚墓[J]. 文物，1980(10).

2. 河南省文物研究所，河南省丹江库区考古发掘队，淅川县博物馆. 淅川下寺春秋楚墓[M]. 北京：文物出版社，1991.

3.《中国青铜器全集》编辑委员会. 中国青铜器全集：第10卷[M]. 北京：文物出版社，1998.

十五、透空云纹禁

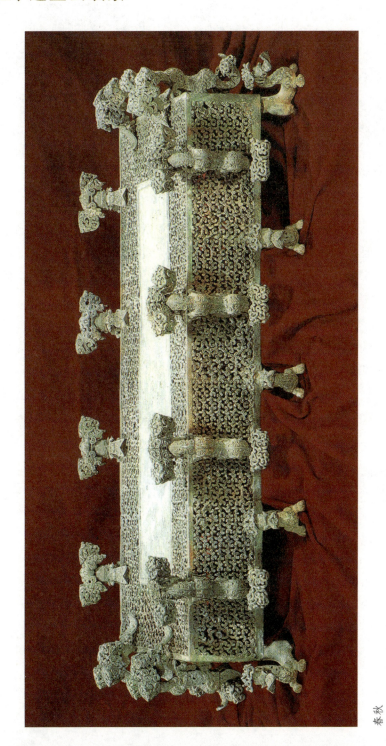

春秋
通长131 cm,通宽67.6 cm,通高28.8 cm,重94.2 kg
1978年河南淅川下寺2号墓出土
河南博物院藏

附图1:出土时禁壁残块(内壁)　　　　　　　附图2:禁壁和禁足的怪兽

禁为承酒器的供座。此禁中间为一长方体平面,用以置物。禁面四边及四个侧面由粗细不等的铜梗相互穿插形成结构复杂的立体透空云纹。从框梗到表面的云纹,在5 cm不到的厚度中竟分布5层铜梗,在制作时则由互为穿插和交接的蜡梗构成多层透空蜡模(见附图1)。

禁体四周均布12只龙形怪兽,腰部前挺,张口吐舌,前爪攀附禁沿,后爪紧抓侧壁,双角和尾部均为透雕蟠虺纹团块,禁下焊接12只虎形怪兽为足,昂首咋舌,挺胸凹腰(见附图2)。

此器形制庄严瑰丽,透空纹饰穿插掩映,玲珑剔透,制作工艺极为复杂,是我国古代较早采用失蜡铸造工艺制作的代表性铸件之一。

(谭德睿)

参考文献:

1. 河南省文物研究所,河南省丹江库区考古发掘队,淅川县博物馆.淅川下寺春秋楚墓[M].北京:文物出版社,1991.

2. 李京华.中原古代冶金技术研究[M].郑州:中州古籍出版社,1994.

十六、青铜镂空夔龙纹带座圆筒形器

春秋晚期
高 36 cm,长 27 cm,口径 15 cm
家族旧藏:Family Collection of Paulette Goddard Remarque(1910～1990)

附图1：底座

附图2：筒身

此器或为投壶。立体投空的夔龙外套，分别包覆于器身与器座。夔龙之间相互缠绕连接，又分为上下二层，互不连接。龙角、龙尾上翘，龙身密布龙鳞（见附图1、附图2）。如此透空夔龙外套，非失蜡法铸造无法成形。此玩器诡异，为春秋时期失蜡铸造代表性珍品。

（谭德睿）

参考文献：

苏荣誉.透空带座圆筒形器刍议(待刊).

十七、鸟盖兽耳盉

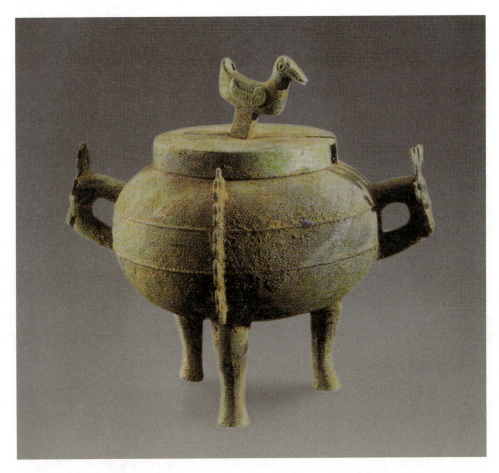

春秋晚期
高7.1 cm,口径13.9 cm,重3.5 kg
铜陵市博物馆藏

铜陵迄今发现的青铜器,大多数来源于墓葬和窖藏,部分采自矿冶遗址,数量达100多件。鸟盖兽耳盉便是其中之一,以其世所罕见的流畅造型、自由活泼的风格,堪称青铜遗珍,世之瑰宝。

鸟盖兽耳盉直口,平盖,环形双耳,球腹,圜底,三蹄足,腹部饰有蟠虺纹,上下两侧各饰一周蝉纹,并有两道对称的扉棱间隔。盉盖中央伫立着一只鸟，昂首直立，双翅并拢，目光炯炯，造型生动。与传统中原青铜器庄严厚重、规矩严谨的风格迥异，此盉肩上无提梁，这种造型在同类盉中十分罕见。

1973年，根据周恩来总理的指示，我国正式发行了一套12枚"文革"期间出土的文物精品邮票，此盉亦在其中，成为"国家名片"（见附图）。

附图：鸟盖兽耳盉纪念邮票（中）

（张国茂　李劲松）

参考文献：

铜陵市文物局，铜陵市博物馆.铜陵博物馆文物集粹[M].合肥：黄山书社，2012.

十八、牺　尊

春秋晚期
锡青铜
高 33.7 cm，长 58.7 cm
山西浑源出土
上海博物馆藏

附图1：牺尊各部位的兽面纹

附图2：由自带泥芯形成的条形孔

此尊作水牛形，牛颈、背及臀上各有一穴，中间一穴套有一锅形器，可容酒。牛腹中空可容水，用以温酒。此类构造的兽形尊仅此一例。

除牛身多个部位饰有盘绕回旋的龙蛇纹组成的兽面纹外，另在牛颈和锅形器口沿上饰有写实的虎、犀等动物浮雕，形态生动，华丽繁缛，具有典型的晋文化风格。

在各部位出现的兽面纹出自同一模具，证实陶范上的纹饰系采用印模法成形，再根据部位不同进行裁制、拼合而成（见附图1）。

自春秋时期开始，青铜器纹饰由手工在每件模或范上塑、雕改进到使用印模法，提高了劳动生产率。

牛足上有多处细短条形孔，是牛足泥芯上自带芯撑留下的痕迹（见附图2），这是先秦时期固定内外范之间位置的一种方法。

（谭德睿　廉海萍）

参考文献：

1.《中国青铜器全集》编辑委员会．中国青铜器全集：第8卷[M]．北京：文物出版社，1995.

2. 陈佩芬．夏商周青铜器研究：东周篇"上"[M]．上海：上海古籍出版社，2004.

十九、蛇 纹 尊

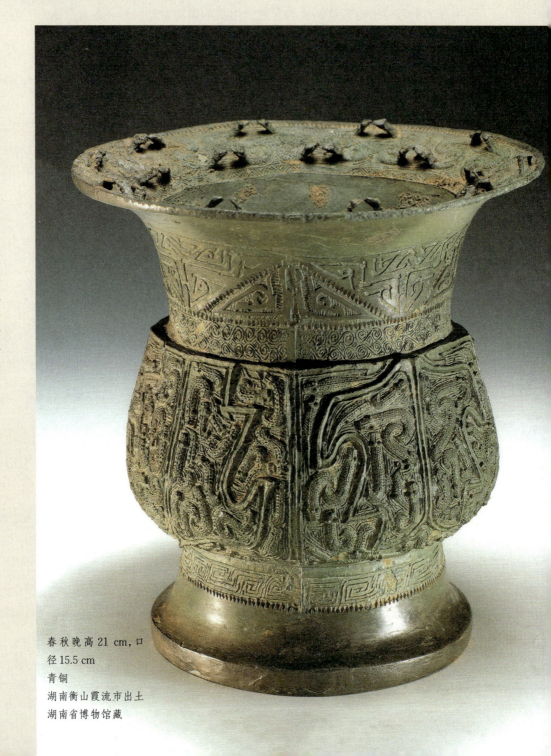

春秋晚高 21 cm,口径 15.5 cm
青铜
湖南衡山霞流市出土
湖南省博物馆藏

附图1：蛇头昂首的部分与尊口沿内表面间有细小的范线

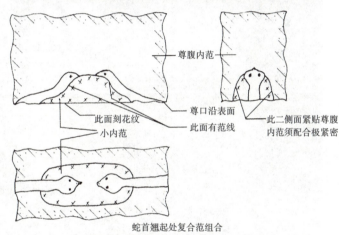

附图2：尊口沿内表面的陶范上设置活块范（小内范）示意图

此尊纹饰颇具特点，属古代百越文化青铜器。

腹部在四片正反相间的叶状线框和空隙间，满饰蠕动纠缠的蛇纹，或认为是桑叶和蚕纹。特别之处在于口沿内壁饰两条或三条一组昂首相对的蛇头，昂首的部分与尊口沿内表面间有细小的范线（见附图1），是设置了复合范——在蛇头下方精巧安置的活块范形成的效果（见附图2），技艺极高，颇具特色。

（谭德睿）

参考文献：

1.《中国青铜器全集》编辑委员会. 中国青铜器全集：第11卷[M]. 北京：文物出版社，1997.

2. 谭德睿. 吴越青铜技术考察报告（之一）[M]//马承源. 吴越地区青铜器研究论文集. 香港：两木出版社，1997.

二十、虎形灶

春秋晚期
通高160 cm，宽46 cm
青铜
山西太原出土
山西考古研究所藏

附图:火门造型

虎形灶由灶体、釜、甑、烟囱等四部分组装而成。灶体火门作张口神兽造型（见附图），背上设圆形灶眼，尾端设烟道口。灶体内壁有用于搪泥的刺，无底。烟道上接四节烟囱，以子母口套接。灶眼上置釜，釜内盛水，其上承盆形甑，甑底设圆形辐射状孔箅用以蒸食。

此器虽体形较大，但可拆卸，以便于行军和游牧时使用，属身份高贵者的实用器。灶体内壁可搪泥以集中炉火热力烹饪，且可保护灶膛，实属有效措施。

（谭德睿）

参考文献：

《中国青铜器全集》编辑委员会. 中国青铜器全集：第8卷[M]. 北京：文物出版社，1995.

二十一、铜陵先秦菱形冰铜锭

春秋
铜陵木鱼山冶炼遗址出土

先秦时期的铜锭在皖南屡有发现：1977年在贵池徽家冲出土7件，经检测含铁约30％，含硫约2％；1982年繁昌孙村乡犁山古铜矿遗址上出土了3件铜锭；1984~1988年在南陵江木冲遗址出土了12件铜锭。而铜陵除了1974年在木鱼山遗址发现过100多千克铜锭外，在万迎山、金山、木鱼山等遗址又都多次发现过铜锭。这些铜锭都呈菱形，表面粗糙，为铁锈色，也有少数表面有少量绿锈，大的重3~4 kg，小的重约1.1 kg。这些铜锭曾引起国内有关部门和科研单位的重视和关注，北京大学、中国科学技术大学、中山大学、铜陵有色设计院都先后采用不同科学检测手段对铜锭进行测试，结果均表明这是硫化铜冶炼的遗物——冰铜锭。

铜陵及邻县发现的这批铜锭被确认为冰铜，应该说是20世纪90年代国内矿冶考古的一个重大发现，对探索中国硫化铜矿的采冶和使用历史都具有重要意义。冰铜是使用硫化铜矿的一个重要标志，我国有文献记载的硫化铜使用历史仅为宋代。近些年，文物科研部门在内蒙古赤峰地区大井遗址、湖北大冶铜绿山遗址都进行了调查和冶炼技术研究，经分析，这两个地区在春秋时期或西周晚期冶炼过硫化铜矿石，但至今没有找到硫化铜冶炼的遗物——冰铜锭，而铜陵木鱼山遗址经C14检测其遗址年代为西周早期，距今3015年，遗址上出土的大批冰铜锭又确认为硫化铜产物，这就表明铜陵是我国目前为止所发现的最早冶炼硫化铜的地区。

由于近地表的氧化铜品位高、易采掘，因而早期冶炼均用这种氧化矿做原料，到后期才逐步开采下面的硫化铜富矿。氧化铜矿石可以直接在熔点1083.4 ℃的鼓风炉中炼出纯铜，而硫化铜矿则需要在不超过800 ℃的温度下长时间焙烧脱硫，使铜的硫化物转化为氧化物，然后投入鼓风炉中熔炼，产出含铁量较高的冰铜，再反复精炼才能得到纯铜。因此，硫化铜矿采冶技术比氧化铜矿采冶技术要复杂先进得多。明代陆荣在《菽园杂记》中对硫化矿冶炼做了相当详细的描述："每烊铜一料，用矿二百五十箩，炭七百担，柴一千七百段，雇工八百余，用柴炭妆叠烧两次，共六日六夜，烈火亘天，夜则山谷如昼，铜在矿中既经烈火，皆成茱萸头，出于矿面，火愈炽则镕液成砣。候冷，以铁锤击碎，入大旋风炉，连烹三日三夜，方见成铜，名曰生烹……次将碎连烧五火，计七日七夜，又依前动大旋风炉连烹一昼夜，是谓成钘者，次将钘碎用柴炭连烧八日八夜，依前再入大旋风炉连烹两日两夜方见生铜。次将生铜击碎，依前入旋风炉，烊炼如烊银之法，以铅为母，除滓浮于面外，净铜入炉底如水。"上述文字记载了硫化铜先烧结脱硫，再破碎入炉熔炼成冰铜，然后经过多次烧炼得到粗铜，可见工艺之复杂。实际上开采硫化铜矿的历史可上溯到3000年前，如奥地利阿尔卑斯山的硫化铜，至少在公元前1200年就得到开采，西欧的爱尔兰大约在公元前1300年就已经开采硫化铜，而铜陵这批冰铜锭的发现，表明我国硫化铜采冶历史与世界上这些国家的开采时间基本一致，为探索和研究我国古代硫化铜采冶和冶炼工艺提供了重要的实物资料。另外，古代铜矿的早期开采，是从地表的浅层开始的，就是氧化矿层，进行深层发掘才是硫化铜，距今3015年的木鱼山冶炼遗址是硫化铜冶炼的场所，说明铜陵的矿冶历史应该更早，因为这之前还应该有一个氧化铜矿的采冶时期。

（张国茂）

二十二、铜绿山特大型铜斧

春秋

在铜绿山古采矿遗址中，曾发现了不少铜质采矿生产工具。有凿、铲、锛、镢、斧等，其中有5件椭圆銎弧刃式铜斧为铜绿山特大型铜斧。这些铜斧器身特大，皆为圆角方銎，銎外沿有一周凸箍，弧刃，刃部已磨损。最大的一件为铜绿山矿冶遗址迄今为止出土的最大一件铜斧，通长47 cm，刃宽41 cm，重16.3 kg，年代下限不会晚于春秋中期。

（张国茂）

参考文献：

黄石市博物馆. 铜绿山古矿冶遗址[M]. 北京：文物出版社，1999.

二十三、青铜书刻工具

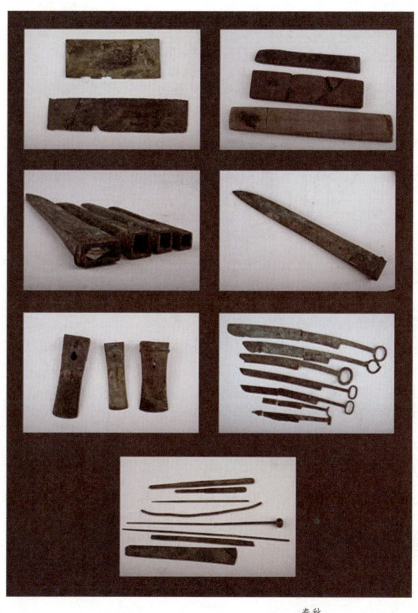

春秋
锡青铜
1978 山东省滕州市出土
济宁市博物馆藏

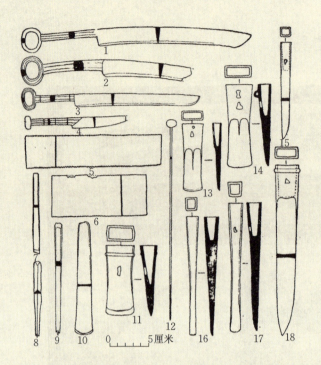

青铜书刻工具及线图

1~4.削刀　5,6.锯　7,10.刻刀　8,9.钻　11.斧　12.刻针　13,14.锛　15~18.凿

薛国故城位于山东省滕州市城南，2号墓地中的M1~M4是一处春秋早中期薛国贵族的墓地。M2出土了一套迄今为止最为齐全的春秋时期的青铜书刻工具，其中有铜斧1件、锛2件、削刀7件、刻刀4件、凿4件、刻针4件、锯2件、钻2件，还有4件磨石，估计原还有毛笔，可能已朽毁。这套书刻工具，包括了从破竹、修正到刻字、改错组装以及磨砺利器的所有工具，为研究春秋时代的书刻用具提供了一套完整的实物资料。

铜斧、锛、削刀等经铸造成形，刻刀、刻针等为锻制，且刻针的尖部呈蓝灰色，似经淬火工艺处理。

（廉海萍）

参考文献：

山东省济宁市文物管理局. 薛国故城勘查和墓葬发掘报告[J]. 考古学报, 1991(4): 494.

第二节 战　国

一、几何纹尊

战国早期
高 20 cm，口径
18.3 cm
锡青铜
浙江绍兴出土
浙江省博物馆藏

几何纹尊器壁甚薄,器腹上对称分布的两条垂直范线细薄均匀,腹部满饰变形几何纹,在薄如刀刃的两道平行凸线之间饰突起的绳纹,三条凸起之间间距仅0.3~0.8 mm(见附图1)。足见陶范的收缩变形极小,可雕性极佳,充型性能良好,制范技艺高超娴熟。

春秋中晚期至战国时期吴越地区的青铜器中,常见器壁极薄、纹饰纤细者,个别器物的器壁和纹饰细薄到即使在当代也需要通过加压、真空、负压等特殊浇注手段方可成形的程度,这是铸造工艺学中了不起的成就(见附图2),反映出陶范配料及其处理技术和制范技术科学合理,制范技艺亦十分高超娴熟。纹饰和制范技艺均具有鲜明的地方特色,吴越地区的几何纹尊和越王勾践剑剑首同心圆为其中的代表作品。

附图1:几何纹尊局部细节　　附图2:几何纹尊透视图

(谭德睿)

参考文献:

1.《中国青铜器全集》编辑委员会. 中国青铜器全集:第11卷[M]. 北京:文物出版社, 1997.

2. 廉海萍,谭德睿,徐惠康. 吴越细绳类青铜礼器成形技术研究[J]. 文物保护与考古科学, 2004(4).

二、曾侯乙尊与盘

曾侯乙尊

战国

青铜

尊高 39.1 cm,盘高 24 cm

湖北随州出土

湖北省博物馆藏

曾侯乙盘

尊(盛酒器)和盘(盛水器)出土于曾国国君曾侯乙的墓中,故名。

尊侈口、长颈、鼓腹、圈足。颈附4个透空龙形耳,龙首吐舌,凹腰垂尾,腹与圈足各焊四组双身蟠龙,曲张多姿。口、颈接合部的器壁分内外两层,内层为规则透空网状结构,外层为勾连的不规则铜梗。尊口附饰由均分的四部分铸焊而成,每部分有19种变体蟠虺纹,构成12种纹饰单元,花纹彼此脱空,互不相连,每个蟠虺纹下有一或两个直立铜梗与下层水平铜梗相连,又以同样的方式形成第三层铜梗,造成玲珑剔透、纠结盘绕效果的立体透空部件。

尊颈部饰蕉叶纹,内填变体蟠螭纹,腹与圈足下部亦饰变体蟠螭纹,圈足上部作镂空的蟠螭纹。

附图1：尊口沿上的圆形花环

附图2：三层透空纹饰示意图

四件纹饰形状相同的立体透空部件焊合成圆形花环（见附图1）。

透空附饰表层的交体龙纹彼此脱空，皆由其下的铜梗支撑而使之互不相连。每个花纹单位下有1或2个直立铜梗与下一层水平走向的铜梗连接，下一层铜梗再以直立铜梗与第三层相连，形成三层透空纹饰（见附图2）。圆形花环分成4份，每份用失蜡铸造工艺单独铸就，再与尊颈焊合。

尊体浑铸，对开分型。颈、腹各有预铸的4处8个接榫，用于焊接龙形附件。圈足上的双身龙要挖出部分泥芯，利用圈足镂孔，在足内壁设范浇注进行铸接铆合。尊口附饰先用失蜡法铸就，再与尊体铸接。整尊包含了34个部件，通过56处铸焊而成整体。

盘直口、束颈、浅腹、兽足，口沿为透空的蟠虺纹，上置4个透空蟠虺纹长方耳，耳下两侧各有一透空龙形錾，尾端有倒置的龙首，两耳之间的器壁上攀附4条双身龙，口衔盘沿，头部和双身上各有数条小型蟠龙，4个兽足上下也有小龙盘绕。

盘与尊制作工艺相似。口唇、方耳的透空蟠虺纹亦采用失蜡法铸成，再与盘体铸接。盘体浑铸，其他附件均分铸焊接。整盘包含了38个部件，通过44处铸焊制作而成。

尊、盘口沿透空附饰结构之复杂，制作技艺之高超，堪称世界铸造技术史杰作之代表。

尊、盘造型优美，纹饰繁缛，构思巧妙，综合运用了复合陶范铸造、失蜡铸造、分铸铸接、分铸焊接等技术，工序复杂，技艺精湛，为商周青铜制作工艺之集大成者。

（谭德睿　廉海萍）

参考文献：

1. 湖北省博物馆. 曾侯乙墓：上[M]. 北京：文物出版社，1989：228~234.
2. 华觉明，贾云福. 曾侯乙尊、盘和失蜡法的起源[J]. 自然科学史研究，1983(4).

三、曾侯乙鉴缶

战国早期（公元前475年～前4世纪中叶）
锡青铜
鉴高63.2 cm，缶高51.8 cm
1978年湖北随州擂鼓墩一号墓出土
湖北省博物馆藏

附图：曾侯乙鉴尊缶之分解图

鉴缶由方鉴与方尊缶两部分组成，方鉴有盖，盖中央有一个方形孔，正好能套住尊缶的颈部，尊缶也有盖，为盛酒器。

方鉴圈足的四角有4只用前肢和胸部承托方鉴的兽形足，上腹部的四角及四边中部有8条拱曲攀伏的爬兽，这12条爬兽和鉴口沿上的8块方形或曲尺形的立体装饰物都是分别先行铸造，后与鉴主体铸接或焊接成一体。尊缶直口、溜肩、鼓腹、圈足，腹部置4个环耳。

出土时尊缶置于鉴内，盖上置一把长柄有流的铜勺，组成一组冰（温）酒器，尊缶内盛酒，将尊缶置入方鉴内，鉴与尊缶之间存有较大的空隙，夏天向方鉴内围绕尊缶放入冰块，对尊缶内的酒起到冷却作用，冬天往鉴内加入热水，对酒起加热保温作用，长勺用于从尊缶内取酒用（见附图）。

（廉海萍）

参考文献：

随县擂鼓墩一号墓考古发掘队. 湖北随县曾侯乙墓发掘简报[J]. 文物, 1979(7).

四、曾侯乙编钟

战国早期
钟架长 748 cm,宽 335 cm,高 273 cm,重 4400 kg
高锡青铜
湖北随州出土
湖北省博物馆藏

钟从西周开始成套，按大小次第排列，悬挂起来敲击，构成一定音阶关系，称为编钟。

钟作为古代乐器"八音之首"，为宴享、祭祀所必备，"钟鸣鼎食"成为王公贵族权势地位的标志，因而编钟的设计、铸造在当时备受重视，荟萃了技艺精湛的工匠从事编钟的设计和铸造。

目前所见规模最大的编钟是曾侯乙编钟。曾侯乙编钟分3层悬挂，成曲尺排列。下层横梁由3个带座人形铜柱、一根铜圆柱支撑。人形柱为武士形象，佩剑，双臂折举，掌心向上。铜人柱下有半球形底座，分上下两圈饰高浮雕蟠龙，每圈8条，龙身上还有若干条形态不同的小龙。中层横梁亦由3个铜人、一根短柱支撑，铜人姿态、服饰与底层相同，形体稍小。顶层梁较细，共3段，均由短柱支撑（见附图1、附图2）。所有横梁髹漆，两端装高浮雕蟠龙铜套。

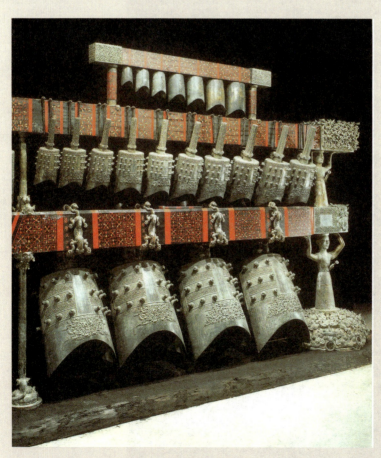

附图1：曾侯乙编钟局部之一

附图2：曾侯乙编钟局部之二

　　这套编钟分钮钟、甬钟、镈3种，依形状大小有规律地挂在架上。上层3组，共19件，均为钮钟，形体较小，长方钮，光素无纹。中层均为甬钟，分3组共33件，形体居中。下层2组13件，除一件镈外，余为甬钟，体型均较大。甬钟作合瓦形，上窄下宽，甬、舞、篆、鼓均饰蟠龙纹，钲和鼓部有铭文（见附图3）。

附图3：中层甬钟

　　64件钟每件的鼓部与侧鼓部敲击发音部位，均刻有定音定位的标音铭文。镈体扁圆，底口平齐，钮为蟠龙，钲部铸铭文。

　　经测音，64件编钟音域跨度达五个八度之多，十二个半音（即传统音乐术语中的"十二律"）齐备，已具备旋宫转调能力，因此能演奏采用和声、复调及转调手法的乐曲。

此套编钟不仅规模宏大、制作精良，而且音域宽广、音色优美，尽现古代中国在声学与乐律学的卓越成就。

一钟双音的设计涉及对钟形及其尺寸、壁厚，以及陶范的尺寸精度、合金成分等铸造技艺的控制，极为不易。欲使众多的双音钟按设计要求形成音阶准确、音色优美的五个八度的音域，这在2500多年前无疑是一项技艺极其复杂高超的系统工程。20世纪80年代研究和复制曾侯乙编钟时，组织了多学科的权威专家，经研讨判明了编钟的铸造工艺，采用激光全息技术解析双音形成机制，以硅橡胶翻制模具，以复合范、失蜡法和陶瓷型铸作钟镈，从而成功地复制了全套编钟和钟架。

（谭德睿　廉海萍）

参考文献：

1. 湖北省博物馆.曾侯乙墓:上[M].北京：文物出版社，1989：76~134.
2. 谭德睿.中国传统铸造图典[C].第69届世界铸造会议组委会，中国机械工程学会铸造分会，2010.
3. 华觉明.中国古代金属技术：铜和铁造就的文明[M].郑州：大象出版社，1999.
4. 程贞一.曾侯乙编钟研究：序[M]//.湖北省博物馆，美国圣迪戈加州大学，湖北省对外文化交流协会.曾侯乙编钟研究.武汉：湖北人民出版社，1992.

五、曾侯乙鼓座

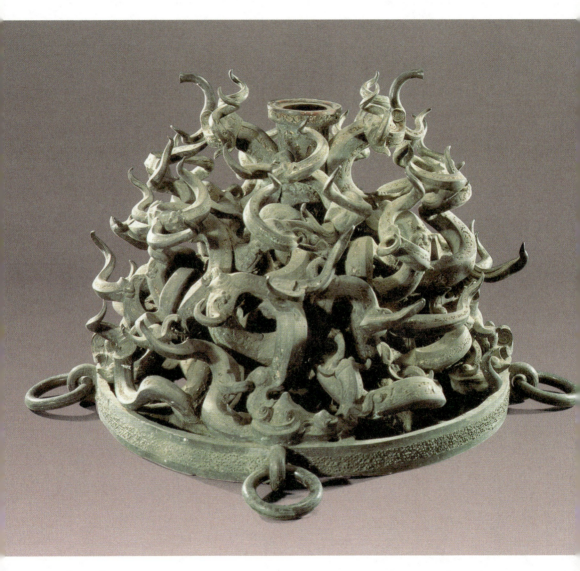

战国早期
锡青铜
通高 54 cm, 底径 72 cm, 重 19.21 kg
1978年湖北随州擂鼓墩一号墓出土
湖北省博物馆藏

鼓座呈圆锥透空体,由三部分组成:底部的圆环、中间承插楹杆的空心圆筒和外壁相互缠绕的圆雕群龙。底部铜环的外壁对称设置了4个环钮提手。

圆雕群龙由16条躯体相互纠结缠绕的大龙组成,大龙的头、身、尾上还攀附着10条小龙,这些大大小小的龙身均仰首摆尾,相互穿插纠结,以多变的形态和对称的布局构成了生动复杂的立体造型。看似复杂多变,实则龙的分布是有规律性的。鼓座的内部分布着数根铜条,一侧接着铜环,斜着向上凸起,纵横交错成网状结构,最后汇聚于中间承插楹杆的圆筒上,既增加了鼓座的强度,又作为铸造蟠龙的浇注系统。

鼓座与插入其内的楹杆和楹杆支撑的鼓体三部分组成建鼓,用于战争时发出指挥军队进攻的号令,即文献中记述的"击鼓为进""击鼓为号"。

(廉海萍)

参考文献:

湖北省博物馆. 曾侯乙墓:上[M]. 北京:文物出版社,1989:152~154.

六、曾侯乙炭炉、箕、漏铲

战国早期(公元前475年~前4世纪中叶)
锡青铜
炭炉通高14 cm,口径43.8 cm,腹深6.6 cm
漏铲通长38.6 cm,口沿宽14.7 cm
箕高5.2 cm,长29 cm,口宽25.3 cm
1978年湖北随州擂鼓墩一号墓出土
湖北省博物馆藏

炭炉、箕、漏铲出土时放置在一起，是一套取暖用具，三者配合使用。

炭炉直口、平沿、浅腹、平底，下设三个兽形矮足，器身左右设有两环耳套接提链，以红铜铸镶法装饰出颈部的棱形纹和腹部的勾连云纹。

箕虽是青铜质地，取的是仿竹篾编织的竹箕形状，连不同部位竹子的编织走向与绳子的捆绑痕迹都仿制出来了，栩栩如生。

漏铲形状如箕形，一侧置柄，铲底面有53个方形孔眼，便于炭灰与炭的分离，漏铲的外面也有红铜装饰的纹样。

（廉海萍）

参考文献：

《中国青铜器全集》编辑委员会. 中国青铜器全集：第10卷[M]. 北京：文物出版社，1998.

七、错金银四龙四凤铜方案

战国中期
高 36.2 cm，长、宽 47.5 cm，重 18.65 kg
锡青铜
河北平山中山国国王墓出土
河北博物院藏

  正方形案框由四龙头顶斗拱支撑。圆环形底座由两牡两牝梅花鹿侧卧承托。龙身分左右回转上卷反勾其双角，肩生双羽向中间聚成半球形。龙尾绕结连环处各有一振翅欲飞的凤，凤头凤爪从连环中伸出，两羽、长尾交叉在连环之后。

附图:方案局部

　　此器设计巧妙，结构繁缛，四龙四凤形象生动，彼此纠结盘绕在一起，龙飞凤舞，仿佛积蓄着无穷的活力，通体又满饰金银错纹饰，华美异常，大为丰富了方案结构的装饰性。

　　各部件均为陶范铸造，总计用范186块，再经多次铸接、焊接成形，共有40个铸接点、60个焊接点。结构复杂，纹饰华丽，集中体现了中国古代金属工艺的高超技艺。

（谭德睿　廉海萍）

参考文献：
1. 河北省文物管理. 河北省平山县战国时期中山国墓葬发掘简报[J]. 文物, 1979(1).
2. 苏荣誉, 华觉明, 李克敏, 等. 中国上古金属技术[M]. 济南：山东科学技术出版社, 1995.

八、错银双翼神兽

战国中期
青铜
通长 40 cm,高 24 cm,重 11.45 kg
1977 年河北平山中山国国王墓出土
河北博物院藏

神兽共有4只，分别出土于河北平山县三汲村中山国国王墓（M1）的东库和西库中，东库的两件头扭向右，西库两件头扭向左，可能是镇器，用于压在席的四角，或者是陈设装饰器。

神兽张口昂首怒吼，两肋有翼，四肢弓曲，四爪伏地，通体错银，以银丝、银片在神兽头、尾、四肢、身体上错出复杂多变的卷云纹、羽纹、鸟纹等，虎虎生威。神兽的腹底部铸有铭文，记载制作时间、工匠及监造官吏。

（廉海萍）

参考文献：

河北省文物研究所.䍐厝墓：战国中山国王墓[M].北京：文物出版社，1996：139~143.

九、十五连盏铜灯

战国
通高82.9 cm，底座直径26 cm
河北平山中山国国王墓出土
河北博物院藏

全器由底座和七节灯枝构成，形如大树，每节榫口各异，安插有序。底座饰三条透空夔龙纹，座下以三只双身猛虎承托全器，虎口各衔一环。座上立两人，上身赤裸，下围短裙，向上抛掷水果戏猴。灯枝每节侧伸两个旁枝，向上转折，每层彼此交错，枝头承托灯盘，盘内有烛扦，侧枝上有四鸟栖息，还有八只嬉戏的猿猴，或四肢攀附于枝上，或单臂悬吊，将另一只手伸向下面抛掷水果的人，一神龙沿树干蜿蜒向上，场面热闹，情趣盎然。

（廉海萍）

参考文献：

1.《中国青铜器全集》编辑委员会.中国青铜器全集：第9卷[M].北京：文物出版社，1997.

2.汪莱茵.富丽的中山国文物[J].故宫博物院院刊，1979(2).

十、铁足铜鼎

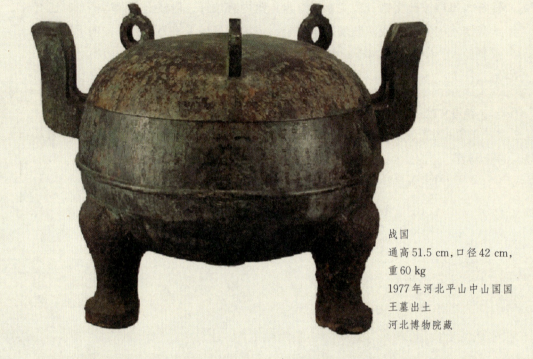

战国
通高51.5 cm,口径42 cm,
重60 kg
1977年河北平山中山国国王墓出土
河北博物院藏

此器为同出九件列鼎中最大的一件。

盖面上立等距的三环钮,鼎体扁圆,子口内敛,中有一道凸弦纹,下接三个铁质蹄足。足为铁质,十分罕见。

盖钮以下、蹄足以上镌刻铭文77行469字,记载了中山国相邦司马赒率军伐燕、开疆扩土的史实,告诫后代要谨记燕国"子之之乱"以及吴越相争的历史教训,警惕周边国家的进攻,文中还详细记录了中山国四位先王的庙号。铭文刀法娴熟,笔画洗练,字体秀丽,文辞优美。所刻的铭文字数位居战国铜器之首,具有珍贵的史料价值和极高的艺术价值。

三足为铁铸,为目前出土先秦时期铜鼎所仅见。

(廉海萍)

参考文献:

河北省文物管理处.河北省平山县战国时期中山国墓葬发掘简报[J].文物,1979(1).

十一、交龙纹插座

战国中期
青铜
高 23.5 cm，长 31.5 cm
1978年江苏淮阴高庄出土
江苏省淮阴市博物馆藏

  插座是车舆上的装饰件，由上部的承插圆筒与下部长方形底座组成。圆筒口沿一圈明显加厚，表面饰变形交龙纹和绚索纹。底座两端作粗大的锯齿形，侧面有圆形孔，可用销钉固定插入底座之物。

  插座采用了分铸铸接技术，先铸造圆筒，将铸造好的圆筒嵌入铸长方座的陶范内，然后往陶范型腔内浇注高温青铜液时将圆筒铸接在方座上。

（廉海萍）

参考文献：

淮阴市博物馆. 淮阴高庄战国墓[J]. 考古学报，1988(2)：219~220.

十二、龙纹钩镶

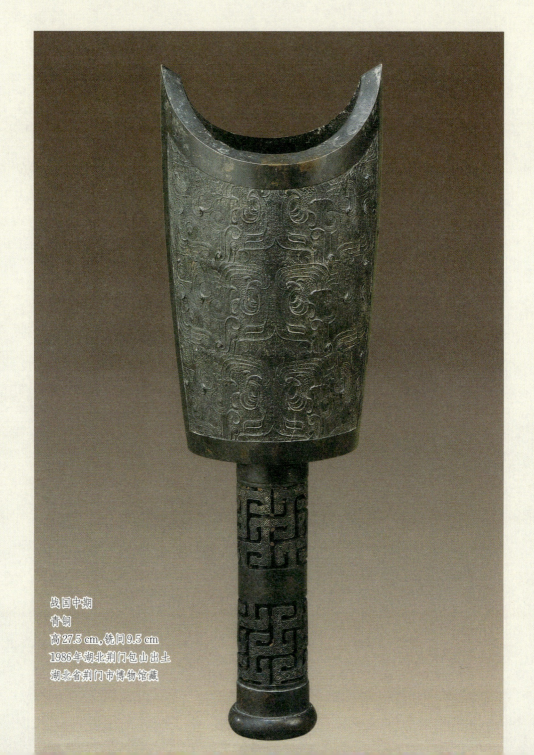

战国中期
青铜
高 27.5 cm，铣间 9.5 cm
1986 年湖北荆门包山出土
湖北省荆门市博物馆藏

钩鑃形似倒置的铎，使用时以木槌敲击，在祭祀和宴乐时用。这件钩鑃的柄上透雕勾连纹图案，勾连纹上面饰细密的几何形纹饰，透空结构对陶范的处理技术要求很高。与一般乐器纹饰只装饰在器表不同，铙体的内外面都饰有龙纹，制作陶范时不仅要在外范上以一组龙纹的纹饰模压印出三组龙纹，而且在泥范表面上也要模印出纹饰，才能得到内外表面通体装饰龙纹的钩鑃。

（廉海萍）

十三、陈璋圆壶

战国中期
通高24 cm,口径12.8 cm,
重5.59 kg,容量约3 L
锡青铜、铅锡合金
江苏盱眙出土
南京博物院藏

附图1：上截铜龙网络特写

附图2：铺首双角端部的龙头内铸出龙舌和龙齿

　　这是一件由7个部分、19个构件组成的内有壶身、外部套有上下两截铜龙网络、中部由错金银铜箍构成的极其华丽复杂的青铜器。

器口内和圈足外均篆刻铭文，口部铭文记重量和容量，圈足铭文刻划较浅，记载了公元前314年齐国趁燕国内乱而伐燕的历史事件。

上下两截铜龙网络各由48条铜龙、共576枚梅花钉形成表层（梅花钉）、中层（龙身起处）、内层（龙身伏处）共三层的透空铜龙网络。

上截网络的龙体上下起伏卷曲3次，龙身弯曲时靠近的二龙卷曲相接并以梅花钉缀连（见附图1），每条龙缀连6枚梅花钉，48条龙共144枚梅花钉。下截网络的龙体更上下起伏卷曲9次，每条龙两侧缀连18枚梅花钉，48条龙共432枚梅花钉。

上截网络与壶颈部铸接成一体，下截网络与壶的圈足铸接于一体。被网络遮挡处的壶身外表可见错金银纹饰。

上下网套的结合部有一铜箍，与壶身同心率达99.4%，分内外两层，内层直接与网套相接，外层分4段，上饰错金云纹，并交错嵌附立兽和铺首，各为4个。

铜箍上分别铸接有4只用铅锡合金铸成的铺首，铺首双角呈龙形，角端有张口的直径不足5 mm的龙头，铸有多枚牙齿，舌也翘起，精巧至极（见附图2）。

立兽位于箍外层相接处，形似虎，通体错金银。铺首额头原有镶嵌，张耳翻鼻，下衔一环，环饰细如发丝的错金云纹，铺首后部又有两条翻卷的虬龙。

壶体材质为铜、锡、铅合金，但各部件的具体比例不同，说明是分别铸造后再进行组装的。由于合金配比的差异，也使部件的外观、强度和硬度有所不同，这些都是出于制作和使用的实际需要。

该壶铸造工艺复杂，采用了复合范铸造、失蜡铸造、分铸铸接、焊接、金银错、镶嵌、刻文等工艺，堪称战国时期集青铜工艺之大成的佳作。

其构思之精巧、技艺之高超令人叹为观止。此器与春秋晚期的透空云纹铜禁和战国早期的曾侯乙尊、盘同列为中国青铜时代失蜡铸造的代表作，此器更是巅峰之作。

（谭德睿）

参考文献：

1. 万俐.从陈璋壶看春秋战国的冶铸技术[J].文物鉴定与鉴赏，2010(3).

2. 范陶峰，万俐.陈璋壶制作技术的初步探讨[J].铸造，2012(10).

3. 万俐.试析中国先秦时期透空蟠龙纹青铜器铸造技术的发展与传播[J].文物保护与考古科学，2014(1).

十四、立凤蟠龙大铺首

战国
通高 74.5 cm, 宽 36.8 cm
青铜
河北易县燕下都出土
河省文物研究所藏

铺首，汉族建筑门扉上具有辟邪作用的门饰。此铺首兽面衔环，兽面鼓目卷吻，鼻脊起扉棱，额心立一高冠凤鸟，展翅而立，鸟身两侧各缠一蛇，蛇头从翅下探出反顾凤首，蛇尾被凤爪牢牢擒住。兽面两侧边缘各浮雕一蟠龙，盘旋而上，龙首从兽面双角的后面伸出。铺首圆环浮雕蟠龙纹，龙首外探。

此器形制伟岸，造型和纹饰丰富，除兽目和兽嘴下衔厂八棱形半环为素面外，其余部分均满饰十分纤细流畅的突起纹饰，运用了高浮雕、浅浮雕和透空雕等多种装饰技艺，立体感和层次感强，是目前所见我国古代最大的铜铺首，应属宫门上的构件。

（廉海萍）

参考文献：

1.《中国青铜器全集》编辑委员会. 中国青铜器全集：第9卷[M]. 北京：文物出版社 1997.

2. 河北省文物研究所. 燕下都[M]. 北京：文物出版社，1996.

十五、错银承弓器

战国
通长 25.6 cm
美国弗利尔美术馆藏

此器为固定于车前作承托弓弩之用。若将弓附卡于牛首与蛇颈形成的凹曲空间内，顺势借力便可将弦快速勾于弩机的牙上，从而提高射杀效率。

通体饰错金银几何纹，前端为牛首，双眼突出，两角贴于项后，牛首之下又伸出一蛇，曲颈昂首。末端为銎管。此承弓器为目前所见制作最精、装饰最美者，或仅作仪仗之用。

（廉海萍）

参考文献：

孙机. 汉代物质文化资料图说：增订本[M]. 上海：上海古籍出版社，2008.

十六、错金银兽首軎饰

战国中晚期
青铜
长13.7cm,高8.8cm
1951年河南辉县固围村出土
国家博物馆藏

　　軎是古代战车上置于辕前端与车横木衔接处的销钉。这件軎饰制作精美,作兽首形,整件器上采用错金银和鎏金的手法将头、眼、眉、嘴等各部位镶嵌出云纹、鳞纹和几何纹,嵌入的金银丝细如毫发,技艺高超,展示了战国时期高度发达的错金银技术水平。

(廉海萍)

十七、透空镶嵌几何纹方镜

战国
长 18.5 cm,宽 18.5 cm,重 0.929 kg
锡青铜
上海博物馆藏

附图:镜背华丽精致的装饰

铜镜以圆形居多,方形较少。此方镜镜面和镜背分铸而成。镜面仅厚 2 mm,嵌在镜背方框内。

镜背主体纹饰为透空几何纹带,纹饰带上有宽度不足 1 mm 的拟似错红铜的几何形细线条,细线条内嵌有极精准的绿松石;近隅处各有一突起的黑地金色囧纹乳钉;镜背的镜缘四周分布 12 只圆形绿松石乳钉,面向镜面的镜框四周亦分布 12 只黑地金色囧纹乳钉,乳钉间饰拟似错红铜的龙纹,并镶嵌纤细精准的绿松石;镜面的后背还饰有银灰与黑色亮斑(见附图)。此镜装饰之华丽精致极为罕见,足显战国时期青铜装饰技艺的精彩绝伦。

如此纤细流畅的凹槽是铸成还是凿成?嵌入其中的拟似红铜如何与之结合而不脱落?绿松石如何加工得如此精准纤细?黏结剂为何物?黑地金色囧纹乳钉的黑色为何物?金色囧纹又是如何形成的?镜面后背的亮斑为何物,如何形成?镜面与镜背如何连接?……2000 多年前诸多金属装饰技艺之谜令人惊叹不已。

(谭德睿)

参考文献:

李朝远. 新获战国透空复合镜研究[M]//李朝远练形神冶,莹质良工:上海博物馆藏铜镜精品. 上海:上海书画出版社,2005.

十八、错银几何纹扁壶

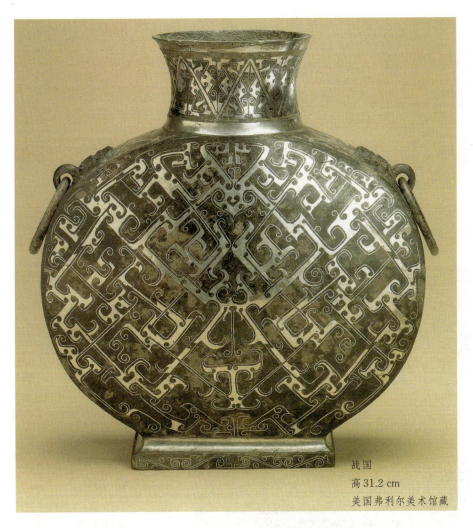

战国
高 31.2 cm
美国弗利尔美术馆藏

　　壶体作扁壶鼓形，壶口圆形、略侈，为长方形圈足，肩两侧设铺首衔环耳。通体遍饰银白色似龙纹变体的几何纹，技艺精致，华丽流畅，色泽亮丽，视觉效果极佳。

（康海萍）

参考文献：

《中国青铜器全集》编辑委员会. 中国青铜器全集：第7卷[M]. 北京：文物出版社，1998.

十九、镶嵌云纹盒

战国晚期
青铜
通高15.2 cm,口径18.2 cm,底径14 cm
陕西米脂官庄村出土
陕西省米脂县博物馆藏

附图:纹盒俯视图

  盒通体均以金银丝、金银片嵌错出勾连云纹,圈足饰斜角云纹,纹饰精美,似漆器上的彩绘纹饰,具有浓厚的楚文化风格。制作纹饰时,先铸造铜盒,然后在铜盒上用硬质工具刻出深浅不一的纹饰线条,将金丝、银丝和金片、银片镶嵌入相应的位置,形成精美的纹饰,制作技艺高超。

(廉海萍)

二十、双色剑

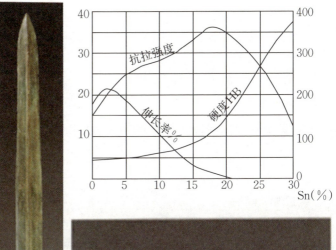

战国
通长 53.5 cm，重 0.745 kg

双色剑

附图1:铸造锡青铜械性能与含锡量之间的关系

附图2:双色剑残段横截面

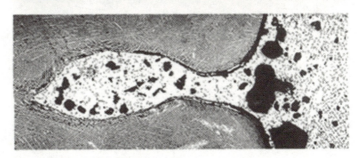

附图3:双色剑截面金相组织

由铜-锡合金铸成的青铜兵器,锡多虽硬然而脆,易崩口、折断;锡少虽韧然而软、易卷刃、不锋利(见附图1)。在钢铁兵器尚未出现之前的青铜时代,如何使青铜兵器具备既锋利又不易折断的性能,实为一大技术难题。

成书于春秋时期的《周礼·考工记》中,已有根据不同使用性能要求,选择不同锡、铜配比锡青铜的所谓"金有六齐(剂)"的记载。春秋战国时期吴越两大诸侯国所铸的青铜复合剑,即为"金有六齐"的创造性应用。

青铜复合剑的中脊呈红黄色,两侧(剑从)呈黄白色(见附图2),故有"双色剑"之称。

对出土双色剑残段的横断面作X射线荧光光谱半定量分析,所得结果见下表:

测试部位	化学成分(wt%)			
	铜	锡	铅	其他
剑脊	80.55	17.42		2.03
剑从	69.75	25.67	0.71	3.86

对横断面作金相分析得知,剑从为δ+(α+δ)组成的细小树枝晶,剑脊则组织粗大,呈均匀化退火形貌(见附图3)。可知双色剑为分次铸成:先铸出两侧有凸榫的剑脊,置入铸造剑从的陶范(铸型),与陶范一起焙烧,剑脊因而退火,脆性的δ相得以减少,韧性得以提高。而铸造剑从时,剑脊对剑从合金的激冷作用,使剑从结晶细小,因而剑从的硬度和强度均得以提高。

先铸含锡量低的剑脊,后铸含锡量高的剑从,使得剑脊和剑从组合成刚柔相济、性能优良的青铜复合兵器,这是中国早期复合材料应用的生动范例。

(廉海萍)

参考文献:

谭德睿,廉海萍,万俐,等.吴越青铜兵器技术三绝[M]//徐湖平.东方文明之韵:吴文化国际学术研究会议文集[M].广州:岭南美术出版社,2000.

二十一、龙形方炉

战国
高 17.8 cm
美国旧金山亚洲艺术博物馆藏

炉体呈长方形。炉面正中有大圆孔，其上置炊器。炉壁饰变形龙纹，对称置铺首衔环耳。四足为形态各异的神兽，诡异威严。

(廉海萍)

参考文献：

《中国青铜器全集》编辑委员会. 中国青铜器全集：第8卷[M]. 北京：文物出版社，1995.

二十二、斑 纹 钺

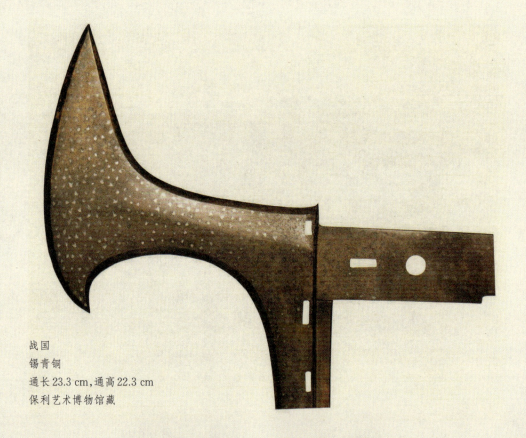

战国
锡青铜
通长 23.3 cm,通高 22.3 cm
保利艺术博物馆藏

附图:钺上的斑纹及显微镜下的形貌
1. 钺上的斑纹;2,3,4. 显微镜下斑纹的形貌

中国青铜时代，钺为王权的象征，《史记·周本纪》记载了商王纣赐给西伯（周文王）"弓矢斧钺，使西伯得以征"，钺已成为代表政治军事大权的一种标志。

这件斑纹钺，形制特殊，是以中原系传统铜戈为基础，将戈尖锐的锋刃改为宽阔的弧形刃，刃的上下不对称，柄部似铜戈直内的形制，上置一圆一方两个穿孔。钺的表面满布斑纹，每个斑纹的形状不尽相同，基本是中部近圆形或多边形，外伸出2~3条弧线。

未经表面清理前，钺上的斑纹呈黑色，经除锈处理后，斑纹呈现银白色。对斑纹钺的无损检测分析表明斑纹钺为锡青铜铸造成形，表面上的斑纹主要是富锡的铜锡二元合金，扫描电镜下观察斑纹表面有较多的孔洞，凹凸不平，含有气孔，显示了合金熔化冷凝后的表面特征（见附图），斑纹应该是在铜钺铸造成形后，将锡或锡合金涂布钺体表面，加热使涂剂熔化，与钺体锡青铜发生铜和锡扩散，从而在铜钺表面得到了富锡的斑纹，其色泽呈银白色。

（廉海萍）

参考文献：

1. 孙华. 斑纹钺[M]//《保利藏金》编辑委员会. 保利藏金：保利艺术博物馆精品选[M]. 广州：岭南美术出版社，1999：259.

2. 何俊，韩汝玢，贾淑文. 斑纹钺的无损分析与初步研究[M]//《保利藏金》编辑委员会. 保利藏金：保利艺术博物馆精品选. 广州：岭南美术出版社，1999：389~392.

二十三、镶红铜鸟兽纹壶

战国
通高 46.6 cm
青铜、铸镶红铜
保利博物馆藏

铜壶是举行礼仪活动时重要的盛酒礼器，多作两两成对出现，置于尊位，以示尊敬先祖之意。整器纹饰古朴、流畅、华丽。

红铜即古代纯铜，色紫红，可与氧化后的青铜形成色彩的反差，产生极佳的视觉效果。

古时在青铜器上镶红铜有两种技法：一是错嵌法，即将红铜片嵌入青铜器沟槽内，经错磨而成。另一种是铸镶法，先铸造红铜饰片，饰片背面铸有凸榫，将凸榫置于铸造器身和器盖的陶范内，红铜饰片露出于范腔之内，铸造时即镶嵌于器身，表面经错磨，即呈现出装饰效果极佳的红铜纹饰。铸镶法形成的纹饰虽略显粗糙，但更显纹饰的流畅自然。

（廉海萍）

参考文献：

1. 谭德睿，陈美怡. 艺术铸造[M]. 上海：上海交通大学出版社，1996.

2.《保利藏金》编辑委员会. 保利藏金：保利艺术博物馆精品馆[M]. 广州：岭南美术出版社，1999.

二十四、五 牛 枕

战国
青铜
高 32.5 cm，长 52 cm，宽 13 cm
1972 年云南江川李家山出土
云南省博物馆藏

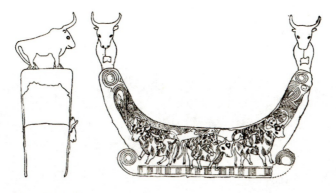

附图：铜枕线图

    1955～1960年晋宁石寨山的考古发掘，出土了青铜器4800余件，其中六号墓出土蛇钮金印一方，篆文"滇王之印"，表明这是一处古滇国墓地，使我们得以一窥古滇国的青铜文明。之后，在距石寨山仅50多千米的江川李家山进行的二次考古发掘，又出土了铜、金、铁、玉等质地器物3000多件，其中一些器类在中原地区从未见过，如铜鼓、曲柄葫芦笙、铜伞、铜枕、贮贝器等。这些铜器呈现出了云南地区特有的滇文化地方特征。

    五牛枕整体为马鞍形，两端上翘，中部下凹，翘起的两端各立一圆雕立牛，牛造型雄健，犄角挺立，一侧面以虎纹和双旋纹为底簇拥着三头浮雕的牛，尤其是牛的头部高高凸起于器表之外，另一侧无纹饰。五牛枕的铸造采用了分铸铸接技术和铸焊技术，先用陶范铸造方法铸造出器侧面外凸的三个牛头和两头圆雕立牛，在制作铜枕主体时将三个牛头置入器身陶范的相应部位，在铸造铜枕主体时与其铸接成一体，然后将两头立牛焊接在铜枕的两端，这样就完成了铜枕的铸造。铜枕出土时位于死者头部，故知其是作为枕头使用。

    1972年江川李家山墓群的发掘共出土了6件铜枕，均为马鞍形，多以虎、牛装饰，其中另一件虎牛枕的线图见附图，表明古滇国贵族喜以牛、虎等代表财与权的兽纹作为装饰。

（廉海萍）

参考文献：

云南省博物馆. 云南江川李家山古墓群发掘报告[J]. 考古学报，1975(2)：131.

二十五、牛虎祭案

战国
通高 43 cm,通长 76 cm
青铜
云南江川出土
云南省博物馆藏

牛虎祭案主体为一牡牛,两角前伸,双耳侧张,颈肌丰满,后颈高耸,背部下凹形成案面,前后足之间以横撑相连。牛后一猛虎,前肢紧攀后胯,后肢蹬踏牛腿,口部紧咬牛尾,作向后撕咬状,造型极具动感。虚去的牛腹下躲藏一牛犊,头尾探出案侧,立于横撑之上。牡牛为保护牛犊而忍受猛虎的撕咬,主题悲惨壮烈。

附图:祭案细部

牛虎祭案在造型上颇具匠心，大牛的头颈硕大而腹部空透，势必会导致重心前倾，而其身后的猛虎和腹内的小牛恰好起到了平衡和稳定的作用。牛虎祭案为古滇国青铜器中的卓越代表，具有浓郁的地方特色和民族风格。

此器先用失蜡法铸出牛犊，然后制祭案、牡牛和虎的内范，牛犊被包在内范中，仅露出蹄底的榫头。在内范之外包覆蜡料，将蜡料雕塑成祭案、牡牛和虎等部件（牛角预先铸就后根部植入内范中），再在蜡料上刻纹，然后在蜡模外包覆外范材料制成外范。牛胸、牛腿、虎腹至尾部视线不及处均中空，这种设计可使内、外范连接加强，提高成品率，并节省青铜材料。这种技术设计在滇族青铜器中应用较多。

（谭德睿　廉海萍）

参考文献：

1. 云南省博物馆. 云南江川李家山古墓群发掘报告[J]. 考古学报，1975(2).
2. 《中国青铜器全集》编辑委员会. 中国青铜器全集：第14卷[M]. 北京：文物出版社，1996.

二十六、动物纹棺

战国
青铜
高 82 cm,宽 62 cm,长 200 cm,重 2570 kg
1964 年云南祥云大波那出土
云南省博物馆藏

  祥云大波那墓葬出土的铜棺在中国的考古发现中极为罕见。铜棺呈悬山顶干栏式建筑式样,由 7 块铜板构成,底板 1 块,四周有 1 道宽约 1 cm 的凹槽,用以固定四壁,板和板之间有榫扣套接,可装可卸,两侧板和顶板外壁装饰云纹和蛇形纹,顶板和尾板装饰着虎、豹、野猪、鹿等动物纹,颇具当地文化特色(见附图)。

附图：侧板纹饰

经对铜棺进行成分和显微组织分析（样品取自顶部一侧的外沿残部），成分是含铜92.86%、锡5.16%、铅1.63%，化学组成为铜锡二元合金。显微组织分析表明，样品的基体为铸态组织，但在α固溶体组织中可观察到部分等轴晶，晶内有较多滑移带，这是铸后进行了冷热加工留下的痕迹，说明铜棺铸成后，各块铜板的表面还进行过加热，以便再对整块铜板进行加工和修饰。

（廉海萍）

参考文献：

1. 云南省文物工作队. 云南祥云大波那木椁铜棺墓清理报告[J]. 考古, 1964(12): 607~614.

2. 李晓岑, 韩汝玢. 云南祥云县大波那木椁铜棺墓出土铜器研究[J]. 考古, 2010(7): 87~92.

二十七、四人缚牛扣饰

战国
高 6 cm,宽 11 cm
云南江川出土
云南省博物馆藏

剽牛祭祀是古代滇和昆明部族的风俗。此扣饰是一个剽牛即将开始的场面：祭祀柱上缚一牛，牛角上倒悬一幼童。一人拉系牛颈及其前腿之绳绕于柱；一人被牛踩倒在地作仰面呻吟状；一人拉住牛颈之绳；另一人双手挽牛尾。其下有二蛇盘绕，一蛇咬住缚牛绳索，另一蛇头上蹲一蛙。扣饰背面有矩形扣。

此器由失蜡法铸造成形。

（廉海萍）

参考文献：
《中国青铜器全集》编辑委员会. 中国青铜器全集：第14卷[M]. 北京：文物出版社，1996.

二十八、兽纹铜臂甲

战国
高 23 cm
青铜
云南江川出土
云南省博物馆藏

附图：兽纹铜臂甲上的刻纹

春秋晚期和战国的刻纹铜器中多薄壁器，不少壁厚甚至不足1 mm。地处云南的古滇国在其上施加的刻纹，图案多接近生活，刻纹写实，流畅生动，细如毫发。

滇国的铠甲多用薄铜片锻造成形。此防护臂部的铜臂甲之刻纹内容丰富，有虎、豹、熊、蛇、鹿、猴、鸡、鱼、虾等十多种虫兽纹，且有鸡啄食蜥蜴和狐狸噬鸡等场面，生动传神，刻纹精致流畅，应属贵族使用。

（廉海萍）

参考文献：

1.《中国青铜器全集》编辑委员会.中国青铜器全集：第14卷[M].北京：文物出版社，1996.

2.谭德睿.青铜王国的技艺：中国古代铸造技术[M]//江晓源.中国科学技术通史：卷Ⅰ.上海：上海交通大学出版社，2015.

二十九、滇族乐器

1. 羊角编钟
高 15～21.9 cm
云南楚雄出土
云南省博物馆藏

1. 羊角编钟

羊角编钟一组6件，器形相同，大小依次递增。器身上小下大，横截面为椭圆形，素面，顶端有羊角形钮，钮下有长方形穿孔。与中原的编钟相比，具有鲜明的民族特色。

2. 曲管葫芦笙
战国
高 28.2 cm
云南江川出土
云南省博物馆藏

2. 曲管葫芦笙

笙呈葫芦形，柄背有吹孔，分铸一牛。葫芦笙下段有排列整齐的五圆孔，孔内残存竹管。笙的结构与现代芦笙相同，滇文化特色显著。

（廉海萍）

参考文献：

《中国青铜器全集》编辑委员会. 中国青铜器全集：第14卷[M]. 北京：文物出版社，1996.

三十、滇族兵器

1. 立鸟戚
战国
高 122 cm，宽 22 cm
云南江川出土
云南省博物馆藏

1. 立鸟戚

戚，似斧的一种古兵器。

实心铜柄与銎部为整体铸成，柄端一侧立一鸟，銎侧系一铃，均分铸成一体。銎上饰双旋纹。此器件构思奇巧，地域文化特色鲜明，应属仪仗祭祀之用。

2. 虎噬牛狼牙棒

狼牙棒，古代一种击打兵器。

八棱形棒上有排列整齐的兽刺状锥刺，顶端铸虎噬牛圆雕，底部有銎，颇具地域特色，应属仪仗祭祀礼器。

2. 虎噬牛狼牙棒
高 30.7 cm，棒径 4.6 cm
云南江川出土
云南省博物馆藏

3. 缚虎纹矛
细图
长 49.4 cm
云南江川出土
云南省博物馆藏

附图：缚虎纹矛銎部

3. 缚虎纹矛

銎部有三组雕塑（见附图）：上一组为一人持剑刺虎，下一组为三人持绳缚虎，最下一组为二人缚虎。分别由圆雕、高浮雕形成人虎搏斗场景，属失蜡铸件，地域特色明显，应属仪仗祭祀之用。

（廉海萍）

参考文献：

《中国青铜器全集》编辑委员会. 中国青铜器全集：第14卷[M]. 北京：文物出版社，1996.

三十一、滇族工具

1. 孔雀衔蛇纹锥
战国
高 13.8 cm
云南江川出土
云南省博物馆藏

2. 立鹿针筒
高 27.5 cm，盖径 2.7 cm
云南省博物馆藏

3. 踞坐男俑勺
高 39.5 cm
云南江川出土
云南省博物馆藏

附图1：立鹿针筒纹饰

附图2：踞坐男俑勺顶部

1. 孔雀衔蛇纹锥

锥体呈水滴状,整体实心,锥刺细长,造型柔美。锥柄线刻孔雀衔蛇纹,线条流畅。其为独具地域特色、设计优良的实用工艺品。

2. 立鹿针筒

一牡鹿立于筒盖,盖身饰兽面纹,筒身遍布蛇纹,装饰华丽。

3. 踞坐男俑勺

球形勺体柄端铸一裸体男子,背靠叉形板,双手抱膝踞坐于圆垫上,为构思巧妙又具地域特色的实用工艺品。

(廉海萍)

参考文献:

《中国青铜器全集》编辑委员会,中国青铜器全集:第14卷[M].北京:文物出版社,1996.

三十二、虎纹带饰

战国
通长 11 cm
青铜
内蒙古凉城出土
内蒙古自治区文物考古研究所藏

中国北方系青铜器有相当多的以动物为装饰题材，形象生动。此带饰以阴刻线条雕刻出虎头、四肢和尾，线条练达。虎张口露齿，圆眼。此带饰表面银白色物质经科学检测为富锡层，具有装饰与防锈作用。

（谭德睿）

参考文献：

《中国青铜器全集》编辑委员会. 中国青铜器全集：第15卷[M]. 北京：文物出版社，1995.

三十三、刺猬形竿头饰

战国
通高9.5 cm,銎径4 cm
陕西神木出土
陕西历史博物馆藏

刺猬躯体隆起呈球形,浑身满饰棘刺,短小四足蹲伏于扁圆筒形銎端,嘴尖耳短,低头缩颈,形象生动可爱,属中国北方系青铜器。

从球状身躯上密布的倒钩状棘刺可知,此器应由蜡料雕塑成形,再敷以陶范范料,经焙烧后蜡料流失得整体陶范,浇注青铜后方可获得无范线的、球状身躯上密布倒钩状棘刺的铸件,用分块陶范法是无法铸成的。此器雕塑独具创意,铸造技艺高超。

(谭德睿)

参考文献:

《中国青铜器全集》编辑委员会. 中国青铜器全集: 第15卷[M]. 北京: 文物出版社, 1995.

三十四、错金银狩猎纹镜

战国
直径17.5 cm
传河南洛阳出土
日本永清文库藏

附图：铜镜纹饰

镜背以镜钮为中心，分饰三组两两相对的连体龙纹，龙纹间配置三组纹饰：一组为身披盔甲、持剑骑马的武士，欲刺杀一张牙舞爪的猛虎（亦有花豹一说，见附图）；另一组二兽厮杀；第三组为一展翅飞翔的凤鸟。此镜纹饰线条流畅，布局疏朗有致。

此镜背为铜镜体的夹层，夹层工艺待考。

纹饰皆错金银，纤细如毫发。空白处黑亮色更可衬托出金银富丽堂皇的艺术效果。黑亮色是漆艺还是埋藏条件下形成的"黑漆古"，有待研究。

（廉海萍）

参考文献：

《中国青铜器全集》编辑委员会. 中国青铜器全集：第16卷[M]. 北京：文物出版社，1998.

三十五、凤鸟衔环铜熏炉

战国
通高 35.5 cm，宽 18.4 cm
陕西凤翔出土
凤翔县博物馆藏

熏炉为焚香用具，供熏衣、净化环境及鬼神崇拜之用。

炉顶立一展翅衔环的高冠凤鸟，巨喙圆目，背上有孔与炉膛相通。炉体沿中腰分为上下两半，上半球下缘等列四个铺首衔环形卡扣。炉体又分为内外两层，内层为实体炉胆以燃香，外层为透空蟠龙纹装饰带，蟠龙彼此盘绕纠结成立体网状。

炉体斜角方柱下覆斗形柱础，下接透空炉座，炉座顶面以十字形界栏分隔，饰浮雕夔纹。炉座下部长方形侧壁的中部饰三只侧身老虎，上面一只老虎正立，前后各有一俯身持盾的武士，下面两只老虎倒立，两虎之间亦有一持盾武士，侧壁两端还有展翅张喙的凤鸟，尾部下连身体上探的小兽，所有相邻纹饰彼此串联在一起，流畅自如，布局得当。炉座上部的斜坡除没有凤鸟和小兽外，其余均与长方形侧壁相同。

形制和纹饰均较特别，构思新颖，透空部位由失蜡法铸造成形。

（廉海萍）

参考文献：

1. 景宏伟. 凤翔发现战国凤鸟衔环铜熏炉[J]. 文博，1996(1).

2. 万俐. 试析中国先秦时期透空蟠龙纹青铜器铸造技术的发展与传播[J]. 文物保护与考古科学，2014(1).

3.《三秦瑰宝：陕西新发现文物精华》编辑委员会. 三秦瑰宝：陕西新发现文物精华[M]. 西安：陕西人民出版社，2001.

三十六、商鞅方升

战国
锡青铜
通长 18.7 cm，内口长 12.5 cm、
宽 7 cm，深 2.3 cm，高 2.3 cm，
容积 201 mL
上海博物馆藏

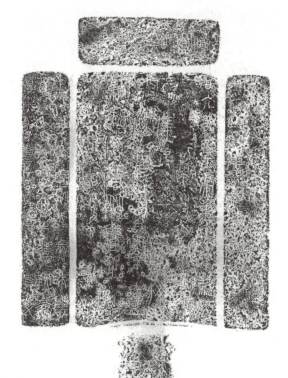

附图：方升铭文拓片

器呈长方形，直壁，一侧有长方形柄，是战国中期秦国的量器。器壁三面及底部均刻铭文（见附图），左壁刻："十八年，齐率卿大夫来聘，冬十二月乙酉，大良造鞅爰积十六尊（寸）五分尊（寸）壹为升。"器壁与柄相对一面刻"重泉"。底部刻："廿六年，皇帝尽并兼天下诸侯，黔首大安，立号为皇帝，乃诏丞相状绾法度量则不壹，歉疑者皆明壹之。"右壁刻"临"字。此器为商鞅任"大良造"时为统一秦国的度量所颁发的一升容积的标准量具。《史记·秦本纪》记载：孝公"十年，卫鞅为大良造"，商鞅方升铭文中的十八年，即为秦孝公十八年，也就是公元前344年，商鞅方升的制作年代。底部的刻铭表明在秦始皇统一中国后，又以商鞅所规定的量制作为全国的统一度量标准。

战国时期，各诸侯国各有自己的量制，马承源先生对该时期秦国、齐国、魏国、赵国量器的研究表明：战国的量制经历过一个比较复杂的变化过程，容积单位名称有显著的不同，而相同的量制名称，其单位容量也存在不同程度的出入。当时人们对于量制单位容量的概念是比较强的，当不同地区的或时期先后的因素使量制有改变时，须对用器重新进行校量，因此出现了一器校刻几次容量的情况。

统一度量衡对促进社会经济发展和改善人们生活起到了重要的作用，商鞅方升对战国及秦汉的历史研究具有重要的意义。

（廉海萍）

参考文献：

马承源. 商鞅方升和战国量制[J]. 文物，1972(6)：17~24.

三十七、厚氏扁壶

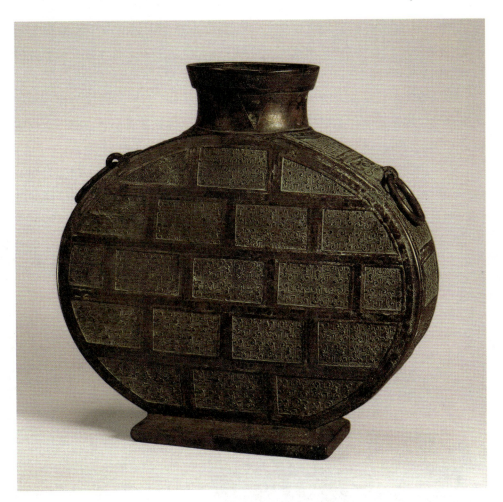

战国晚期
锡青铜
高 30.8 cm, 口径 11.2 cm, 底纵 9.3 cm, 底横 16.9 cm, 重 4.3 kg
上海博物馆藏

壶是一种盛酒器，但这件扁壶的肩部铭文表明它用作量器。铭文共18字："厚氏，三斗少半升。今三斗二升少半升""十六斤"。少半为一升的三分之一。经实测壶的容量为6400 mL，合"三斗少半升"中一斗的容量是1940 mL。第二次刻铭时，壶的容量为三斗二升少半升，即新的一斗容量是1920 mL，合"三斗二升少半升"中每斗之数为1980 mL。这是一件重要的研究战国时期量制的青铜器。

壶的腹部前后各有五道横栏，每栏内又以交错的直线栏形成长方格，方格内装饰着以模印法制作的蟠螭纹，在壶的口沿下、颈部和腹部的方格栏上均镶嵌了红铜，利用红铜与青铜的色泽差异达到炫目的装饰效果。

模印法制作纹饰只需要一块纹饰模，在纹饰模上重复制作出多件带有蟠螭纹的纹饰范，嵌入制作铜壶外范的相应位置内，极大地节省了制作纹饰的时间，而且纹饰模还可以反复用于制作其他青铜器，是一种高效率的纹饰制作方法。

（廉海萍　谭德睿）

参考文献：

1. 马承源. 记上海博物馆新收获的青铜器[J]. 文物，1964(7)：12～13.

2. 陈佩芬. 夏商周青铜器研究[M]. 上海：上海古籍出版社，2004：426～429.

附图：厚氏扁壶拓片

三十八、宴乐渔猎攻占纹壶

战国
高 31.3 cm
青铜
四川成都出土
故宫博物院藏

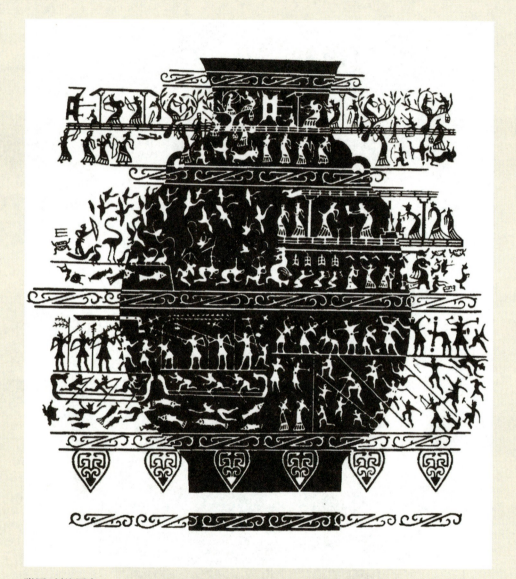

附图：刻纹图案

商代和西周的纹饰和铭文均铸造而成。随着冶铁业兴起，铁工具出现之后，自春秋晚期开始，青铜器上出现刻纹形成的纹饰和铭文，到战国时期臻于成熟。

战国时期的思想家荀子在《荀子·劝学篇》中说："锲而不舍，金石可镂。"战国的薄壁青铜器上刻有细如毫发的纹饰并不罕见。

青铜器刻纹大致有两种方法：春秋晚期和春秋战国之交是刻出由楔形点（首部较粗深，尾部细浅）组成类似虚线的刻纹。自战国早中期开始，虽刻成线条但是不连贯，而是分段刻出。两种方法的先后出现，反映出刻纹工具逐渐进步的过程。

刻纹图案大都以简练写实的手法表现当时的人物、禽兽、苑囿、建筑、车马等社会生活。构图优美、线条舒展流畅。

此器一改夏、商和西周时期神秘诡异的风格：颈部纹饰为射礼和采桑，前者合乎孔子说的"君子无所争，必也射乎"。也有学者认为桑树上站有佩剑男士，可能是贵族男女在桑林求偶。上腹部：以丝绳将矢与石相连，射中猎物可从容收取；水禽冲天而起，猎手箭无虚发；华屋之下，堂上觥筹交错，堂下钟磬和鸣。下腹则是一场战争正在上演：水上舟战，陆地肉搏，云梯攻城，尽显战国时期社会生活场景（见附图）。

（廉海萍）

参考文献：

1. 华觉明. 中国古代金属技术[M]. 郑州：大象出版社，1999.
2. 苏士澍，吴伟. 大圣遗音：中国古代最美的艺术品[M]. 北京：文物出版社，五洲传播出版社，2006.

三十九、刻纹宴乐图杯

战国晚期
锡青铜
高6.2 cm，口纵14.9 cm，口横18.4 cm，
底纵8.8 cm，底横11.4 cm，重0.33 kg
上海博物馆藏

刻纹宴乐图杯内画像摹本之一

刻纹宴乐图杯内画像摹本之二

刻纹宴乐图杯外画像摹本之一

刻纹宴乐图杯外画像摹本之二

附图：刻纹图案

杯呈椭圆形，杯的外壁、内壁及器底装饰着图像，这些图案与商周时期青铜器上铸造出的纹饰不同，杯上的纹饰是以刻刀在器壁上錾刻出细如毛发的点、线，由连续的点和线组成了一组组宴乐狩猎等表现战国时期人们生活场景的图案（见附图），一改以铸造方法所制作纹饰的风格，呈现出一派清新写实的绘画风格。经统计，杯上刻有建筑物3所、车2辆、人物48个、鸟33只、兽10头，另有钟、鼓、琴等乐器及鼎、豆、罍、觯等青铜酒器食器，构成了一幅栩栩如生的战国时代贵族生活画面。以杯内壁左侧一组图案为例：画面中主体是一所建筑，建筑腾空似阁，下设有3个支柱，两旁有阶梯，左右各有一人拾级而上，一人手中捧着豆形器，另一人手中所捧之物已残；屋内有2根立柱支撑住屋檐，2个立柱的上端作斗拱形，阁内有两两相对的3组人物，右首檐下是一人于鼎中取肉，另一人捧豆以受；中间是一人持勺取酒，一人受酒；左首檐下是一人以手支地，一人执觯做饮酒状。建筑的外部，左侧是射猎图，一人作执弓射鸟状；右侧是宴乐图，一人抚琴、一人击鼓、一人鸣钟，两人长袖起舞，在钟架上还可见残留的四枚编钟。

1978年江苏淮阴战国中期墓出土了20多件刻纹铜器，何堂坤先生分析了其中的青铜匜及残片共计6件样品。分析结果表明，6件样品的成分比较稳定，铜含量在85.1%~89.3%，锡含量在9.6%~11.7%，铅含量在0.3%~4.2%，对其中3件样品进行的金相组织分析表明这些刻纹铜器为锻制而成，并进行过再结晶退火处理。

（廉海萍）

参考文献：

1. 马承源. 漫谈战国青铜器上的画像[J]. 文物，1961(10)：26~28.
2. 何堂坤. 刻纹铜器科学分析[J]. 考古，1993(5)：465~468.

四十、杜虎符

战国
通长 9.5 cm，高 4.4 cm，
厚 0.7 cm
陕西西安出土
陕西历史博物馆藏

  此器为古代用兵的信物，"杜"为地名，杜虎符左半边在杜县军事首领手中，右半边则在君王之手。若要征调50人以上的士兵，需与君王的右符相合，若遇烽火报警的紧急情况，则不需合符。此器是研究战国时期秦国军事管理制度的重要实物。

  器作虎形，取其威猛迅捷之意，仅存左符。虎昂首挺立，口部微张，双耳后贴，背部弯曲，腹部紧收，尾部下垂，威风凛凛。虎符内侧有槽，颈上有一小孔，虎身有错金小篆9行40字："兵甲之符，右在君，左在杜，凡兴士被甲，用兵五十人以上，必会君符，乃敢行之，燔燧之事，虽毋会符，行殹。"

（廉海萍）

参考文献：

黑光. 西安市郊发现秦国杜虎符[J]. 文物, 1979(9).

四十一、铜　　印

战国
青铜
1980年四川新都马家乡出土
四川博物院藏

印章是一种标记工具，在文化和贸易往来中，物品的流通和信息的交流越加频繁，需要一种信用标记工具，印章就是在这种需求的背景下产生的。这枚铜方印出土于四川省新都县战国墓中，印背微拱似覆斗，中为鼻钮，四周饰兽面纹，印文为一组"巴蜀图语"符号：印文的下部两侧各立一人，伸手相握，手下方有一疊，上方正中是一个图形符号，与同墓内所出的一些兵器、工具上的标记图案相似，这可能是蜀族中某一氏族的族徽，在两人的头顶上方各有一口向上的铎，整个印面展现了一幅内涵丰富的画面。同墓中还出土了一枚圆形铜印。

　　铜印在中国的出现和使用时期可以上推到商晚期，殷墟的考古发掘中发现了3枚青铜印章，是用来标识印章主人的家族姓氏，但商晚期印章并未广泛使用，在已发掘的殷墟高等级墓葬中并未发现铜印章。

　　中国印章发展的第一个高峰期是战国两汉时期。战国印章多铜铸而成。

（廉海萍）

参考文献：

1. 四川省博物馆，新都县文物管理所. 四川新都战国木椁墓[J]. 文物, 1981(6): 4.
2. 《中国青铜器全集》编辑委员会. 中国青铜器全集: 第13卷[M]. 北京: 文物出版社, 1994.
3. 何毓灵, 岳占伟. 论殷墟出土的三枚青铜印章及相关问题[J]. 考古, 2012(12): 70~77.

四十二、蚁鼻钱铜范

战国
青铜
长 27 cm,宽 10.7 cm,
厚 0.9 cm,重 1.055 kg
安徽繁昌博物馆藏

东周时期是中国钱币铸造的肇始阶段，至迟在春秋中晚期已开始铸造金属钱币，山西侯马铸铜遗址、河北燕下都遗址、中山国遗址、河南新郑郑韩故城铸钱遗址、山东齐故城遗址等地都出土了铸造钱币的陶范，钱币的铸造技术直接源于青铜器的铸造技术。

战国时期的楚国还采用了先进的大批量生产钱币的金属范铸币工艺。铜范上可见浇注系统和蚁鼻钱型腔的设置：浇口杯设在一边，浇口杯下分出两条直浇道，钱币型腔沿直浇道两侧分布，共计4排，每排有16枚型腔，一件铜范上共有64枚型腔，一次浇注可得64枚蚁鼻钱，与陶范铸币比较，生产效率大为提高，可以满足大批量生产钱币的需求。

金属范用于铸造生产工具、农具、车马器和钱币，标志着社会生产力的大幅提高。

（廉海萍）

参考文献：

陈衍麟. 繁昌的楚铜贝范及其铸币工艺[J]. 中国钱币，1996(3)：12～13.

四十三、青铜工具

斧	凿
曲头斤	削
雕刀	手锯
双齿锯	

战国
青铜
斧长19 cm,刃宽7.8 cm;凿长24 cm,銎径2.6 cm;
曲头斤长23 cm,銎宽4 cm;削长24 cm,宽6.5 cm;
雕刀长18.5 cm,宽2.4 cm;手锯锯片长26 cm,宽
4 cm,柄长14 cm;双齿锯长37.8 cm,宽3.3 cm
1980年四川新都马家乡出土
四川博物院藏

巴蜀青铜器在长期发展过程中形成了自己独特的形制特征，除了巴蜀风格的礼器和兵器外，工具也具有当地特有的风格。四川新都战国大墓中出土的成套的青铜工具，有斧、斤、曲头斤、手锯、雕刀等，都是5件一套；铜削有大、中、小3种，每种5件，共计15件；凿有大、中、中小、小4种，每种5件，共计20件。雕刀装在木柄上，以4道索捆绑固定并髹黑漆。手锯装在楠木板上，以细竹篾条穿孔捆绑并髹黑漆。工具上都带有称为"巴蜀图语"的图形符号。

（廉海萍）

参考文献：

四川省博物馆，新都县文物管理所. 四川新都战国木椁墓[J]. 文物，1981(6)：9~11.

第四章

秦汉

由于铁器的普及以及社会生活重心的变化，秦汉铜器不再具有商周青铜器那样重要的地位。但是，铜器在社会生活中仍然广泛使用，铜器制造业也是非常重要的手工业生产部门，并具有相当大的规模。

秦汉青铜器与商周时期相比，最大的区别是其构成发生了巨变，用于生活的青铜器的种类、数量都大大增加，这样的趋势在战国时期就已经开始。根据其用途并结合形制，可将秦汉铜器分为九大类，即手工工具、兵器武备、车马具、日用器具、钱币、度量衡器、科学文化用品、丧葬宗教用品及杂器。

与商周时期相比，新出现的器类主要集中在日用器具一类，特别是容器之外的杂器，比如灯具、炉具、熏炉等。此外，还包括饮食用的箸、汲酒器，缝纫用的针、针筒和顶针，熨斗、温酒炉、手炉，便溺用的虎子，梳洗用的铜梳和眉笔等。而许多青铜容器，也不再具有礼制的功用。这些生活用具的大量出现和使用，与铜器应用的平民化密切相关。

相比而言，秦代铜器的制作更接近商周铜器制作的风格。秦陵的铜车马气势恢宏，制作复杂而精良。秦代铜兵器多具实用功能，而汉代中期后，很多铜兵器只具有礼仪功能，实战兵器已多为铁制。

秦汉时期，中央政府和地方（包括诸侯国）均设有官营铜器工场，同时私营作坊也已大量兴起，除了钱币和兵器，政府对日常生活用品的生产经营几乎没有任何限制。皇室所用铜器具一般由工官提供，民众所用铜器具由民营作坊生产。

秦汉铜器的设计风格更注重实用，是艺术性和实用性的完美结合。许多铜器上的装饰内容，有山峦、云气、神话故事，也有狩猎、宴饮、升仙等，体现人们所追求的"长生不老""死后升仙""视死如生"等观念。汉代灯具的设计和制作很有特色，如长信宫灯很多部件可拆卸，清洁环保，造型优美。

秦汉时期的铜器制作，综合运用多种技法，出现两个明显的趋势：一是铸作精美的重器特别重视表面装饰技术，使用错金银、鎏金银、贴金、铸镶红铜、镶嵌宝石、镀锡、錾刻、透雕等多种技法，不惜工本，达到精美的艺术效果，这些装饰技法很多借鉴于其他文化；二是由于民间需求增加，降低成本和提高效率的制作方式得到广泛应用。比如叠铸技术就与铸钱业的蓬勃发展有关，而锻打铜容器的大量使用，与节约成本的意图直接相关。

尽管陶范铸造技术仍是秦汉青铜器成形技术的主流，但失蜡法已大量使用，呈蓬勃发展的趋势。对应于不同的制作对象，范铸技术也发生了很大的变化。镜范富含非晶态的硅酸盐物质，在扫描电镜下可见显微结构中有较多的粉砂和孔隙、较少的黏土、大量植硅石。研究显示镜范材料以当地生土淘洗并添加大量植硅石制成。这种材料密度很低，具有非常优良的铸造性能。

锻造容器大多是盆、盘、釜、甑、匜、洗、鉴等敞口器物，器壁都较薄。铜器经热锻加工可以节省原料，提高机械性能，具备更好的延展性。钱币、车马器及机械构件使用叠铸技术以提高效率。西安北郊新莽钱范窑址出土的"大泉五十"叠铸范，由23层铸型组成，每层8枚，一套可铸币184枚。

秦汉时期的铜器虽然不再处于政教实施及社会文化生活的主体地位，但并未衰落，而是发生了转型，走向生活化和平民化，形成了新的时代风貌，在整个中国古代青铜器发展进程中"度过了最后的辉煌"。

（刘　煜）

第一节 秦

一、错金银乐府钟

秦代
通高13.3 cm,两铣间
7.2 cm,鼓间5.8 cm,
舞广6 cm×4.8 cm
1976年出土于秦始
皇帝陵园
藏于秦始皇帝陵博
物院

1976年2月6日,秦兵马俑博物馆袁仲一馆长在秦始皇帝陵园西侧内外城垣间的建筑遗址中发现乐府钟,通高13.3 cm,钲和鼓部有错金蟠螭纹,篆间饰错金流云纹,钟带饰错银云纹,不同的纹饰相间排列,相互衬托,显示出此钟的精美。钟内侧铸满卷曲的蟠虺纹,线条细如发丝,极为罕见。钟口内侧有四条调音带,带上均有调音的错痕。经测试,钟的音调属于C调,清脆悦耳。

钟钮一侧刻有篆书"乐府"二字,证明秦代已设有乐府。《汉书·百官公卿表》记载:"少府,秦官",为九卿之一,其属官有乐府令、丞。乐府钟用于皇家庆典和祭礼。它出土于秦始皇帝陵园,与秦的墓祭制度有关。

这件能证明秦代已设有乐府的稀世珍品经历了十多年的劫难。1986年11月12日,乐府钟在陕西省博物馆展厅被窃,直至1999年7月28日,才从香港追回,但"乐府"铭文已被锉掉。

(李秀珍)

参考文献:

1. 袁仲一. 秦始皇陵考古发现与研究[M]. 西安:陕西人民出版社,2002.
2. 寇效信. 秦汉乐府考略:由秦始皇陵出土的秦乐府编钟谈起[J]. 陕西师范大学学报(哲学社会科学版),1978:35~37.

二、度量衡器

1. 两诏椭升
高 6.6 cm,长 23.3 cm,开口纵长 10.1 cm,横长 18.1 cm
上海博物馆藏

2. 大騩权
高 5.9 cm,底径 9.9 cm
南京博物院藏

1. 两诏椭升

这件量器外壁一侧刻秦始皇二十六年诏书4行，另一侧刻秦二世诏书7行。二世诏强调统一度量衡是秦始皇的功绩，并将继续推行。据实测其容积为650 mL。

秦统一六国后，器身凿刻或铸有统一度量政令的铜器，已知的有20多件，大多数是传世的。

2. 大䭫权

呈底略大的八棱柱形，空腹，上有横梁。侧面有秦始皇诏及二世诏，字间有竖线皆界行。横梁两旁有"大䭫"二字。

大䭫，山名，在今河南密县东南。权重2300克，如果按照9斤来算，合每斤255.5克。这种形制在秦权中罕见，只有天津市历史博物馆所藏旬邑之权与之相同，铜质也相似。后者重2270克，也按9斤算，每斤252.2克。这种形制、重量都独特的权，应有特定的用途。

（刘　煜）

参考文献：

《中国青铜器全集》编辑委员会. 中国青铜器全集：第12卷[M]. 北京：文物出版社，1998.

三、秦陵铜车马

一号铜车马（右侧）通长225 cm，通高152 cm；二号铜车马（左侧）通长317 cm，通高106.2 cm
1980年秦始皇帝陵园出土
秦始皇帝陵博物院藏

铜车马共两乘，由青铜铸造，组装成型，上配大量金银饰件和错金银装饰，通体彩绘。两乘铜车马一前一后置于一长方盒状的木椁内。出土时，木椁已朽，仅存灰迹和印迹，铜车马已碎成2000多片，彩绘大都剥落，但车马构件基本齐全。经过8年的清理修复，在1988年恢复原貌，秦代车驾结构和系驾关系得以清楚呈现。

铜车马是按真车的二分之一比例制作的，车为单辕、双轮，驾四马。一号车为引车，重1061 kg。车舆内竖立高杠铜伞，伞下站一铜御官俑，腰际佩剑和玉环，车上有彩绘铜盾、青铜弓弩、箭箙和箭镞。二号车为安车，重1241 kg。车舆分前后两部分，前舆较小，内有跽坐御官俑；后舆近方形，上搭龟甲形篷盖，四周有出檐，舆前和左右各有一窗，后面有门。门有扉，窗板有镂孔。门、窗现仍可以开合。后舆有榻，并放置铜方壶等杂器。

两乘铜车马由几千个零部件分别铸造后再组装成型，采用了铸接、焊接、铆接、插接、套接、镶嵌、子母扣等多种连接方式。篷盖厚仅0.1~0.4 cm，拱起部位铸后加热锻打成型。零部件的加工工艺有锉磨、抛光、钻孔、切削、錾刻、镶嵌、冲凿等。以多种矿物颜料通体施彩，绘有夔龙纹、夔凤纹、流云纹和多种几何纹，加以大量的金银装饰，彰显其高贵和华丽。

铜车马为研究秦王朝的乘舆制度提供了实物例证。车辆的鞍具齐全、系驾关系清晰，为研究古代车制和系驾方法提供了不可多得的材料。

（李秀珍）

参考文献：

1. 秦始皇兵马俑博物馆，陕西省考古研究所.秦始皇帝陵铜车马发掘报告[M]. 北京：文物出版社，1998.

2. 秦始皇兵马俑博物馆.秦始皇帝陵铜车马修复报告[M].北京：文物出版社，1998.

3. 秦始皇帝陵博物院.秦始皇帝陵出土的一号铜马车[M].北京：文物出版社，2012.

4. 秦始皇帝陵博物院.秦始皇帝陵出土的二号铜马车[M].北京：文物出版社，2015.

四、彩绘青铜天鹅

通高 57.5 cm, 通长 90 cm
2003 年秦始皇帝陵园出土
陕西省考古研究院藏

　　彩绘青铜水禽出自秦始皇帝陵园 K0007 号陪葬坑，含天鹅 20 件、仙鹤 6 件、鸿雁 20 件。它们神态逼真、形态各异，其造型、表面装饰及艺术风格均有鲜明特征。

　　青铜天鹅立姿，作觅食状，体硕健壮，由失蜡法铸造而成，头、颈、躯体及腿部为整体铸造，踏板和掌部为分铸，两者之间设有榫卯结构。颈部泥芯中有长约 15 cm 的铜芯骨和厚约 1.5 cm 的铜隔挡。铜隔挡的存在表明颈部蜡模分段制作后再通过蜡焊连接。颈部和躯体均可见成排分布的泥芯撑。芯撑孔和铸造缺陷以铜片镶嵌补缀。体表饰以白色颜料，表层可见绘制的羽毛纹路。经检测，其材质为含锡 10% 左右的铜锡二元合金，表层颜料为羟基磷酸钙即骨白。

（邵安定）

五、斗兽纹镜

斗兽纹镜
直径10.4 cm
1975年湖北云梦
睡虎地出土
湖北省博物馆藏

此铜镜为方座弦钮，饰有斗兽纹，以勾连纹衬地，勾连纹中又填以雷纹以及密点纹。

迄今可定为秦镜的铜镜极少。此镜出于楚国故地，铸造精良，纹饰华美，虽为秦墓随葬品，而实具楚镜风格。

（刘　煜）

参考文献：

李学勤．中国美术全集：工艺美术编（青铜器）[M]．北京：人民美术出版社，1985．

第二节 西 汉

一、错金云纹犀尊

高 34.4 cm，长 58.1 cm
1963 年陕西兴平豆马村出土
中国国家博物馆藏

犀作昂首伫立状。双目嵌以乌黑光亮的料珠，肌肉坚实，皮肤多皱褶，层次分明，背上有一盖可开合。通体满布流云纹，间有涡纹，并嵌有金银丝，比作犀的毫毛。此尊造型逼真，堪称西汉工艺精品。

（刘 煜）

参考文献：

《中国青铜器全集》编辑委员会. 中国青铜器全集：第 12 卷[M]. 北京：文物出版社，1998.

二、人面纹羊角钮钟

高 19 cm
1976年广西贵县罗泊湾出土
广西壮族自治区博物馆藏

此钟上端有长方形孔,顶部为羊角钮,钟面饰人面纹。

（刘　煜）

参考文献:
广西壮族自治区文物工作队. 广西贵县罗泊湾一号墓发掘简报[J]. 文物, 1978(9).

三、错金银云纹博山炉

高 26 cm，腹径 15.5 cm
1968年河北满城陵山中山靖王刘胜墓出土
河北博物院藏

炉身呈豆形，有子口，盖有博山。通体用金丝错出流畅的花纹，金丝有粗有细，或如毫发，或如流云，圈足饰错金卷云纹。座的透雕呈三龙腾出水面，以龙首顶托炉盘状。炉盘饰错金流云纹，上部及盖铸出高低起伏、挺拔峻峭的多层山峦。炉盖循山势镂空，山峦间神兽出没，虎豹奔走，小猴蹲踞峦峰高处或骑兽背嬉戏，猎人肩扛弓弩巡猎山间。由于细部用错金勾勒渲染，使景色更生意盎然，彰显了汉代能工巧匠高超的智慧和艺术才能。

（刘　煜）

参考文献：

《中国青铜器全集》编辑委员会. 中国青铜器全集：第12卷[M]. 北京：文物出版社，1998.

四、错金银铭文壶

高 44.2 cm, 腹径 28.5 cm, 圈足径 18.8 cm, 径 15.5 cm, 盖高 11.3 cm
1968年河北满城陵山中山靖王刘胜墓出土
河北博物院藏

一同出土的壶有两件，这是装饰更为绚丽的一件。

壶盖为弧面形，饰三卷云状钮，中心错一蟠龙，蟠龙周围三卷云状钮间有鸟篆文12字："有言三，甫金鯀，为荃盖，错书之。"盖缘和纽上错以云纹。壶身形制为侈口、短颈、鼓腹、圈足，肩上有铺首衔环。壶的口、肩、腹部微微凸起宽带纹各一周，带上以怪兽和云雷纹组成的图案，宽带纹分壶身为三段，错鸟篆纹三周。颈铭："盖环四双，仪尊成壶。"上腹部铭："盛兄盛味，于心佳都，壹于。"下腹部铭："口味。充闰血肤，延寿却病，万年有余。"圈足上和圈足、腹部之间各错出动物纹带。铺首以金银错勾勒，环上满缀云纹。

此器器身由浑铸而成，鉴于器形和弧度，可能沿铺首衔环中线以及正面的中线垂直四分，沿肩颈部箍带、腹部箍带以及圈足上方水平分范，这样至少需要16块外范，铺首衔环所带的环是预先铸好放入铸型的。

花纹和铭文都用纤细金银丝错出，异常精巧美观，显示了金银细工的卓越成就，是西汉铜器中罕见的艺术珍品。

（刘　煜）

参考文献：

1. 中国社会科学院考古研究，河北省文物管理处. 满城汉墓发掘报告[M]. 北京：文物出版社，1980.

2. 金维诺，邢振龄. 中国美术全集：青铜器（四）[M]. 合肥：黄山书社，2000.

五、铜漏壶

通高 22.5 cm,径 8.6 cm,深 15.6 cm
河北满城陵山中山靖王刘胜墓出土
中国国家博物馆藏

这是一件计时器。器身呈圆筒形,平底,三蹄足,近底部伸出流口,前端已残断。盖中部有一长方形孔。盖上有方形提梁,提梁中部也有长方形孔,和盖孔位置相对,尺寸相近。这相对的两个长方形孔用于插置刻箭。《周礼·契壶氏》郑玄注:"漏之箭,昼夜共百刻,冬夏之间有长短焉。"刻箭能随漏壶内盛水之增减而浮降,从而指示时间。该器是迄今经科学发掘有准确年代可考的最早的漏壶。陕西兴平出土一件形制相同的漏壶,时代与其相近。2008年,西安张安世墓也出土过一件。

(刘 煜)

参考文献:

1. 中国社会科学院考古研究,河北省文物管理处.满城汉墓发掘报告[M].北京:文物出版社,1980.

2. 兴平县文化馆,茂陵文管所.陕西兴平汉墓出土的铜漏壶[J].考古,1978(1).

六、铜　　钻

长 26.2 cm,直径 0.6~0.7 cm
河北满城陵山中山靖王刘胜墓出土
河北博物院藏

该墓共出土两件铜钻，这是较完整的一件，原认作"尖状器"，现认为是铜钻。钻呈细长棒形，前端作三棱尖状。化学成分为：铜 87.26%、锡 11.99%、铅 0.62%。

（刘　煜）

参考文献：

中国社会科学院考古研究，河北省文物管理处. 满城汉墓发掘报告[M]. 北京：文物出版社，1980.

七、花形悬猿钩

通高13.3 cm
1968年河北满城陵山中山靖王
刘胜墓出土
河北博物院藏

  此器状如倒挂的花朵，瓣间各有一柔曲向上的长钩，花蕊下倒悬一长臂猿，左臂弯曲成钩。猿和花蕊均可转动，构思精巧，造型秀美。

  钩为悬物之用，广州南越王墓西耳室出土的铜钩，吊杆中部附着一盂，盂下连接铜链和挂钩，钩下可挂物，盂中注水可防虫蚁。

（刘　煜）

参考文献：

1. 中国社会科学院考古研究，河北省文物管理处. 满城汉墓发掘报告[M]. 北京：文物出版社，1980.

2. 广州市文物管理委员会. 西汉南越王墓：上、下册[M]. 北京：文物出版社，1991.

八、说 唱 俑

高 7.8 cm
1968年河北满城陵山中山靖王刘胜墓出土
河北博物院藏

俑取跪坐姿,头戴鎏金圆帽,高发髻,身穿错金锦纹衣服,袒胸露腹,张嘴嬉笑,表情滑稽,为正在说唱的倡优形象。

(刘 煜)

参考文献:

《中国青铜器全集》编辑委员会. 中国青铜器全集:第12卷[M]. 北京:文物出版社,1998.

九、长信宫灯

通高48 cm,重15.8 kg
1968年河北陵山满城中山靖王
刘胜妻窦绾墓出土
河北博物院藏

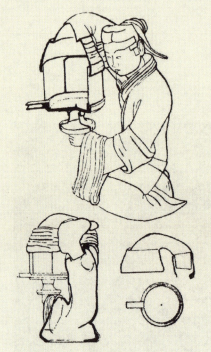

附图:长信宫灯剖面示意图

灯中空,通体鎏金。宫女深衣跣足,头梳发髻,外覆巾帼。身穿广袖内衣,外着右衽长袍,腰束带,袖宽大。右臂上举,袖口向下形成灯罩,左手握持灯座。灯盘可来回转动,盘沿有凹槽,盘心立有烛钎。灯罩和灯盘之间有两块弧形罩板,可转动开合以调整灯光。蜡烛点燃后,烟气顺着袖管进入体内,可保持室内清洁。此灯设计合理,许多构件可以拆卸。灯罩上方有蜡状残留物,推测用的是蜡烛。

灯座、灯盘、罩板及宫女右臂和衣角等9处刻有铭文65字,记载了灯的容量、重量及所属者。灯座底部铭文为:"长信尚浴,容一升少半升,重六斤,百八十九,今内者卧。"据此,取名为长信宫灯。汉朝的长信宫通常为太后居所。铭文字迹潦草,应是后刻的。下部灯座外侧铭文为:"阳信家,并重二钧十二斤,七年,第一。"此外,灯罩屏板内外、右臂外侧等还有5处刻有"阳信家",字迹工整。由此推断,阳信家才是宫灯的原主。附图为长信宫灯剖面示意图。

除长信宫灯外,阳信家铜器还有1981年5月陕西茂陵一号无名冢出土的钟、鼎、炉、灯、釜、甑、盆、樽、铫等。关于"阳信家",学术界存在争议,有学者认为是汉武帝之姊阳信长公主,但更多学者认同阳信夷侯刘揭、刘中意父子之说。

长信宫灯是既实用又美观的灯具珍品,在汉代宫灯中首屈一指。

(刘 煜)

参考文献:

1. 中国社会科学院考古研究所,河北省文物管理处. 满城汉墓发掘报告:上[M]. 北京:文物出版社,1980:255~261.
2. 《中国青铜器全集》编辑委员会. 中国青铜器全集:第12卷[M]. 北京:文物出版社,1998.
3. 丰州. 汉茂陵"阳信家"铜器的所有者问题[J]. 文物,1983(6).
4. 李学勤. 汉代青铜器的几个问题[J]. 文物研究,1986(2).

十、铜　　骰

直径2.2 cm
1968年河北满城陵山中山
靖王刘胜妻窦绾墓出土
河北博物院藏

　　骰作球形，上有18个圆形平面，每面均有隶书或篆书文字，其中两面分别为"酒来"和"骄"字，位置相对，其余各面为"一"至"十六"的数字。通体错金银，"一、三、七、十、酒来、骄"等6面为嵌金地错银一周，其余12面为嵌银地错金一周。各面之间的空隙饰错金三角卷云纹，中心嵌圆形绿松石或红玛瑙。同墓曾出土40枚"宫中行乐钱"，方孔无廓，背平，正面铸篆体阳文，20枚为数字，另20枚为韵语一首，每枚各一句，每句3～4字。铜骰既可与宫中行乐钱一起用作酒令器，也可单独使用。此骰体积虽小，但制作精致，字体优美，错金银运用恰当。

(刘　煜)

参考文献：

中国社会科学院考古研究所，河北省文物管理处. 满城汉墓发掘报告：上[M]. 北京：文物出版社，1980.

十一、阳信家温酒炉

高 10.3 cm
1981年陕西兴平豆马村出土
茂陵博物馆藏

附图:铭文

  此器由炉体与耳杯组成。炉体直壁,平底,三蹄足,有一曲折形长柄。炉口沿有四个方形支柱,以承耳杯,炉壁镂空,炉底有两排条形排灰孔,下有承灰盘。炉壁和杯侧刻有铭文(见附图)。

(刘　煜)

参考文献:
《中国青铜器全集》编辑委员会. 中国青铜器全集:第12卷[M]. 北京:文物出版社,1998.

十二、"诚信"铜印

边长4 mm,厚3 mm
2009年江苏盱眙大云山江都王陵出土
南京博物院藏

该器出土于江苏盱眙县大云山江都王陵墓（M1）墓室东回廊上层南部。

双面印，方形，带穿，正面印文"诚信"，背面印文"信印"，均为阴文篆书，字体规整。

《说文·言部》曰："信，诚也。"诚信即讲求诚实信用之意。《史记·封禅书》云："陛下必欲致之，则贵其使者，令有亲属，以客礼待之，勿卑，使各佩信印，乃可使通言于神人。"可知信印为作凭证的私人印章。从此印出土于王墓来看，极可能是江都王刘非之私印。

（刘　煜）

参考文献：

1. 李则斌，陈刚. 江苏盱眙县大云山西汉江都王陵一号墓[J]. 考古，2013(10).
2. 南京博物院. 常勿相忘：读盱眙大云山江都王陵[M]. 南京：译林出版社，2013.

十三、见日之光透光镜

半径3.7 cm,直径7.4 cm
上海博物馆藏

该镜正圆,镜面微凸,圆钮,背面内区为八曲连弧纹,外圈有带状铭文:"见日之光,天下大明"8字。

透光镜是一种特殊的铜镜,若以一束光照到镜面,反射后投影到壁上,壁上的光斑中就会显现镜背面的图案、铭文,好像光线透过铜镜,把图案、文字映在壁上一样(见附图)。因其神奇的效果,有人将其称为"魔镜"。上海博物馆共藏有4面这种铜镜,都属于西汉时期。

历史上关于透光镜的记载，最早见于隋唐之际王度的《古镜记》，宋周密《癸辛杂识》续集及《过眼云烟录》卷上也记载有"透光镜"。金代麻九畴有《赋伯玉透光镜》诗，收入《中州集》。明郎瑛《七修类稿》及清徐元润《洞仙传》中也有此类记载。关于透光镜的成因，中国古代学者主要认为是铸造时因冷却速度不同所致，而且这种不同不易在刮磨中消除；另一种说法则认为是在已铸成的镜面上镂刻与镜背相同的花纹，上面加铅，因为补铸的材料不同，反光效果也就不同。欧洲人在19世纪初开始研究这一问题，多数人认为是凸形抛光面的曲率有微小差别造成的。

附图："透光"效果图

上海博物馆自20世纪70年代开始与复旦大学、上海交通大学等单位合作研究透光镜的成像原理和模拟试制。铜镜有铭文和图案处很厚，无铭文处较薄。因厚薄不匀，浇注时产生铸造应力，并在磨镜时发生弹性变形，所以厚处曲率小，薄处曲率大。因差异仅几微米，肉眼无法察觉。曲率的差异与纹饰相对应，当光线照射到镜面时，曲率较大的地方反射光比较分散，投影较暗；曲率较小的地方反射光比较集中，投影较亮。所以，我们能从反射图像中看到有字迹花纹显现出来。

（刘 煜）

参考文献：

1. 陈佩芬.西汉透光镜及其模拟试验[J].文物,1976(2).
2. 上海博物馆,复旦大学光学系.关于"透光镜"的论述摘录[J].复旦大学学报(自然科学版),1975.

十四、龙纹五钮长方镜

长 115.1 cm, 宽 57.7 cm
1979 年山东淄博窝托村出土

镜为长方形，镜面光亮可鉴。镜背边缘为连弧纹，四角及中心各一拱形弦纹钮。主题纹饰为龙纹，形象生动，制作精良。

铸造大平面铜镜欲控制其不变形，技术难度极高。若变形或不平整则映象失真。此镜的出现，代表汉代的铸造和磨镜工艺已达极高水平。

（刘　煜）

参考文献：

《中国青铜器全集》编辑委员会. 中国青铜器全集：第12卷[M]. 北京：文物出版社，1998.

十五、日光对称单层草叶纹镜

直径10.9 cm
2002年10月铜陵市区征集
铜陵市博物馆藏

此器为圆形、圆钮、柿叶纹钮座，座外方格内每边篆体二字，连读为"见日之光，天下大明"。方格内四角为方形图案，四乳丁列于方格四边中心点外，乳丁纹上连接桃形花苞，两侧对称排列一株单层草叶纹，方格四角伸出双板花枝纹，枝尖外射，镜边为内向十六连弧纹缘。这种镜在汉代很常见。

（刘　煜）

参考文献：
铜陵市文物局. 铜陵博物馆文物集萃[M]. 合肥：黄山书社，2012.

十六、铲　　模

长18.8 cm,宽14 cm,厚3.4 cm
呼和浩特市沟子板村永丰乡出土
内蒙古自治区博物馆藏

　　该器是用来制作翻铸铁铲泥范的铜模,非常完整,制作也很精细。器物呈铲形,背部有突起的方形把手,把手中空。铜模本身也是铸造而成的,分型面在模的上缘。

　　使用铜模制作泥范,因模能多次使用,既提高了效率,也节约资源,是生产技术的进步。

(刘　煜)

十七、弩　　机

四件自左至右长 13.2 cm～14.5 cm

左一为2012年10月铜陵市史志办肖兴旺先生捐赠，其余三件为铜陵市征集。

弩是具有远射功能并且杀伤力较强的武器，弩机是木弩的铜质构件，由牙齿、望山（瞄准器）、悬刀、郭等部件组成。郭前宽后窄，刻有槽。

（刘　煜）

参考文献：

铜陵市文物局. 铜陵博物馆文物集萃[M]. 合肥：黄山书社，2012.

十八、虎　　节

器长19 cm，高11.6 cm，厚1.2 cm
广州南越王墓出土
广东省博物馆藏

　　虎节出土时通体裹有丝绢，全器呈蹲踞状的虎形，姿态生动威猛。前后足下均有浅槽，头足转折位置及脸部皱纹等处用粗线条勾勒，层次清楚。虎的毛斑是弯叶形的浅凹槽，以金箔片镶嵌，立体感强。虎节正面有错金铭文"王命＝车轖（徒）"五字。经电子探针分析，虎节材质为高锡青铜，错金薄片为含少量银、铜的金片，含金量高达97.58%，这在汉代的金制品中很常见。

　　按《周礼·掌节》称"凡邦国之使节，山国用虎节，土国用人节，泽国用龙节"。又《小行人》载"达天下之六节，山国用虎节，土国用人节，泽国用龙节，皆以金为之。道路用旌节，门关用符节，都鄙用管节，皆以竹为之"。1957年在安徽寿县发现的鄂君启节形状如竹节。1946年在湖南长沙发现铜龙节。传世品见诸著录的有"王命传"铜虎节，铭文"王命命传赁"，与湖南出土龙节正面铭文全同。就目前所知，错金虎节仅见南越王墓出土的这一件，从纹饰、文字来看，与楚文化似有渊源。

（刘　煜）

参考文献：

广州市文物管理委员会. 西汉南越王墓：上、下册[M]. 北京：文物出版社，1991.

十九、铜夹背锯

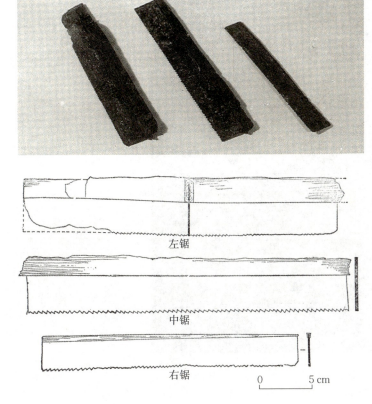

左锯：身长 29.8 cm，身宽 4.8 cm，入木柄深 1.5 cm，10 cm 内齿数 25
中锯：身长 29.4 cm，身宽 4.6 cm，入木柄深 1.3 cm，10 cm 内齿数 33
右锯：身长 23.6 cm，身宽 3 cm，入木柄深 0.4 cm，10 cm 内齿数 29
广州南越王墓出土

此器出土于广州南越王墓 C145 工具箱内，共有 3 件，形制相同，均为长条形铜片，一边有锯齿，柄只余朽木。

（刘 煜）

参考文献：

广州市文物管理委员会. 西汉南越王墓：上、下册[M]. 北京：文物出版社，1991.

二十、鎏金银铜象

长 30.5 cm，高 20 cm
江苏省盱眙市江都王陵王墓（M1）墓室前室出土
南京博物院藏

该象写实性极强，除象牙鎏银外，通体鎏金。

直到商代，包括黄河流域与长江流域在内的广大地区都还是大象的分布区域。新石器时代与殷商遗址中经常有象牙出土，《吕氏春秋·古乐》："商人服象，为虐于东夷。"《诗经》："憬彼淮夷、来献其琛，元龟象齿。"进入西汉时期，中原的大象基本灭绝。因此，本器物的出土，当是《汉书·地理志》"粤地……多犀、象、毒冒、珠玑、银、铜、果、布之凑，中国往商贾者多取富焉"这一物质文化交流的实物体现，极具研究价值。

（刘　煜）

参考文献：

1. 李则斌，陈刚.江苏盱眙县大云山西汉江都王陵一号墓[J].考古，2013(10).
2. 南京博物院.常勿相忘：读盱眙大云山江都王陵[M].南京：译林出版社，2013.

二十一、鎏金兽形砚盒

长 25 cm,高 10 cm
1970 年江苏徐州土山汉墓出土
南京博物院藏

砚盒作神兽形,兽首似龙,兽身似蟾,体侧生翼。兽背为盖,顶设桥钮,兽腹为盒,内置石砚和研石,有贮水凹槽,出土时砚上尚存墨迹。砚盒为铜质,鎏金,饰卷云纹,镶嵌绿松石、青金石、红玛瑙等。此器造型奇特,设计合理,制作精致,既有实用价值,又有驱邪祈福的象征意义。

(刘 煜)

参考文献:

1.《中国青铜器全集》编辑委员会. 中国青铜器全集:第 12 卷[M]. 北京:文物出版社,1998.

2. 南京博物院. 金色中国:中国古代金器大展[M]. 南京:译林出版社,2013.

二十二、铜　　梳

右长6.4 cm,宽5.3 cm;左长6.2 cm
河南陕县秦汉墓出土
中国社会科学院考古研究所藏

梳为马蹄形、桥形脊、半月形穿。右扇15齿，鎏金。左扇10齿，侧齿残。

汉代的梳子多用木、角、牙、玳瑁等材料制作，大部为马蹄形，个别为长方形，背部有雕饰，后者只在山东临沂银雀山与湖北江陵凤凰山西汉早期墓葬各出一件。铜梳并不常见。

用作梳发的梳和篦，疏密有别。《仓颉篇》云："縻者为比，粗者为梳。"但汉墓所出梳篦，有时3件为1套或2件为1套，均可称一具。居延简所谓"疏比一具"。

（刘　煜）

参考文献：

中国社会科学院考古研究所. 陕县东周秦汉墓[M]. 北京：科学出版社，1994.

二十三、铜　　针

较长的一件残长5.6 cm
1986年湖北江陵岳山秦汉墓出土
湖北省博物馆藏

　　3件铜针出自同一墓葬，图中为其中的2件，较长的一件尖端残，针端有孔，应为缝纫之用。长沙侯家塘也出过铜针，广西罗泊湾则出土过银针。针用针衣或针管贮藏。马王堆1号墓和凤凰山167号墓均出土了针衣，以篾帘为骨，外敷丝织物，将针插在内层中部，不用时可卷起收藏。以管贮针，与《荀子·赋篇·箴》"管以为母"的说法一致。陕西咸阳马泉西汉墓漆奁有针管，内有铁针七八枚。

（刘　煜）

参考文献：
1. 王崇礼. 江陵岳山秦汉墓[J]. 考古学报, 2000(4).
2. 广西壮族自治区文物工作队. 广西贵县罗泊湾一号墓发掘简报[J]. 文物, 1978(9).
3. 陈振裕. 江陵凤凰山一六八号汉墓[J]. 考古学报, 1993(4).

二十四、祭祀场面贮贝器

通高53 cm，盖径32 cm
1956年云南晋宁石寨山出土
中国国家博物馆藏

器身为圆筒形，两侧有虎形耳，腰微束，底部有三兽爪形足。盖上有各种动态的人物127个（部分脱落者未计算在内），干栏式房屋一间。

建筑由平台和屋顶两部分组成。平台底部有柱，台前各有一巨柱上撑屋顶。顶的上层为人字形，下层四面出檐。平台前后各置一独木梯，与地面连接。

台上置一高凳，一妇女垂足而坐，似为主祭人。主祭者两侧及前后各置铜鼓一列，共16具。左前方一排5人，右侧3人，均席地而坐，面前及手中各有饮器，可能是参与祭祀者。台前有一人双手捧物缘梯而上，似为进食者。主祭人身后铜鼓上均置尊、杯之类，鼓前有两大盘，内盛物。左侧蹲一人，作侍候状。

平台左侧为另一人物活动中心。地上支一大釜，其上横置长柄勺。釜前有一牛，已被宰杀倒地，旁有一人双手执刀，似为屠者。牛旁有一羊，一屠者作欲宰之状。其余数人在旁，其中一人似为指挥屠宰者。

台之右侧为另一组人物，其前置一釜，釜后有马一匹系于柱上；另有一只猪，一妇女持器饲养，其旁站立一人，似为服役者。台右近边缘处有虎二头，一虎仰首伏地，另一虎系于柱上，虎前有一犬，用以喂虎，其旁另有一妇女持蛇喂孔雀。

台下有杂役多人，景象繁忙。右后立一木架，横梁悬铜鼓和錞于各一，一男子双手各执一锤击之。其后置大铜鼓两具，鼓间立一铜柱，柱上有蛇噬人图像。柱后立一木牌，牌上缚一待刑之裸体男子，其旁有众多服饰各异之人，有骑马者，有步行者。另有多人持有盛物，多系妇女，似利用祭祀场所及祭祀之时，作某种交易活动。

这一大型铜贮贝器详细地再现了汉代滇族的祭祀场面，有很高学术价值。人物、牲畜、铜鼓等多由失蜡法铸造，再与盖部铸接。

（刘　煜）

参考文献：

《中国青铜器全集》编辑委员会.中国青铜器全集：第14卷[M].北京：文物出版社，1996.

二十五、圆形猴边扣饰

直径 13.5 cm
1956年云南晋宁石寨山出土
云南省博物馆藏

扣饰中心嵌红色玛瑙珠，其外分作三圈，皆镶孔雀石小珠。边缘铸圆雕小猴一周，首尾相接，共10只，鎏金。背面有矩形扣。

（刘 煜）

参考文献：

《中国青铜器全集》编辑委员会. 中国青铜器全集：第14卷[M]. 北京：文物出版社，1996.

二十六、四兽銎斧

长 17.2 cm
1956 年云南晋宁石寨山出土
云南省博物馆藏

该斧于銎部装饰回纹、旋纹、齿纹及圆圈纹。銎背铸四兽，中间两只相背而坐，两边两只尾皆上卷，垂首作觅食状。

（刘　煜）

参考文献：

《中国青铜器全集》编辑委员会. 中国青铜器全集：第14卷[M]. 北京：文物出版社，1996.

二十七、孔雀纹锄

高 20.5 cm，宽 11.4 cm
1956 年云南晋宁石寨山出土
云南省博物馆藏

锄为长条形，銎半圆形，其上装饰齿纹及云纹等。锄面下段有脊棱三道，其中有线刻孔雀两只，皆伏卧，尾上扬。

（刘　煜）

参考文献：

《中国青铜器全集》编辑委员会. 中国青铜器全集：第14卷[M]. 北京：文物出版社，1996.

二十八、蛇 柄 剑

长 31.5 cm
1956年云南晋宁石寨山出土
云南省博物馆藏

剑柄蛇形，张口露齿，身躯弯曲。一字形剑格，刃部一侧略成弧形。

（刘　煜）

参考文献：

《中国青铜器全集》编辑委员会. 中国青铜器全集：第14卷[M]. 北京：文物出版社，1996.

二十九、锣

直径25 cm
1956年云南晋宁石寨山出土
云南省博物馆藏

锣为斗笠状，边沿一侧有半环钮。纹饰为圆圈形布局：正中饰八光芒太阳纹，其外四圈为三角形齿纹和勾连云纹；再外一圈较宽，有戴羽冠者22人，每人手中各持一长翎作舞蹈状，另有一人穿长衣，佩长剑，似为头人。边沿有三角形齿纹和勾连纹三圈。

(刘 煜)

参考文献：

《中国青铜器全集》编辑委员会. 中国青铜器全集：第14卷[M]. 北京：文物出版社，1996.

三十、龙首青铜灶

长40.5 cm,通高40 cm,重6.8 kg
1993年内蒙古自治区呼和浩特市八拜乡格尔图村汉墓出土
内蒙古自治区博物馆藏

灶门为长方形,灶面有三个火口,上置铜釜。灶身两侧各设一铺首衔环,每侧各设置两兽蹄足。后插龙头形烟筒。

龙头形烟筒、三个火口及釜均单独铸造,可插接组装,便于清理,实用性强。

（刘　煜）

参考文献:
内蒙古博物馆. 内蒙古呼和浩特市郊格尔图汉墓[J]. 文物, 1997(4).

三十一、竞渡纹鼓

高 36.8 cm，面径 56.4 cm
1976 年广西贵县罗泊湾出土
广西壮族自治区博物馆藏

  铜鼓束腰，鼓面小于胸径，胸、腰间设辫纹扁耳。鼓面共12晕，太阳纹12芒，第二晕至第四晕为点纹夹同心圆纹，第五晕为变体勾连雷纹，第七晕为翔鹭衔鱼图，第八晕至第十二晕和胸上部、腰下部为点纹、锯齿夹同心圆纹。胸部饰有6艘船，每船6人，皆戴冠、裸体。船间有鹭、凫、龟等。腰饰舞人，戴冠，头上有翔鹭衔鱼纹。足刻"百廿斤"铭。此器表明广西地区的铜鼓早在汉代已具备很高的制作和艺术水平，图案、纹饰具有丰富的内涵，有很高的学术价值。

（刘　煜）

参考文献：
《中国青铜器全集》编辑委员会. 中国青铜器全集：第12卷[M]. 北京：文物出版社，1998.

三十二、仓　　屋

高 37.3 cm，长 79.3 cm
1971 年广西合浦望牛岭出土
广西壮族自治区博物馆藏

　　仓屋为干栏形建筑，一大间，置于平台上，台下有两排八柱作为支撑。屋正中开门，有门环。悬山顶覆瓦，四壁有十字形宽带，象征隔架，前有走廊并设栏杆。此屋具有南方建筑特点，是研究建筑史的重要实物资料。

（刘　煜）

参考文献：
《中国青铜器全集》编辑委员会. 中国青铜器全集：第 12 卷[M]. 北京：文物出版社，1998.

三十三、铜　　锅

高 6 cm，最宽 17.5 cm
广西合浦县汉墓群出土
广西文物保护与考古研究所藏

1987～1988年，广西文物保护与考古研究所为配合广西至北海二级公路的基本建设，在位于合浦县汉墓群范围内的文昌塔区域发掘了近200座古墓葬，出土了大批青铜器。铜锅是其中较有地域特点的器物。耳部为扭曲的绳纹，凸棱上无范线，也没有范线被打磨的迹象，可能由失蜡法或焚失法铸造。器壁表面打磨痕迹较多，应由范铸成型。

（刘彦琪）

三十四、六　博　盘

面长 30 cm, 宽 29 cm, 高 9 cm
1972 年广西西林普驮铜鼓墓葬出土

　　西林县位于广西壮族自治区西部，地处云贵高原的边缘。1972 年 7 月，在驮娘江西南岸西林县普驮粮站的山坡上发现了一座铜鼓墓葬，出土器物 400 余件，主要是铜器和玉石玛瑙器，也有少量铁器和小股金丝。铜鼓葬是一种特殊的埋葬习俗，属于"二次葬"，而风格各异、数量众多的随葬品则显示出墓主人特殊的身份。有学者认为该墓属于西汉的句町国，墓主很可能是晚期句町王。

　　该六博盘为案形，下有四高足，盘面有棋局，其形制与中原同类器物类似。

（刘　煜）

参考文献：

1. 广西壮族自治区文物工作队. 广西西林县普驮铜鼓墓葬[J]. 文物, 1978(9).
2. 周志清. 浅析广西西林县普驮铜鼓葬[J]. 江汉考古, 2008(4).

三十五、秦汉货币

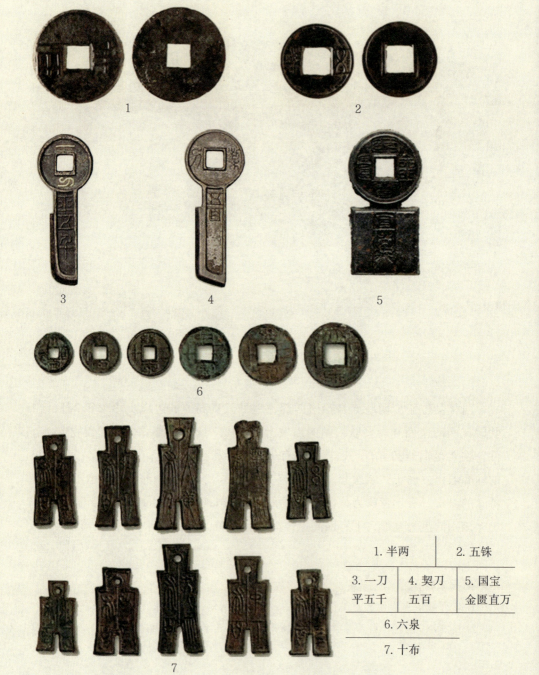

1. 半两	2. 五铢	
3. 一刀平五千	4. 契刀五百	5. 国宝金匮直万
6. 六泉		
7. 十布		

1. 半两,秦代,直径4.7 cm
2. 五铢,汉代,直径2.5 cm
3. 一刀平五千,新莽,长7.9 cm
4. 契刀五百,新莽,长7.6 cm
5. 国宝金匮直万,新莽,长6.2 cm

中国国家博物馆藏

6. 六泉,新莽

从左至右,分别是小泉直一(长1.45 cm)、幺泉一十(长1.6 cm)、幼泉二十(长1.85 cm)、中泉三十(长2.1 cm)、壮泉四十(长2.2 cm)、大泉五十(长2.8 cm)

7. 十布,新莽

小布一百(下排左一,长3.7 cm)、幺布二百(上排左五,长4 cm)、幼布三百(下排左二,长4.4 cm)、序布四百(下排左五,长4.2 cm)、差布五百(上排左一,长4.4 cm)、中布六百(下排左四,长4.8 cm)、壮布七百(上牌左二,长5.2 cm)、第布八百(上排左四,长5.4 cm)、次布九百(下排左三,长5.4 cm)和大布黄千(上排左三,长5.7 cm)

上海博物馆藏

战国后期,秦国铸造的圆形铜币中已经有半两钱。秦统一后,遂用这种钱作为全国统一的标准货币。秦统一后的半两钱,平均重4至5铢。西汉初,各类半两仍旧流行。

西汉前期开放铸币业,在五铢钱出现之前,流行过各种货币。武帝元狩五年(公元前118年)开始铸造五铢钱,但仍为"郡国五铢",规格不尽一致。元鼎四年(公元前113年),武帝乃废销各类旧钱,专令上林三官在上林苑铸造新五铢钱。

西汉末年,王莽居摄。他在五铢钱之外,另铸造价值五千的错刀、值五百的契刀和值五十的大泉,用这种大币面的铜钱掠夺民间财富。新朝建立后,王莽于始建国元年(公元9年)废止错刀、契刀、五铢钱,另发行值一的小泉代替五铢钱。

王莽曾对货币制度进行了四次改革,虽然都以失败而告终,却留下了一批制作精良的钱币精品,其中尤以"六泉十布"最为著名。六泉包括小泉直一、幺泉一十、幼泉二十、中泉三十、壮泉四十、大泉五十共六种。悬针篆,篆体泉字中竖断为两截,乃王莽泉之特点,铜质精良,文字精美。十布包括小布一百、幺布二百、幼布三百、序布四百、差布五百、中布六百、壮布七百、第布八百、次布九百和大布黄千共十种，十布形制相同，大小、轻重依次递增，钱面有标明名称和币值的钱文。

新莽布币系锡青铜铸造，露铜部分呈青黄色，币身较硬。要将"六泉十布"集全殊属不易，其中难得的当推壮泉四十，而十布中的小布一百特小型目前仅见于此，现藏于上海博物馆。

"国宝金匮"钱只在西安汉城一带出土数枚，它的上半部为一方孔圆钱，铸出"国宝金匮"4字，下半部为一正方体，铸出"直万"二字。其可能并未正式流通，故不曾在长安之外发现。国家博物馆所藏这一件，钱缘流铜参差不齐，显然在出型后尚未经过打磨加工。汉代一斤之金饼值万钱，此钱与一枚金饼等值。王莽时金禁甚严，铸此钱的目的或为用以代替金饼。

（刘　煜　倪玉湛）

参考文献：

1. 孙机. 汉代物质文化资料图说：增订本[M]. 上海：上海古籍出版社，2011.

2. 马飞海. 中国历代货币大系2-秦汉三国两晋南北朝货币[M]. 上海：上海古籍出版社，2002.

三十六、青铜卡尺

东汉早期
固定尺通长 13.3 cm，固定卡爪长 5.2 cm
扬州邗江县甘泉乡（今邗江县甘泉镇）出土
扬州市博物馆藏

  1992年5月考古人员在扬州市西北8 km的邗江县（今邗江区甘泉镇）顺利清理了一座东汉早期砖室墓，墓中出土了一件鱼纹铜卡尺。

  此铜卡尺由固定尺和活动尺等部件构成，固定尺通长13.3 cm，固定卡爪长5.2 cm、宽0.9 cm、厚0.5 cm，固定尺上端有鱼形柄，长13 cm，中间开一导槽，槽内置一能旋转调节的导销，循着导槽左右移动。在活动尺和活动卡爪间接接一环形拉手，便于系绳或抓握。两个爪相并时，固定尺与活动尺等长。使用时，左手握住鱼形柄，右手牵动环形拉手，左右拉动，以测工件。用此量具既可测器物的直径，又可测其深度以及长、宽、厚，均较直尺方便和精确。可惜因年代久远，其固定尺和活动尺上的计量刻度和纪年铭文已锈蚀，难以辨认。

从组成的主要构件来看，青铜卡尺的固定尺和活动尺，即现代游标卡尺的主尺和副尺；铜卡尺的组合套、导槽和导销即游标架。其主要差距在于：现代游标卡尺应用微分原理，通过对齐主尺和副尺的两条刻线，能精确地标出本尺所能测出的精密度，而此铜卡尺只能借助指示线，靠目测估出长度单位"分"以下的数据。

关于新莽铜卡尺的最早著录，见于清末吴大澂《权衡度量实验考》，这支新莽铜卡尺已不知下落，但被公认为真品。容庚所编《汉金文录》，共载四件新莽铜卡尺。

这些青铜卡尺，不仅是研究我国古代测量技术史的实物资料，也为研究我国数学史和度量衡史，提供了宝贵资料。

（刘　煜）

参考文献：

1. 李健广. 江苏邗江甘泉顺利东汉墓清理简报[J]. 东南文化，2009(4).
2. 刘东瑞. 世界上最早的游标量具：新莽铜卡尺[J]. 中国历史博物馆馆刊，1979(1).

第三节 东 汉

一、悬山顶干栏式铜仓

东汉早期
面宽58 cm,进深42 cm,通高54 cm
1990年6月广西合浦黄泥岗M1出土
合浦汉代文化博物馆藏

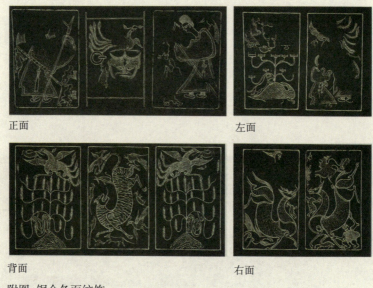

正面　　　　　　　　　　　左面

背面　　　　　　　　　　　右面

附图：铜仓各面纹饰

悬山顶干栏式，仓体呈长方形，平底下有四个节状圆柱支承房体悬空。正面仓门的门框凸出，门扇单开，上有一门环；屋脊和瓦面均镂刻竹节纹筒、板瓦。檐口饰半圆瓦当。正门及四面墙壁阴纹镂刻有兽面、门吏、人物、龙凤、虎、蝙蝠、枝形灯等各种精美纹饰。

(王伟昭)

二、陶座摇钱树

该器由钱树和陶座组成，表现出民间求财祈福的意愿，是该地区该时期常见之物。钱树由青铜制作，在主干上分出五层枝权，每层分左右两枝。自上而下前四层图案相同，均为西王母、仙人、牛郎织女、神鹿及铜钱。最下一层则为西王母、杂技、玉兔捣药、仙人歌舞等。主干顶部有朱雀，前方有一人首蛇身之人高举满月，月中有蟾蜍。陶座上部浮雕两头独角神兽，下部饰钱纹绶带。

（刘　煜）

参考文献：

金维诺，刑振铃.中国美术全集：青铜器（四）[M].合肥：黄山书社，2010.

树高90 cm，座高45.3 cm
四川彭山县双江乡崖墓出土
四川博物院藏

三、圭　表

表高 19.2 cm
1965年仪征石碑村一号木椁墓出土
南京博物院藏

　　圭表于1965年5月出自仪征石碑村一号木椁墓，随葬还有铜过滤器、碟形器、铜量以及铁臼、铁杵等。
　　这件铜圭表造型别致，它把圭与表合成一体，圭表间用枢轴连接，便于启合。使用时将表竖立与圭垂直，形似矩尺，平时放于圭体的匣内，便于携带。
　　圭表是我国最古老，也是最常用的测量日影的仪器，包括圭和表两部分。表是直立的标杆，圭是平卧的尺，表放在圭的南端，并且互相垂直。当太阳走到最北面，位置最高的时候，杆影最短，这是夏至。而杆影最长的时候是冬至。《周礼》记载："当时以土圭之法，测土深，正日景，以求地中。"注曰："土圭所以致四时日月之景也。"汉代有专门机构，设置太史公管理天文，还有灵台观察天象。此时的圭表已为八尺的规格。《三辅黄图》记载："长安灵台有铜表，高八尺，长一丈三尺，广一尺二寸，题云：'太初四年造'。"这件出土于仪征的东汉圭表，约为长安灵台的西汉圭表尺寸的十分之一，说明当时的圭表已经普及到民间。

此表上端3 cm处有圆孔，便于系绳，使用时可将表立起来。圭长汉尺一尺五寸，即34.5 cm。尺寸刻画在圭的边缘，共刻十五寸，每寸十分。每寸以画线为标志，每分以圆点为标志。或因等分不匀，其旁偶有重刻的现象，说明这些符号是铸后凿刻的。尽管如此，每寸长度仍有出入，其中以2.3~2.4 cm居多，数值较小的是第一寸和第十五寸，第一寸为2.12 cm，第十五寸为1.91 cm。表顶有一寸似后加的，估计先以八寸计算，设计铸模时又发现当实际使用时会有一寸被装入匣内，于是再加一寸。这说明"八寸"是设计的高度，与当时的圭表相符。圭尺长度十五寸同样是为测影而特意设计的圭表长度。全长35.4 cm分成十五等分，每分为2.3 cm，与东汉尺相当，证明圭表尺与民用尺是一致的。

圭的正、背面各有一长方形的槽，正面为放置表的槽（有加长一寸的铸痕），背面的槽可能是为了减轻表的重量，使圭表在使用时保持平衡。匣出土时有一件小铜刷，作用在于保持圭表清洁。

经计算和实测，这件圭表夏至日和冬至日的日影分别距圭表两端二寸之多，结果是相符的。

（刘　煜）

参考文献：

1. 南京博物院. 东汉铜圭表[J]. 考古，1977(6).
2. 南京博物院. 江苏仪征石碑村汉代木椁墓[J]. 考古，1966(1).

四、铜席镇

貔
汉代
现藏于铜陵市博物馆

鎏金瑞鸟

汉代铜席镇将实用性、装饰性、寓意性（祥瑞）相结合，工艺讲究。除人俑外，大多为兽形，且多为卧姿。这样可使重心变低、稳当，并不易被碰倒。铜陵博物馆所藏两件铜席镇，一件为貔，另一件为鎏金瑞鸟。瑞鸟回首闭目，用喙梳理羽翅，造型生动，构思巧妙，色彩华丽，是汉代铜席镇的精品。

（张国茂）

五、铜车马仪仗队

东汉
主车与马高 40 cm,车通长 36 cm,婢俑高 19.5~24 cm
青铜
甘肃武威东汉张胜将军夫妇合葬墓出土

附图1：轺车

铜车马仪仗队包括马车、马、牛、骑俑、武士俑、奴婢俑等共126件，不少铜俑上有铭文，表明俑的身份。

马匹作各种嘶鸣姿态，用黑、白、朱色勾勒，更增加了马群的生动传神。群雕车轮滚滚，人喊马嘶，气势奔腾，场面壮观，是中国古代小型群雕的瑰宝。

车、俑、马均分别铸造后再组装成一体，轺车的车舆铸成一体，辕、轴、轮、辐、毂分别铸造再焊铆成一体，车马轭具多用铜丝或铜片经裁割捶打成形（见附图1、附图2），体现出东汉时期多种金属工艺的成就。

附图2：马及俑

(谭德睿)

参考文献：

1. 谭德睿，陈美怡. 艺术铸造[M]. 上海：上海交通大学出版社，1996：53.
2. 谭德睿. 中国传统铸造图典[C]. 第69届世界铸造会议组委会，中国机械工程学会铸造分会，2010：118~119.

六、神兽镜

直径 10.4 cm,厚 0.6 cm
铜陵市博物馆藏

神兽镜圆形、圆钮、圆钮座，主纹饰为高浮雕的虎，右侧蹲飞仙，内周饰短斜线纹，外周饰云气纹。神兽镜是东汉时期新兴的铜镜，羽人是仙人，铜镜中饰有神人神兽图案，大多和当时崇信道教有关。镜面略有弧度，黑亮洁净，是东汉神兽镜的典型代表。

（张国茂）

七、铜 奔 马

东汉晚期
通高 34.5 cm，长 45 cm
1969 年甘肃武威雷台出土
甘肃省博物馆藏

铜奔马凌空奔驰，昂首嘶鸣，三足腾空，右后足超掠一展翅疾飞、回首惊顾的飞鸟。飞鸟目似鹰隼，双翅如燕，上有凹孔。故又称天马行空。

奔马构思精妙，以超掠鸟背表现奔马的速度，以飞鸟惊顾衬托遨游太空的天马特质。巧妙运用力学平衡原理，设计了奔马三足腾空的落点。奔马矫健剽悍，以对侧步驰骋，集河西走马、大宛马、蒙古马的优点于一身，再现了骏马奔驰的美妙瞬间和意境，蕴含着深邃的思想内涵和永恒的艺术魅力，是中国青铜器艺术的不朽之作。

（刘 煜）

参考文献：

《中国青铜器全集》编辑委员会. 中国青铜器全集：第12卷[M]. 北京：文物出版社，1998.

八、独 角 兽

东汉晚期
高 24.5 cm，长 74.7 cm
1956 年甘肃酒泉下河清出土
甘肃省博物馆藏

此兽独角带刺，俯首吐舌，前肢挺立，后肢弯曲，扁尾上举，做冲刺状。通体饰麟甲纹，威武勇猛。独角兽即传说中的神兽獬豸，能辨别是非，驱邪避祟。

（刘　煜）

参考文献：

《中国青铜器全集》编辑委员会. 中国青铜器全集：第 12 卷[M]. 北京：文物出版社，1998.

九、铜钹

东汉晚期
直径18.6 cm,突径4 cm,缘厚0.2 cm
2008年12月合浦寮尾M13b出土
合浦汉代文化博物馆藏

  钹原为一副两片,此应为其中一半。半圆形突,中空,上饰柿蒂纹,蒂间均匀分布四小孔。突座亦饰柿蒂纹,蒂边刻有短斜线纹,蒂内刻有菱形纹和卷云纹,蒂间分别饰三组羽人骑龙或戏龙的纹样,另一组为两龙对视,其上有一蹲蛙。外饰两道弦纹,再外为一周菱形纹。钹源于西亚,在东方,先见于印度,不晚于南北朝,进入中国。此铜钹所饰的柿蒂纹、龙纹等常见于中国传统的青铜器,但其刻画形式及龙与蛙、龙与羽人的纹饰组合似不见于同时期的青铜器,是否源自印度等地,有待进一步考证。

(富 霞)

第五章 魏晉南北朝、隋唐五代

秦汉以后，铜器特有的礼器地位不似在商周时期那么重要，随着礼制的不断衰弱，加之铁器的普遍使用及漆器、瓷器等技术的发展，青铜器逐渐被铁器、漆器、瓷器等替代。因而在魏晋南北朝、隋唐五代时期，铜制容器、兵器等少有出土。这一时期出土的铜器制品大多为铜罐、铜盆、铜鍑、铜铺首、铜灯台、铜鐎斗、铜车马器、铜鞋掌、铜虎子、铜刀、铜剪、铜镊子、铜面具、铜钗、铜簪、铜镜、铜梳、铜香炉、铜带扣、铜带钩、铜玺印、铜钱币、铜造像等，而且器型趋于小型化，生活化、实用化的器物相对较多。

魏晋南北朝是中国历史上政权更迭最频繁的时期，长期的封建割据和连绵不断的战争使得中国文化发展受到了特别严重的影响。隋唐时期中国社会继续发展并达到繁荣昌盛，中国是当时世界上最先进、国际交流最繁荣、国力最强大的国家。但从出土文物来看，青铜技术在这两个时期并没有太大变化，即使在综合实力较强的唐代，铜的制作技术基本是前世工艺方法的沿用，锤揲、铸造、珠化、鎏金、镶嵌、贴金、错金银、錾刻等技术都在使用，不过其工艺更趋精致。尤其是到了唐代，金银细工和表面装饰工艺迅速发展并与制铜工艺有效结合。

唐代的铸镜水平得到空前发展，不仅图案清晰，造型优美，内容丰富，如瑞兽葡萄镜、鸟兽花枝镜等，而且雕塑与铸造冶炼工艺极为精湛，金背镜、银背镜、髹漆、金银、珠宝镶嵌、平脱镜、螺钿镜、宝装镜、鎏金镜等特种工艺镜争奇斗艳。魏晋南北朝、隋唐五代时期宗教造像技术迅速发展，铜造像中佛教造像占相当大的比例，艺术风格自成一体。这两个时期，无论是铜镜，还是铜造像，由于社会需求量增大，为技术的发展奠定了基础，促进了唐代铸铜业的繁荣。以金铜佛像和唐镜为代表的隋唐铜艺，构成中国铜艺发展史上的又一座高峰。受游牧民族装饰艺术的影响，经过魏晋南北朝的发展，隋唐时期铜制首饰技术也有了较大的提升，尤其是头饰、冠饰等，其造型独特，制作精巧，金银细工制作技术与制铜技术实现良好结合，如隋炀帝萧后鎏金冠、铜钗等，均是铜仿金饰的佳品。

（杨军昌）

第一节 魏晋南北朝

一、铜龙首勺

魏晋南北朝
通长 16.4 cm
铜质
大唐西市博物馆藏

勺口圆形,深腹,口沿勺端端坐一小人,面向勺体,头束双髻,目视勺内,面容柔和恬淡,双手合十,双膝与口沿平齐;柄端呈龙首状,龙怒目圆睁,短鹿角,无分叉,嘴微张,下颌饰叶状短须;龙身作柄,锯齿状背脊,身刻鱼鳞纹,内侧饰一龙爪,其间有隙。

铜勺系铸造而成,为挹酒器,龙首下颌内钩,可用于系挂,造型别致,既是精致的生活用品,也是艺术品,为研究中国古代酒文化提供了重要的实物资料。

(谭盼盼　杨军昌)

参考文献:

吕建中. 西安大唐西市博物馆[M]. 太原:陕西人民出版社,2010.

二、仙人骑狮铜灯台

西晋
人狮通高18.9 cm，狮身长14.2 cm，宽8.5 cm
铜质
2003年山东省临沂市出土
临沂市博物馆藏

灯台为一仙人骑狮状。仙人长脸大耳，蓄须，两眼微睁，头戴一圆管形帽，帽顶中间有凸棱，帽顶一筒形柱，柱上有一凸棱，柱顶端有一花瓣形饰。仙人上身裸露，下着长裤，露脚踝，双腿骑跨于一雄狮之上，双手平伸，左手握一圆筒形器，应为烛台，右手掌心向上呈托物状。雄狮昂首挺胸，呈伫立状，双目圆瞪，颔下长须，颈饰鬃毛，长尾下垂。

灯台铸造而成，造型优美，制作精良，人狮比例协调，细节之处刻画细致入微，既是一件实用器，同时也是一件不可多得的艺术珍品。

（谭盼盼　杨军昌）

参考文献：

冯沂. 山东临沂洗砚池晋墓[J]. 文物, 2005(7).

三、木芯鎏金铜马镫

十六国·北燕
高 23.2 cm(左)、25 cm
(右),宽 16.9 cm
铜质
1965 年辽宁北票西官
营子冯素弗墓出土
辽宁省博物馆藏

马镫表面鎏金,制作精美,纪年明确,是中国早期马镫中的代表作品之一。马镫一副两件。马镫内芯使用桑木条制成,在圆三角形顶端处合为镫柄,同时在分裆处填充三角形的木楔,以使踏脚时马镫不致变形。柄上穿横孔,供拴系。另外,在木芯的基础上,按照镫身不同部位的需要剪切出不同形状的鎏金铜片材,分段进行包钉。镫身共用鎏金铜片多片,分别为镫柄上段、镫柄的下段至镫圈分裆处、镫圈中段和镫圈底部。镫圈内壁使用薄铁片,涂黑漆。

马镫的发明是古代中国对世界文明的一项重要贡献。根据考古资料,早期马镫为三角形的单镫(如长沙西晋墓中马俑身上三角形单镫),只用于上马。而冯素弗墓出土的这副马镫,其形制为双镫,不仅用于上马,还可在马上起到承足之用,便于骑乘,这为研究古代骑兵马具类型与发展提供了极其重要的实物资料。

(谭盼盼 杨军昌)

参考文献:

1. 辽宁省博物馆. 北燕冯素弗墓[M]. 北京:文物出版社, 2015.
2. 杨泓. 冯素弗墓马镫和中国马具装铠的发展[J]. 辽宁省博物馆馆刊, 2010(5).

四、铜鹿形饰

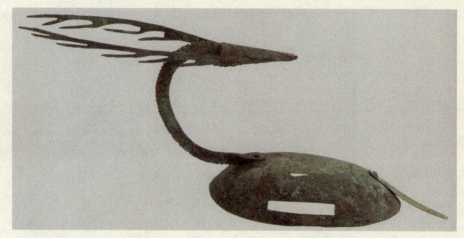

十六国·三燕
通高 10.6 cm,通长 13.5 cm,宽 8 cm,铜片厚 0.1 cm
铜质
1996 年辽宁省北票市喇嘛洞出土
辽宁省文物考古研究所藏

铜饰作仰面回首卧鹿状,由鹿首、鹿颈、鹿身和鹿尾组成。鹿首呈三角锥形,长鹿角,作八字状外撇于鹿颈两侧,鹿颈呈弧形,外侧为锯齿状,鹿身近馒头状,口沿为椭圆形,一侧开长方形口,鹿尾下垂,为一长方形铜片。这件铜鹿造型变形且极简,似当代艺术品的鼻祖。

鹿首、鹿颈、鹿身、鹿尾均为捶打成形,各部分用铆钉铆接在一起,形成一件完整的铜鹿艺术品。

大墓中置卧鹿形饰为喇嘛洞三燕文化墓葬中最具特色的现象之一。为进一步认识辽西大凌河流域的慕容鲜卑文化以及三燕文化与周边地区同时期文化之间的关系研究提供了新线索。

(谭盼盼 杨军昌)

参考文献:

1. 辽宁省文物考古研究所. 辽宁省文物研究所藏文物精华[M]. 北京:科学出版社,2012:136.

2. 万欣. 辽宁北票喇嘛洞墓地 1998 年发掘报告[J]. 考古学报,2004(2).

五、蹀躞带制套件

北魏
小刀：长4.5 cm，宽1.7 cm，重2.2 g，2000年大同雁北师范学院北魏墓群出土
漏勺：长7 cm，最宽2.3 cm，重2.9 g，2010年大同御昌家园北魏墓群出土
镊子：长8.9 cm，宽1.8 cm，重22.8 g，1987年大同县北魏墓出土
耳挖：长6.1 cm，宽1.2 cm，重5.0 g，2000年大同雁北师范学院北魏墓群出土
剪刀：长4.5 cm，宽1.2 cm，重1.8 g，2010年大同御昌家园北魏墓群出土
铜质
大同市博物馆藏

蹀躞带为携带随身物品的腰带，盛行于北方游牧民族。魏晋时期由俄罗斯传入中原，之后演变为礼带。此套件为蹀躞中的五件，分别为小刀、漏勺、镊子、耳挖和剪刀，佩戴和悬挂在腰带上。小刀由金属锻打成薄片状，刀柄呈椭圆形，末端有供系挂的小孔，刀刃呈斧状。漏勺勺头为圆形，勺内均匀分布冲制而成的大小相同的小孔，柄直长，至手柄末端逐渐收窄后弯成钩，以供系挂。镊子手柄部分为圆柱形金属条对折而成，对折处套一圆环供系挂，镊子头呈铲状，手柄和镊子头通过焊接连在一起，手柄中部套箍一小环，用于调节镊子张合。耳挖勺细长，手柄呈鱼形，上有竖划纹，为锻制而成，造型立体。剪刀为捶打而成，交股形，短柄长刃，弧形背，尖刃。

该套件器形虽小，但质地薄而均匀，显示出北魏手工业技艺的精良。并且这组器物具有浓厚的鲜卑风格，器形种类皆为常见的生活用品，是北魏社会生活的真实写照。

（王利民　唐慧娟）

参考文献：

1. 孙危. 鲜卑考古文化[M]. 北京：科学出版社，2007.
2. 陈巍. 11~13世纪中国剪刀形态的转变及可能的外来影响[J]. 自然科学史研究，2013(2).
3. 宋丙玲. 北朝带具考[J]. 服饰导刊，2016(5).
4. 王雁卿. 北魏平城时代[J]. 文物与收藏，2008(3).

六、铜 首 饰

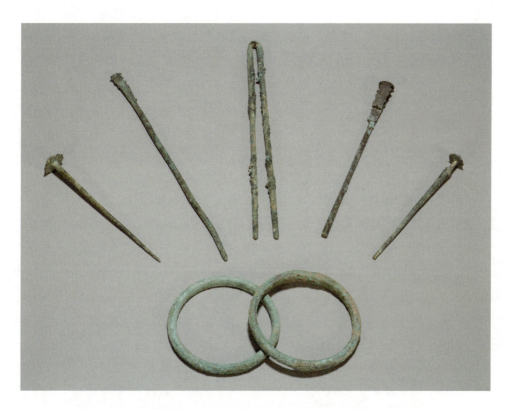

北魏
錾花锥形簪：长11.2 cm，重31.0 g，1987年大同县北魏墓出土（左1）
　　　　　长10.7 cm，重10.7 g，1987年大同县北魏墓出土（右1）
蛟龙衔鱼纹簪：长17.7 cm，重17.5 g，2010年大同御昌家园北魏墓群出土（左2）
　　　　　长14.3 cm，重14.9 g，1988年大同南郊北魏墓群出土（右2）
折股钗：长17.2 cm，重10.6 g，1988年大同南郊北魏墓群出土（中）
手镯：直径7.2 cm，合重113.1 g，2001年大同交通苑北魏墓群出土
铜质
大同市博物馆藏

此组铜首饰由两支錾花锥形簪、一对蛟龙衔鱼纹簪、一支折股钗、一对环形手镯组成。锥形簪簪首为錾刻花瓣状花帽，簪身长圆锥形，其中一支花帽直接与簪身相接，保存完好；另一支在花帽之下簪身部分刻出颈部，簪脚稍残。蛟龙衔鱼纹簪的其中一支簪首由金属打作薄片对折而成，一面保存完好，另一面残断只剩上半部分；另一支簪首由金属锤鍱作薄片而成，簪首顶端残断缺失，两支簪的簪首皆两面对称錾刻蛟龙衔鱼纹，纹饰承袭秦汉风格，蛟龙长舌利齿，将鱼吞入口中，鱼鳞清晰可见，整个纹饰线条流畅、生动形象。折股钗由一根圆柱形金属条折成，钗股下部间距较宽，由下至上逐渐收缩，钗身光素无纹，通体锈蚀。以上首饰皆锻制而成。环形手镯系浇铸而成，镯身扁圆，保存完好。

整组首饰皆铜质，与同时期璀璨奢华的金银饰物相比较，造型简单朴素，应是普通百姓使用的装饰品，折射出当时民众的审美观。

（王利民　唐慧娟）

参考文献：

1. 李飞编.中国古代青铜器纹饰图典[M].杭州：浙江古籍出版社，2008.

2. 扬之水.奢华之色：宋元明金银器研究（卷一）：宋元金银首饰[M].北京：中华书局，2010.

3. 郑军.中国历代龙纹纹饰艺术[M].北京：人民美术出版社，2004.

4. 扬之水.宋元金银首饰制作工艺刍论[J].文物，2007（10）.

5. 葛龙.唐代金银发钗的造型研究[D].郑州：郑州大学，2013.

七、鎏金铜带饰

鎏金铜带扣：长8.6 cm，宽4.6 cm

长方形鎏金铜活页带饰：长9.5 cm，宽5.4 cm

鎏金桃形活页铜带饰：长9.5 cm，宽5.5 cm

鎏金铜铊尾：长11.5 cm，宽3 cm

北魏
铜质
2008年陕西省延安市宜川县征集
鄂尔多斯博物馆藏

鎏金铜带扣平面略呈长方形，一端设扣环、扣舌。扣环长方形边缘各有两枚铆钉，同时扣环中央与扣舌接触部位也有一枚铆钉。扣舌呈三角形，固定于一近长方形铜片之上，铜片两端通过铆钉固定在带扣之上。带扣内为镂空的龙纹图案，龙昂首挺胸作张口咆哮状，后爪用力蹬地，鬣毛上扬，威风凛凛。龙纹在镂空图案表面再以錾刀錾刻出纹饰轮廓及表面细节部分。带扣表面鎏金，铆钉及部分表面鎏金层脱落。

长方形鎏金铜活页带饰有背板，由两部分构成，一大一小，平面均略呈方形，通过中部活页相连。小者边缘均匀分布5枚铆钉，3个近长方形铜片穿过小带饰一端预留的3个长方形孔后通过铆钉固定在大带饰一端作为活页，大带饰另一端突出5枚尖钉装饰。两个带饰正面均有镂空的龙纹图案，其内部细节又以錾刀錾刻出，龙昂首挺胸作张口咆哮状，长舌，后爪用力蹬地，鬣毛上扬，生动形象。带饰表面鎏金，其制作顺序大致为分体鎏金后通过铆合组装而成。

鎏金桃形活页铜带饰表面鎏金，有背板，由上、下两部分构成，上部灯笼状，下部桃形状，二者通过活页勾连。灯笼状带饰边缘分布3枚铆钉，内部为镂空凤鸟纹图案，凤鸟昂首而立，颈呈S形弯曲，尖嘴，其内部细节以錾刀錾出。桃形带饰边缘平均分布7枚铆钉，带饰上端两侧各突出2枚尖钉装饰，其内部为镂空凤鸟纹图案，呈回首展翅状，内部细节又以錾刀錾出。活页为一长方形铜片卷曲穿过桃形带饰一端预制长方形孔后焊接在灯笼状带饰底端。

鎏金铜铊尾表面鎏金，有背板，无边框，由左、右两部分构成，左端带饰约呈山形，右端近长方形，二者通过活页勾连。山形带饰边缘平均分布6枚铆钉，内饰镂空凤鸟纹图案，凤鸟昂首而立，颈呈S形弯曲，尖嘴，内部细节以錾刀錾出。长方形带饰边缘平均分布11枚铆钉，内饰动物纹，内部细节以錾刀錾出。活页为一长方形铜片卷曲穿过长方形带饰一端预制的长方形孔后焊接在山形带饰底端。

（谭盼盼　杨军昌）

参考文献：

1. 张恒金,张晓岚,周双林.鄂尔多斯博物馆馆藏北魏鎏金带饰的保护[J].内蒙古文物考古,2010(1).

2. 鄂尔多斯博物馆.农耕游牧碰撞交融：鄂尔多斯通史展[M].北京：文物出版社，2013.

八、鎏金释迦多宝并坐像

北魏
通高 26 cm
铜质,通体鎏金
法国吉美国立亚洲艺术馆藏

释迦、多宝二佛半跏相向而坐于一长方形台座之上，二佛均作螺髻，面像清瘦，棱角分明，着通肩袈裟，具有"褒衣博带、秀骨清像"的风格特征，二佛身后为成一定角度相向的两舟状火焰纹背光。佛座正面中部铸造两身浅浮雕跪拜供养僧，一人执莲蕾，一人持香炉。佛座下为一四足方台，台前为两头近乎圆雕的狮子，呈回首蹲坐状，两狮之间供一博山炉。此器用失蜡法铸造而成。

造像镌刻发愿文57字："熙平三年二月十六日，蒲吾县□辟寺比丘昙任、道密兄弟二人，上为父母，己身□□，敬造多宝、释迦。□世尊礼拜供养，父王□侍佛时，母□□□□。"

佛像面容清秀、慈祥睿智，身躯修长，衣袖和背火焰纹线条流畅，属北魏造像风格。二佛造型设计新颖，虽在体格、衣着、坐姿、背光等均采用对称设计，但在发型、双手姿态等处同时存在细微差别。两身舟状火焰纹背光为分别铸造，通过榫孔插接于佛像背，并成一定角度相对，为并坐造像中的珍品。

（谭盼盼　杨军昌）

参考文献：

孙迪. 海外所藏两铺河北地区北魏金铜释迦多宝并坐像名品探析[J]. 文物春秋，2006(4).

九、鎏金力士铜像

北齐
通高 11.7 cm，身高 9.7 cm
铜质
1986年山西省寿阳县出土
山西博物院藏

铜像通体鎏金。铜像跣足立于束腰须弥座上，座下有一方形小榫。力士头戴宝冠，宝缯垂至两肘，面长圆，阔鼻大耳，大口长目。上身裸露，颈饰璎珞，下悬铃，两肩上各一圆形饰物，长巾绕臂披肩垂于两侧。腹鼓，腰系帛，下着过膝大裙，下摆外张，衣纹简练流畅，动感十足。左臂微屈，施无畏印，右臂上屈，右手握拳，拳心向下。

这件造像座下有小榫，说明其应是某个造像群（例如佛坛）的一部分，各部分以机械方式连接。这件造像虽然表面有腐蚀，但残留的鎏金部位表面光亮、细腻，体现出鎏金工艺的细致，是研究古代金属工艺难得的实物资料。

（谭盼盼　杨军昌）

参考文献：

1. 山西博物院. 山西博物院精粹[M]. 太原：山西人民出版社，2005：67.
2. 晋华，吴建国. 山西寿阳出土一批东魏至唐代铜造像[J]. 文物，1991(2).

十、蹀躞带鎏金铜日用品

北周
鎏金铜镊子：全长6.4 cm，镊子头宽0.7 cm
鎏金铜剪刀：全长8.6 cm
鎏金铜耳勺：全长6.6 cm，柄部最宽处0.9 cm
铜质，通体鎏金
1993年陕西省咸阳市底张镇孝陵出土
陕西省考古研究院藏

咸阳市底张镇孝陵中出土一套铜带具，包括带扣、带銙、带饰、铊尾等。其中，有三件蹀躞带中的日常用品，造型小巧，制作精美，分别为镊子、剪刀、耳勺。

镊子扁平状，侧面呈等腰三角形，中部有一鎏金铜箍，用于调节镊子张合大小，咀处内弯，顶部一小孔，上穿一铜环，材质为纯铜，通体采用传统的汞鎏金工艺。剪刀为交股，柄与刃长相当，椭圆柄，折肩，直背，尖刃，素面，材质同样为纯铜，通体也采用了传统的汞鎏金工艺。耳勺勺头为逗号形，尾部呈鱼形，顶端有一小孔，上穿一铜环。耳勺系整体铸造而成，基体为黄铜，其中约含8%的锌，通体采用传统的汞鎏金工艺。

镊子、剪刀、耳勺均为蹀躞带中的常见物品，也是生活中的必备之物。该墓出土的耳勺为目前孝陵出土铜器中已知的唯一一件黄铜制品，可能也是迄今为止中国考古发现年代较早的黄铜实物资料之一。因此，北周孝陵的蹀躞物品为研究蹀躞在中原地区的传播与发展演变提供了重要的实物资料，对其的数据分析也为中国古代冶金史研究提供了宝贵的数据支撑。

（谭盼盼　杨军昌）

参考文献：

1. 张建林，孙铁山，刘呆运.北周武帝孝陵发掘简报[J].考古与文物，1997(2).

2. 王贺，梅建军，潘路，等.北周武帝孝陵出土部分金器和鎏金铜器的初步科学分析[J].中国国家博物馆馆刊，2013(2).

3. 滕亚秋.契丹带饰研究：以蹀躞带为中心[D].大连：辽宁师范大学，2010.

第二节 隋唐五代

一、龙首柄熨斗

隋代
直径15.5 cm,柄长21.7 cm,底径12 cm
铜质
2012年铜陵市征集
铜陵市博物馆藏

附图:《捣练图》之拉绢熨平部分

此器为铜质，呈直柄勺状，素面，圆底，浅弧腹，宽唇，敞口，口沿外折，有缺损，腹一侧有一长直柄。柄的横截面为长方形，柄端作龙首状。龙怒目圆睁，嘴微张，长角，形象栩栩如生。龙头顶至柄有一长方形横梁，横梁末端呈半球形，便于抓握。

此器造型简洁大方，龙首形柄既起到装饰作用，又具有一定的实用功能。

熨斗为古代日常用具，常在斗中放置炭火，熨衣使之平贴。现存于美国波士顿艺术博物馆的唐代画家张萱的《捣练图》（宋徽宗摹本，见附图）中便描绘了由三组宫中妇女组成的加工绢丝的场景，具体分为捣丝、理丝缝合和拉绢熨平。其中拉绢熨平由五人完成，一人负责炭火，三人保持绢丝的拉伸便于熨平，一人手持盛有炭火的熨斗在绢丝表面移动熨平绢丝。

（谭盼盼　杨军昌）

参考文献：

1. 铜陵市文物局，铜陵博物馆. 铜陵博物馆文物集萃[M]. 合肥：黄山书社，2012：62.

2. 芝加哥大学东亚艺术研究中心网站(http://scrolls.uchicago.edu/scroll/court-ladies-preparing-newly-woven-silk).

3. 书格网(https://shuge.org/ebook/dao-lian-tu/).

二、董钦造鎏金铜佛坛

隋开皇四年
通高 41 cm，座长 24.6 cm，宽 24 cm
铜质
1974年陕西西安雁塔区东八里村出土
西安博物院藏

佛坛为方形，坛座上有一佛、二菩萨、二力士。主佛阿弥陀佛结跏趺坐于束腰莲台之上，作螺髻，修目细眉，饰透雕火焰纹背光，上身微前倾，着袒右肩式袈裟，衣褶自然流畅，左手施愿印，右手施无畏印。主尊两侧胁侍菩萨均跣足立于莲花座上，饰透雕火焰纹头光，头戴宝冠，冠带下垂至膝，上身裸露，胸饰璎珞，下着贴身长裙。两力士斜身侧立于两菩萨前，瞋目怒视，上身裸露，肌肉隆起，左侧力士微抬左臂，握空拳，右臂握拳护胸，右侧力士左臂微抬，掌心向下，下着贴身长裙。束腰莲台置一由蔓枝莲花簇拥的香薰，下由裸体侏儒托举。坛座设围绕栏杆，坛足前一对蹲狮，威武雄健。

佛坛右侧及背侧镌刻发愿文及赞词118字："开皇四年七月十五日，宁远将军武强县丞董钦敬造弥陀像一区。上为皇帝陛下、父母兄弟、姊妹妻子俱闻正法。赞曰：四相迭起，一生俄叟，唯乘大车，能驰平路。其一。真相□□，成形应身，忽生莲坐，来救迴轮。其二。上思因果，下念群生，求离火宅，先知化城。其三。树斯胜善，愍诸含识，共越阎浮，俱飡香食。其四。"

佛坛中的主尊、菩萨、力士、蹲狮、香薰、头光等均由失蜡法铸成后通过榫孔插接而成，且通体鎏金。佛坛体量虽小，但细节处刻画细致入微，造型端庄，金碧辉煌，为小型佛像中的精品，也是早期铜雕塑群的代表性作品。同时，表面镌刻文字为分篆书法，为研究隋代书法提供了重要的实物资料。

（谭盼盼　杨军昌）

参考文献：

1. 谭德睿. 董钦造鎏金铜佛坛：小型佛教群雕的精品[J]. 特种铸造及有色合金，2011(11).

2. 保全. 西安文管处所藏北朝白石造像和隋鎏金铜像[J]. 文物，1979(3).

三、鎏金铜钗

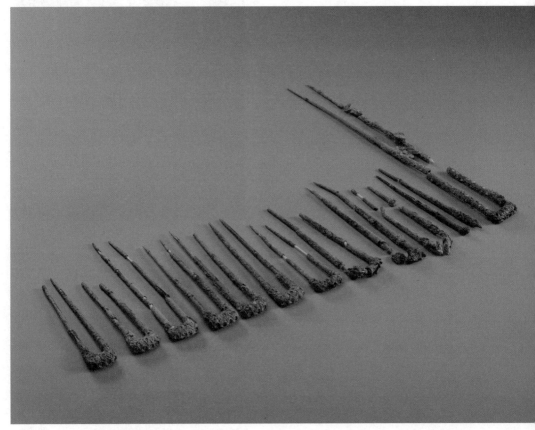

初唐
残长约14 cm、30 cm,宽3 cm,厚1 cm
重0.006~0.037 kg
铜质
2013年8月江苏省扬州市曹庄萧后墓出土

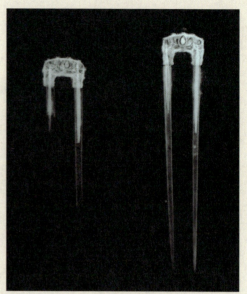

附图1：纹饰及木销上的棉花　　　　　　　附图2：X射线探查

  墓中出土铜钗共12只。由于长期埋葬在地下，所有钗或残，或断，但总体基本形状可辨。铜钗均呈U形，分为A、B二式。A式铜钗11只，残长约14 cm，钗首呈弧形，饰莲花纹饰，莲花外留白处以鎏金铜珠铺地，钗脚素面。B式铜钗仅1只，残长约30 cm，钗首、钗脚2/3以上的部位布满纹饰（见附图1）。12支钗表面的纹饰均为掐丝镶嵌成形，留白处以鎏金铜珠铺地，其鎏金铜珠为中国境内首次发现。

  经X射线探查，钗首、钗脚均中空，两者之间用一木销连接，为保证钗首与钗脚连接的稳固性，木销上裹缠棉花以确保钗首与钗脚的紧密结合（见附图1），5件铜钗中发现有残留的棉花。12件钗主体均由捶打的纯铜薄片经弯、折、卷又经焊接成形（见附图2），然后在表面固定掐丝的图案和直径约380 μm的纯铜珠，整体加热完成焊接，再在掐丝图案内完成镶嵌，最后表面整体进行鎏金着色处理，鎏金层厚度约2～6 μm。

  鎏金铜钗制作精美，采用了捶鍱、珠化、焊接、镶嵌、鎏金等工艺，代表了隋至唐最高的金属工艺加工水平。同时，钗首与钗脚分体插接、可替换，与鎏金铜珠同为中国境内首次发现，并且从时代来看鎏金铜珠也是目前发现的最早实物，这对金属工艺史研究具有重要的研究价值。

（杨军昌　党小娟　束家平）

四、萧皇后礼冠

主图:仿制;附图:出土实物
初唐
框架长17.8 cm,宽16.9 cm;博鬓长18 cm
铜质
2013年8月江苏省扬州市曹庄萧后墓出土
扬州市文物考古研究所藏

附图1：右博鬓　　　　　　　　　　　右博鬓X光片

附图2：花蕊（"领带形"铜饰片，绿色；玻璃圆盘形）　　附图3：花蕊（圆锥形，黄色；水滴形，绿色；人形，红色）　　附图4：花蕊（应该是有机物制作的装饰物）

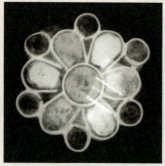

附图5：钿花及其X光片中显示出的图案和镶嵌物

  萧后冠主要由框架、博鬓与花树三部分构成。
  框架由呈十字交叉的两道梁和与梁几乎垂直相连的三道箍组成。两道梁中的一道沿额中间向后延伸至后脑，称为"中梁"，另一道大致从一耳后部延伸至另一耳后部，称为"侧梁"，两道梁均弯成U形并在头顶部相交相接；箍自冠顶部往下分别是第一道箍、第二道箍和第三道箍。"中梁"宽约1.6 cm，"侧梁"宽约1.5 cm。第一道箍是一个半环带，宽约1.8 cm，直径约15 cm，箍于后脑位置；第二道和第三道箍均为一个圆环带，环带宽约1.8～2 cm，直径分别约为16.9 cm和17.8 cm；第三道箍位于额的位置，在其后面加一纹饰带。另外，在冠后的第三道箍装饰带之上有三层水滴形饰，称为后兜饰，从上至下分别有

3、4、5个错位排列，共12个。

博鬓与框架第三道箍相连，位于纹饰带的两端。两博鬓表面为相同的掐丝镶嵌图案（见附图1）。博鬓最大长度约18 cm，中间宽约3.2 cm，一端宽约4 cm，另一端宽约4.8 cm，厚约0.29 cm。

萧后冠整个冠满布花朵，花朵位于13棵花树之上。花树以中梁为中心，在两侧对称分布。在中梁上有3棵花树，其中2棵位于前额上部，1棵位于后脑位置；其他10棵对称分布于冠的两侧，分别位于第一道箍的两梁之间、第二道箍的两梁中间、侧梁上的第二道箍与第三道箍之间、第一道箍与侧梁的交叉处。花树根部由直径约0.6 cm、高约1 cm的铜制中心柱和直径约2.5 cm、厚约0.8 cm的木圆盘组成，中心柱直接与冠的框架相连接，木圆盘套于铜柱之外，一朵一朵的花朵均匀插在木圆盘上。但由于冠长期埋藏在土壤中，遭到严重腐蚀，木圆盘完全腐朽，仅存痕迹，并且无法准确确定花树中花朵的数量，实验室考古清理出的花朵约168个，分布在冠的顶部。花朵由花梗、花瓣和花蕊组成，花梗为直径约0.08~0.1 cm的铜丝，中部呈弹簧状；花瓣为厚约0.02~0.04 cm的铜薄片，有的花瓣上还加饰领带形饰、圆盘形饰等（见附图2）；花蕊有喇叭形、圆锥形、人形及花苞形等，包括汉白玉、玻璃和纺织品类3种材料（见附图3），其中花苞内有包含物，其直径约2.1 cm，材质属性不清，应该是有机质的材料（见附图4）。另外，花树上还有一种钿花，为掐丝镶嵌成形的六瓣花形，外围一圈镶嵌珍珠，但珍珠粉化，仅存痕迹，清理出结构相似尺寸基本相同的钿花9件，其最大径约3.1 cm（见附图5）。

检测分析与研究表明，萧后冠所用材料包括金、铜、铁、珍珠、玻璃、汉白玉、木、丝等至少8种，其涉及的加工工艺有捶鍱、掐丝、镶嵌、珠化、焊接、鎏金、贴金、錾刻、抛光、剪裁等至少10类。其中，萧后冠框架、博鬓、花树、花梗和花瓣等构件都由纯铜材料捶鍱成型。

萧后冠是目前考古发现等级最高、结构最完整、时代最早的皇后礼冠，涉及的材料丰富、工艺复杂，为隋唐时期礼冠制度及其复原研究提供了基础性技术资料，具有重要的金属工艺史、艺术史研究价值。

（杨军昌　党小娟　束家平）

参考文献：

南京市博物院，扬州市文物考古研究所，苏州市考古研究所.江苏扬州市曹庄隋炀帝墓[J].考古，2014(7).

五、铜 眼 罩

唐代
长15 cm,宽5.5 cm
铜质
1973年新疆吐鲁番阿斯塔那出土
新疆维吾尔自治区博物馆藏

眼罩在新疆吐鲁番古墓群中多有发现,既是日常实用之物,保护眼睛少受当地风沙和阳光的侵害;也作冥器,罩在死者眼上。同样也有学者指出,吐鲁番地区由于受中央亚细亚传统的影响,因此出现了以金属眼罩作为随葬品的特殊葬俗。

眼罩的眼睛部位凸起以包住整个眼部,中央按照眼睛形状分布细密小孔,左眼罩边缘均匀分布7个小孔,右眼罩边缘为6个小孔,眼罩鼻梁处上下分布2个小孔。

眼罩由一块铜片捶打、剪裁而成。眼罩眼部小孔为由内向外钻刺形成,这样可以保护眼睛不被锋利的毛刺划伤;眼罩边缘小孔为由外向内钻刺形成,可能用于缝缀绢或锦等柔软的纺织物,这样一方面增加了眼罩和眼球的距离,避免眼球碰触金属皮,另一方面也可以避免锋利的铜皮磨损眼睛周边皮肤,并且密封眼眶。

这件铜质眼罩器型规整,造型简洁,制作精致,是研究吐鲁番当地风土人情和文化交流与融合的重要实物资料。

(谭盼盼 杨军昌)

参考文献:

1. 白建尧. 丝路瑰宝:新疆馆藏文物精品图录[M]. 乌鲁木齐:新疆人民出版社, 2011.

2. 陆锡兴. 吐鲁番眼笼考[J]. 中国国家博物馆馆刊, 2014(1).

六、缠枝花卉纹直尺

唐代
通长29.8 cm,通宽3 cm
铜质
2004年安徽省铜陵市行政中心市民广场基建工地唐墓出土
铜陵市博物馆藏

直尺呈长方形,四角为圆弧形。尺面沿边缘有一周长方形阴线,长方形内约等分为两段,一段长约13.7 cm,内饰缠枝花卉图案,另一段分为5个寸格,每个寸格长度在2.5~2.8 cm之间,寸格内饰不同的独立纹饰,有人物、花卉等,寸格间以双竖线窄边相隔。

尺为长度测量工具,铜尺易于保存,可长期使用。此铜尺尺面的装饰图案素雅、清新,为研究唐代铜陵地区经济史与文化风貌提供了直接的证据。

(谭盼盼　杨军昌)

参考文献:

铜陵市文物局,铜陵博物馆.铜陵博物馆文物集萃[M].合肥:黄山书社,2012.

七、铜　秤

唐代
盘直径17.6 cm,盘高4.7 cm,杆长43.4 cm
铜质
大唐西市博物馆藏

秤杆呈圆柱形,前粗后细,无星码,无提纽,距秤头约三分之一处有一凹槽,槽内用相同宽度的铜片箍成扣鼻,扣鼻上套小环,小环系以三条长度相同的索状铜链,铜链以铜丝缠绕而成,铜链末端连接铜钩,铜钩挂于秤盘口沿的铜环之上,用于提起秤盘;秤盘呈圆形,底较平,折口,窄平沿,口沿上均匀分布三个突出铜环,铜环使用铆钉铆接于盘侧,同时三个兽蹄形短足也铆接于盘侧。无秤砣。

该秤造型别致,秤盘与秤足均系铸造而成,兽足灵巧生动。秤为衡器,为日常生活用品,此秤为研究唐代衡制提供了重要实物资料。

（谭盼盼　杨军昌）

参考文献：
吕建中. 西安大唐西市博物馆[M]. 西安：陕西人民出版社, 2010.

八、云龙纹镜

唐代
直径21.4 cm
铜质
1982年安徽省铜陵县钟鸣镇
湖城大队藕塘村出土
铜陵市博物馆藏

此镜系铸造而成，八瓣葵花形，半球形钮，主题纹饰为一浮雕式绕钮龙。龙呈腾空而起之状，龙回首转侧，飞舞戏珠，双角伸举，双角后发须髯细密，张口吐舌，龙须飘扬，四足蹬开，下有三趾利爪，周身饰鳞片，龙尾盘卷，五朵流云衬托其间。

此铜镜纹饰布局合理，疏密有致，造型美观，形象逼真。龙鳞纹层次工整，线条流畅有力，镜钮被巧妙地装饰成龙戏的珠，使龙围绕中心珠钮而有韵律地舞动，更突出了龙飞舞戏珠的动感。

云龙纹镜，亦称盘龙镜，在唐代颇为盛行，同时也是盛唐时期的典型纹饰铜镜。此铜镜纹饰华美，精工细致，体现了唐代极高的艺术水平，为研究唐代青铜镜及铸镜工艺史提供了珍贵的资料。

（谭盼盼　杨军昌）

参考文献：

铜陵市文物局，铜陵博物馆．铜陵博物馆文物集萃[M]．合肥：黄山书社，2012．

九、海兽葡萄纹方镜

唐代
边长 17.1 cm，重 1.9 kg
铜质
日本奈良正仓院藏

此镜系铸造而成。铜镜呈正方形，色黝黑。镜背伏兽钮，高沿凹背。镜背被一正方形高起的凸棱分为内区、外区和镜缘三部分。内区为围绕镜钮的6只高浮雕海兽，海兽呈匍匐状，鬣毛细密，脊椎突出，长尾；海兽周围为浮雕的缠枝葡萄纹，枝间垂以葡萄果实，海兽或以口衔葡萄枝，或以前爪攀枝，以尾勾枝。外区四角各有一只昂首展翅面向镜钮的飞禽，飞禽尖嘴长尾；四边分别排列两只立于枝头和一只展翅飞翔的飞禽，浮雕的缠枝葡萄纹盘绕其中，一只蝴蝶飞于其中。内区葡萄枝未蔓过内区凸棱伸向外区。镜缘饰卷草纹。

海兽葡萄纹镜中圆多方少，且方镜边长多小于12 cm。这面铜镜镜背纹饰均高浮雕，布局流畅华丽，纹饰精细，层次分明、错落有致、节奏明快，铸造质量极佳，为唐代方镜中的精品。

（谭盼盼　杨军昌）

参考文献：
王纲怀. 日本正仓院藏镜：二[J]. 收藏家，2010(1).

十、金背禽兽葡萄菱花镜

盛唐
直径19.7 cm,镜厚1.3~1.4 cm,金壳厚约0.03 cm,重0.3 kg
2002年陕西省西安市马家沟阎识微夫妇墓出土
西安博物院藏

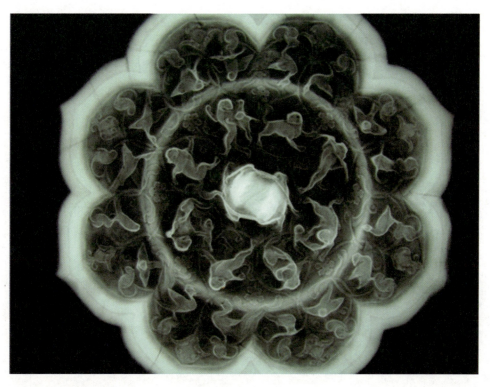

附图：菱花形麦穗纹

铜镜为八瓣菱花形，葵口平沿，镜背镶嵌金壳，逐尾式双兽钮，脊椎突出，兽尾垂出镜钮。金壳以细密的鱼子纹为地，一周圆形凸棱将其分为内区、外区，外区和边缘间又以一周八瓣菱花形麦穗纹与边缘相隔（见附图）。内区为八组高浮雕神兽与缠枝葡萄纹，葡萄藤蔓在每个神兽周围都形成一个圆圈，每组神兽姿态各异，有站立攀援状、攀援衔枝状、站立回首状、母子攀枝嬉戏状等，神兽长尾末端上扬，生动形象；内区缠枝葡萄藤蔓围绕神兽后蔓过凸棱后伸向外区八个菱瓣内缠绕盛开，花枝在各瓣间亦做间隔但缠绕不断，每瓣当中有一四叶花苞正对菱花形中央，两侧垂以葡萄果实，下有成对飞禽，有凤凰、孔雀、鹦鹉、鸿雁及白头翁等，每组飞禽姿态各异，有站立状、站立回首状、衔枝站立状、衔枝而飞状、相对衔枝而飞状、昂首展翅状等；金壳边缘饰不同类型的折枝花。

该镜镜体为铜质,为铸造而成,铅、锡含量较高,质地较脆,镜面为凸面,表面光洁度较好。镜背金壳为金银合金,金含量为95%左右,银含量为5%左右。金壳制作采用了捶鍱、錾刻等古代工艺:首先捶打出金片,然后使用不同錾头的錾刀在金片背面錾出高浮雕的纹饰轮廓,最后在正面再以錾刀修整高浮雕纹饰,錾出鱼子地。

背镜为唐代特种工艺镜之一,唐背镜中以银背镜居多,金背镜尺寸多较小,单手可持。这面镜应为目前中国已知考古出土中直径最大的一面唐代金背镜,并且镜背上高浮雕式的动物种类多样,姿态万千,造型生动逼真,神态各异,花纹清晰满密,鱼子地排列规整,整个镜背具有强烈的空间透视感,为唐代特种工艺镜中少见佳作之一。

(谭盼盼　杨军昌)

参考文献:

1. 杨军凯,冯健,王磊,等.西安马家沟唐太州司马阎识微夫妇墓发掘简报[J].文物,2014(10).

2. 杨忙忙,杨军昌.唐金背禽兽葡萄镜钙化锈的清除及研究[J].考古与文物,2006(5).

十一、镶绿白料饰鎏金铜镜

唐代
直径4.7cm
铜质
1954年陕西西安韩森寨出土
中国国家博物馆藏

此镜为圆板形镜体，圆钮，自镜钮至镜背为一朵盛开的团花及花叶，靠近镜缘部分饰一周叶纹，镜背以"金珠"铺地。团花的花朵呈云头形，花叶呈心形或腰果形。镜背所有花叶的轮廓均用扁金属丝掐制而成，内嵌各种宝石和料器，其中花叶镶嵌绿色宝石，花朵部分残留少量黄色宝石或料器，整个镜背色彩斑斓，但绝大多数镶嵌物已脱落。

这面铜镜镜背"金珠"、镜钮和镜背中掐制的扁金属丝为铜鎏金还是金质，有待科学检测确定。铜镜镜背的装饰工艺为"金筐宝钿"。咸通十五年（874年）法门寺唐代地宫出土《衣物帐》中记载"金筐宝钿真珠装珷玞石函"，"金筐宝钿"即使用扁金丝制作纹饰轮廓，金丝外装饰一周金珠，纹饰轮廓内镶嵌宝石或料器。陕西西安何家村唐代金器窖藏出土的掐丝团花纹金杯便使用了这种工艺。

金丝外的金珠由"珠化工艺"制作而来。珠化工艺源于美索不达米亚平原，最早实物发现于约公元前2500年的乌尔王陵。珠子的材质有金、银、铜、铜鎏金、银鎏金等，目前考古发现的实物以金珠居多，同时还有鎏金铜珠，珠子直径大者1 mm左右，小者0.1 mm左右。珠化工艺的过程包括珠子制作、固定和焊接三部分，制作方法有机械法、泼珠法、吸珠法、吹珠法等。珠子固定多使用天然的有机胶，焊接方法有直接熔焊法、合金焊料法等，焊接方法一般根据珠子直径和作品的实际情况进行选择。

此镜形制小巧，单手可持，为"掌中镜"，携带方便，供外出之用，可以随时取出整理妆容。这面铜镜装饰精致、富丽堂皇，鎏金的金色与镶嵌的不同色彩的宝石和料器交相辉映，且制作精致，工艺精细复杂，融合了捶鍱、鎏金、珠化、掐丝、镶嵌等多种金银器的制作加工工艺，代表了唐代金银工艺的高水平，也是特种工艺镜中不可多得的佳作之一。

（谭盼盼　杨军昌）

参考文献：

1. 陕西省文物管理委员会. 陕西省出土铜镜[M]. 北京：文物出版社，1959.
2. 尚刚. 唐代的特种工艺镜[J]. 南方文物，2008(1).

十二、金银平脱花鸟纹葵花镜

唐代
直径19.2 cm
铜质
美国克利夫兰美术馆藏

此镜作八瓣葵花形，错银宝相花圆钮，镜钮周围饰菱形缠枝花结，花朵由金片剪裁而成，花枝与花叶由银片剪裁而成；缠枝花结外周为与菱形四角对应的4个金质小花枝，小花枝左侧为背向金花衔枝而飞的银质鸿雁；金花与鸿雁外周均匀分布4只衔枝而立的银质凤凰，凤凰之间分布一大簇折枝花，折枝花间交错分布金质小花枝，4只金质蝴蝶飞翔于花丛之间。

该镜镜体为铜质，镜背采用了"金银平脱"工艺，大致步骤为利用金、银良好的延展性，将其反复捶打成厚度约为0.2～0.3 mm的金片和银片，将薄金片和银片裁剪成设计好的图案，将其黏贴在镜背设定位置，然后在镜背多次髹漆，漆面略高于金银片厚度，待漆干后打磨推光镜背，直至金银片的花纹显露出来，此时漆面与金银片平齐。

镜背金片与银片金光银辉，与漆层的沉稳庄重形成鲜明对比，金银纹饰又似从平滑的漆地中凸出，具有强烈的金属质感。整个镜背平整服顺，纹饰细致入微，营造出一派鸟语花香的氛围，为唐代手工业产品的杰出代表作之一。

（谭盼盼　杨军昌）

参考文献：

1. Cunningham M R, Czuma S J, Wardwell A E, et al. Masterworks of Asian Art[M]. Cleveland: Cleveland Museum of Art, 1998.

2. 申永峰，刘中伟. 唐代金银平脱工艺浅析[J]. 中原文物，2010(2).

十三、花鸟纹宝装镜

唐代
直径32.8 cm,镜缘厚0.7 cm,重3.5 kg
铜质
日本奈良正仓院藏

此镜作八瓣葵花形,圆镜钮。镜钮顶部饰一五瓣葵花形蚌片,蚌片上线刻一五瓣花,镜钮边缘饰一周花叶。镜背图案被一周蚌片拼接的圆环分为内外两区,内区均匀分布四朵大团花,花间饰四朵小团花及叶片;外区均匀分布八朵大团花,两种样式各四朵,一种盛开,一种含苞待放,两种交错分布,同时在团花花蕾两侧有两只展翅相对的绶带鸟,团花之间满铺各种小花和叶片。镜背团花花朵在蚌片轮廓内镶嵌红色宝石,中心花朵宝石表面线刻花蕊,蚌片表面线刻叶茎、叶脉、羽毛等,图案间隙则填充细密的绿松石与白色料器,整个镜背图案饱满、华丽。

该镜镜体系铸造而成,为铜锡铅合金,含铜约70%、锡约25%、铅约5%。镜背采用螺钿工艺,既先在镜背髹大漆,然后在漆地上黏贴裁切成设定图案的蚌片,待大漆固化后将其表面打磨平滑,最后在蚌片上刻画出纹饰线条,表现图案细节。宝装镜既在螺钿镜基础上又镶嵌了珠宝、玉石等珍贵材料。以螺钿工艺装饰铜镜,为唐人创举,而且仅见于唐代。此镜形制巨大,图案色彩斑斓,表面在光线照射下富丽堂皇,华美至极,为唐代宝装镜中的精品佳作之一。

(谭盼盼　杨军昌)

参考文献:

1. 正仓院官网(http://shosoin.kunaicho.go.jp/ja-JP/Treasure?id=0000010113).
2. 谭德睿.宝装镜:奢华的铜镜表面装饰技艺之一[J].特种铸造及有色合金,2013(5).

十四、鎏金铜梳

唐代
长14.4 cm，宽12.2 cm
铜质
甘肃省博物馆藏

铜梳呈箕形，扁薄，梳背与梳齿高度相当。梳背主纹为浅浮雕式的两只展翅相对的蝴蝶，蝴蝶两侧各有一浅浮雕式的卷草纹，纹饰外绕以两周弦纹；梳齿为裁切而成的窄条形，共53根，每根梳齿的长度相当，宽度相近，齿尾端呈针状，所有梳齿下端平齐，部分残断。梳表面鎏金，现已基本脱落。

该梳使用铜片捶鍱而成，表面纹饰通过在背面捶出形成正面的浮雕状，然后在正面修整图案表面使其更加立体、清晰，再以刀具在纹饰表面刻画细节，最后在梳表面鎏金。

此铜梳纹饰细腻生动、素雅，应为日常所用，体现了唐代妇女精致的生活风尚。

（谭盼盼　杨军昌）

参考文献：

1. 甘肃省博物馆. 甘肃省博物馆文物精品图集[M]. 西安：三秦出版社，2008：249.
2. 王洋洋. 中原地区出土隋唐头饰品研究[D]. 西安：西北大学，2015.

十五、观音立像

唐代
高 38 cm, 宽 15.2 cm, 厚 9.3 cm
铜质
美国哈佛艺术博物馆藏

通体鎏金，为一观音S形三段屈曲式立于一半球形座上。观音头梳高髻，戴花冠，缯带下垂至胯，双眼低垂，嘴唇之上蓄两撇短须，面稍向右倾，身后饰背光（背光已佚）。上身裸露，胸饰璎珞，腹鼓，下着贴身长裙，下摆微张，裙褶自然流畅，长巾绕臂垂于身侧，两腿分立，赤足。两臂着臂钏、腕钏，左臂下垂，左手外伸，手握宝瓶，右臂上屈，手持莲花，掌心向内。观音神态庄严雍容，造型典雅，沉稳秀拔。

这件观音像以失蜡法整体铸造成形。缯带、璎珞和长巾虽飘拂流动，但又与躯体相接，这种艺术上的设计，同样是工艺上的考虑，如此可使细长的蜡样不致断裂。观音像座下有榫孔，应用于插接、固定造像；背部同样有凸出榫孔，用于插接背光。

观音造像约始于南北朝，隋唐以来极为盛行。这件观音造像体量不大，但身躯与服饰自然舒卷，造型俊美慈悲，轻灵翔动，艺术与技术相协调，反映出当时较高的审美情趣与铸造技术。

（谭盼盼　杨军昌）

参考文献：

谭德睿，陈美怡.艺术铸造[M].上海：上海交通大学出版社，1996.

十六、思维菩萨

唐代
通高 11 cm
青铜
上海博物馆藏

菩萨盘膝而坐，左手屈肘撑于腿上，右手屈肘上抬，头右倾，双目微合，作思维状。菩萨高发髻，袒露上身，面相丰满，肌体圆润。丝绸般裙裾贴于身躯，褶纹清晰，质感强烈。璎珞飘带装饰得自然飘逸。其姿态之优美，神态之恬静，结构之准确，手法之简练，均达到极高水平。特别是体量如此小却如此精准，足见唐代雕塑家雕塑与铸造技艺之精湛。

这尊菩萨的造型与同时代的菩萨造像差异甚大，更强调人体的美感与质感，独具东方文化的含蓄美，极为罕见，类似于世界文化遗产敦煌莫高窟中的飞天，优美的女性身躯身披绵长的飘带漫天飞舞。

此菩萨由失蜡法整铸而成，纤细的手指和飘带局部直径不足1 mm。

（廉海萍）

参考文献：

谭德睿，陈美怡. 艺术铸造[M]. 上海：上海交通大学出版社，1996.

十七、铜 走 龙

唐代
长 18 cm，高 10.8 cm
铜质
西安市东郊韩森寨出土
西安博物院藏

该器为铸造而成，通体鎏金。龙呈行走状，左侧双腿向后蹬地，右侧双腿前伸。龙头扬起前视，尖嘴龇牙，长舌伸出卷曲，独角竖耳，头顶卷发后扬，锯齿状背脊，长尾后拖上卷，全身刻鱼鳞纹，三爪长腿，筋骨强劲。铜龙似迎风而行，昂首阔步，姿态雄壮刚健，动态十足，富有生命力，体现了唐代艺术师高超的艺术表现力。

（谭盼盼　杨军昌）

参考文献：

1. 西安博物院. 西安博物院[M]. 北京：世界图书出版社，2007.
2. 西安博物院. 金辉玉德：西安博物院藏金银玉器精萃[M]. 北京：文物出版社，2013.

十六、鎏金铜胡腾舞俑

唐代
通高 13.5 cm
铜质
1940年甘肃省山丹县征集
甘肃省山丹县博物馆藏

此器为铜质，造型为一俑婆娑起舞单脚立于覆莲座之上。覆莲为六瓣。俑色黝黑，西域胡人相，深目高鼻，头戴圆形宽边高毡帽，帽边呈麻花状，耳戴圆形大耳环；上身内着贴身长袖窄衫，外着高领紧身对襟短袖，右臂曲臂上抬甩袖，左臂微抬将袖甩向腰内侧；腰系带；下着及膝短裙，裙摆飞扬，脚蹬软长靴，双足腾跳，动态盎然。

胡腾舞俑系铸造而成，原通体鎏金，现多已脱落，仅俑肩部与覆莲座上残留有少量鎏金。

胡腾舞原为西北少数民族的一种舞蹈，由石国（中亚细亚塔什干一带）传入我国，盛行于唐代，以跳跃和急促多变的腾踏舞步为主。目前胡腾舞的形象多以图像的形式出现，这件鎏金胡腾舞俑扬臂挥帛，扭腰摆臀，翩翩起舞，富有动感，再现了唐代乐舞盛行的场景。

（谭盼盼　杨军昌）

参考文献：

1.《大西北遗珍：丝绸之路》编辑委员会.大西北遗珍：丝绸之路[M].北京：文物出版社，2010.

2.李静.唐代乐舞繁荣与"胡腾舞"发展[J].群文天地，2012(10).

十七、铜 油 灯

唐代
长 10.4 cm,高 9.8 cm,宽 7 cm
铜质
1959年新疆巴楚县脱库孜沙来遗址出土
新疆维吾尔自治区博物馆藏

铜灯由灯盏和灯座两部分组成，系铸造而成，整体呈一把没有盖的长嘴小壶状，造型与中国传统的浅盘式灯完全不同，应是仿制自罗马的铜灯外形。在灯嘴内可放置软灯芯，灯盏上部以及后侧外部都錾刻有花纹，两侧各有一系，便于悬挂照明。在灯嘴两边各刻有一行铭文，尚未释读。灯座为八棱形高台圈足，以便手持，在八棱形内刻有两组纹饰，交替衔接。一组为鸭嘴形长瓶状纹样，上部带一尖顶，足部为三角形；另一组为缠枝纹。灯底座部一周饰S图案。在此地还出土一件同造型的铜灯，但灯后侧带有一柄，方便取放。

此种具有西方造型的铜灯通过丝绸之路传来，并对我国古代灯具的造型改进产生了很大的影响。唐代以前，我国大多是浅台盘状，多为敞口造型，灯芯大多是在台盘中央直立的硬质纤维。唐代以后，受到西方灯具软质灯芯的影响，逐渐盛行用软质纤维作为灯芯。明清、民国时期，民间已多使用壶形带嘴油灯。

（宋　敏）

参考文献：

白建尧.丝路瑰宝：新疆馆藏文物精品图录[M].乌鲁木齐：新疆人民出版社，2011：127.

十八、铜 龟 符

正面　　　　　　　　　　　背面

唐代
长 4.15 cm, 宽 1.9 cm, 厚 0.45 cm
1981 年焉耆县四十城子乡博格达沁古城采集
巴音郭楞蒙古自治州博物馆藏

此符为铜质，呈扁平龟状。背部阴刻龟纹，龟首有一小的系孔。龟腹部有阴文"同"字，字形介于篆、楷之间，周围铭文谓："右玉铃卫将军员外置□□□伽利□。"

铜龟符系铸造而成，纹饰精细，文字较为清晰。

符的用途是为"起军旅，易守长"，或作出入宫门关隘信物。符一般为两件合为一套，符上"同"字若为阴文，即雌类，若为阳文，即雄类。所谓"雄着进内，雌者付其国"。唐代以鱼符为主，武则天天授二年（691年），"改佩鱼皆为龟。其后三品以上龟袋饰以金，四品以银，五品以铜"。龟符仅出现于武周时期（684~704年），在符中具有重要的历史意义。

龟符出土地是"博格达沁"，在维吾尔语中意为高大宏伟的城。博格达沁是西域汉唐时期焉耆国的重要城镇之一，与焉耆国史乃至西域史紧密相关，铜龟符对于研究焉耆国都、焉耆都督府、焉耆镇和西域古国政治、经济、文化交流及丝路交通、佛教发展史以及西域史等方面同样有着重要价值。

（巴音郭楞）

参考文献：

1. 白建尧. 丝路瑰宝：新疆馆藏文物精品图录[M]. 乌鲁木齐：新疆人民出版社，2011：302.

2. 何休. 新疆焉耆汉、唐古城出土唐龟符[J]. 文物，1984(10).

第六章 宋元、辽金西夏

宋元、辽金西夏时期，民族融合程度逐渐加深，除宋王朝以外，中华大地上还相继出现了契丹民族建立的辽、女真族建立的金和党项族建立的西夏等民族政权，1276年，来自蒙古的元军灭亡南宋。

宋辽金时期，经济逐渐恢复，各行各业得到了较大规模的发展，形成了唐代盛世之后的又一个经济繁荣时期。宋室南渡，使得经济重心的南移最终完成；北方少数民族政权与汉族政权的对立与沟通，也使得少数民族社会化进程加快。

宋代铸铜业发达，按制作场所分，可分为宫廷造与民间造两类，此外还有仿古一类，尤以北宋徽宗时期为盛。宫廷造制作严谨精湛，民间造则注重实用，生活气息浓厚。然而就整体而言，无论宫廷用具或民间用品，如铜镜等，所制铜器在造型及质量上均不如先秦至隋唐。

宋代礼制以复古为时尚，《宋史·礼志二》"议礼局之置也，诏求天下古器，更制尊、爵、鼎、彝之属"，可为一证。宋徽宗时期，访求、收藏、仿制青铜器盛行。仿铸的青铜器大多用于宫廷祭祀与乐舞。然而与商周青铜礼器比较，技艺均显粗糙。靖康之变后，大量宫廷造仿古青铜器或被毁坏，或被金人掳往北方，还有大批遗失。南渡之后，南宋朝廷仍然继承了仿古的礼制，时至今日，南方地区时有青铜礼器出土，即为明证。

民间亦出现了著名的铜艺匠人，如姜娘子等，其所制铜器多为文人雅士所喜好。

与宋王朝并立的少数民族政权，如契丹、金、西夏、南诏、蒙元，铜文化各显异彩。题材主要集中于宗教、农业生产以及生活用具，反映出少数民族与中原王朝的交流与沟通，如吐尔基山辽墓出土的铜铎、金代铜坐龙、西夏铜牛以及与佛教传播相关的大日如来铜像等。为我们勾画出了一幅与中原铜文化同中有异、交相辉映的灿烂画卷。

元代从西域传入的掐丝珐琅铜器在中国生根发芽，自元代开始延续至今，形成的俗称"景泰蓝"铜器装饰工艺经久不衰。

（姚　远）

第一节 宋

一、慧能铜像

北宋
通高1.8 m,重1 t
广州六榕寺六祖堂藏

惠能（638~713年），唐代高僧，俗姓卢，禅宗六祖，著有《坛经》，为禅宗经典，圆寂后肉身不腐。惠能本人及其曹溪禅，在中国佛教信众中拥有广泛且深远的影响力。

铜像铸于宋端拱二年（989年），全跏坐于铜座椅上，闭目呈入定状，面容清癯，掌心向上，平放腹前。袈裟华丽，领、袖口、下沿和前面均饰珠边带状缠枝莲花纹，左胸佩环带。领口呈波浪纹状。衣纹流畅挺劲，富有质感，艺术和铸造水平高超，衣纹刻镂装饰精妙。此尊铜像是宋代人物雕塑的优秀作品。

（姚 远）

参考文献：

1. 王福谆. 我国古代大型铸铜和铸铁文物的发展与现况[J]. 铸造设备与工艺，2016(1).
2. 启功. 广州六榕寺六祖慧能禅师铜像铸造一千周年纪念[J]. 法音，1989(8).

二、大和(大晟)钟

北宋
通高 27.6 cm, 舞广 13.8 cm, 舞修 17 cm,
鼓间 14.7 cm, 铣间 18 cm
北京故宫博物院藏

此钟于北宋徽宗崇宁年间（1102~1106年）造。宋徽宗赵佶设立"大晟府"，重制新乐，"谓之雅乐，颁之天下，播之教坊"。大晟钟即为大晟新乐时期设计铸造的编钟，式样参照睢阳出土的春秋宋公成钟。计12编，每编28件，共336件，规模宏大。每编分律名正声（12件）、中声（12件）、清声（4件）。

北宋靖康二年（1127），东京陷落，大晟钟被金人掳往北方。因"大晟"犯金太宗完颜晟讳，于是根据《礼记》"大乐与天地同和"之义，更名为"大和"。

该钟钲部周廓及篆带饰多层蟠螭纹，乳枚作螺旋式半球体，隧部以蟠螭纹组成翼形图案。钮部为一对横体夔龙，额顶各有一带钩状角。头部下方有一足，躯干呈S形。龙首饰粟纹，龙身饰回纹。在古代神话中，夔是能发出巨大声响的神物，舜用来命名掌管音乐的官员。青铜钟铸其像，表明钟声清越洪亮。

(姚　远)

参考文献：

1. 万依. 一朝大晟钟，余音八百年[J]. 紫禁城，1998(3).
2. 郭月琼. 宋代仿古青铜礼器研究[D]. 北京：中国艺术研究院，2011.

三、宣 和 尊

北宋
高 29 cm,口径 17.4 cm,重 5.4 kg
北京故宫博物院藏

此为宋徽宗时宫廷所制仿古青铜器,侈口、鼓腹、圈足,内底铸大篆铭文"唯宣和三年正月辛丑,皇帝考古作山尊,䵼于方泽,其万年永宝用",为祭祀方泽的礼器。方泽是夏至日祭祀地祇的场所,按《宋史·志第五四·礼四·明堂》"山尊实醴齐……为弗酌之尊",可知山尊是祭祀时装满甜酒作陈设之用的青铜器。

尊口沿下饰仰叶纹,颈部为垂首弓身小蚕纹,腹部和圈足饰兽面纹。器身有4条扉棱,上端齐于口沿,凸显其庄重。

该尊是少有的将铸器时间、用途全部标明的仿古青铜器,简朴而不粗劣,借此可窥北宋仿古、变古之一斑。

(姚 远)

四、北宋货币

大观通宝
北宋
直径4.15 cm
中国国家博物馆藏

宣和通宝
北宋
直径2.5 cm
中国国家博物馆藏

大观通宝为北宋徽宗在大观年间（1107~1110年）所铸造的年号钱，有小平、折二、折三、折十等多种版式。

宋徽宗赵佶不善治国，但书画造诣颇高，独创"瘦金体"书法。亲题崇宁通宝、大观通宝、政和重宝、宣和通宝等钱文，史称"御书钱"。

宣和元宝为宋徽宗宣和年间（1119~1125年）所铸，青铜材质，均篆、隶对钱，相传为徽宗御笔，存世量少，为泉学界收藏与研究的珍稀品。

（姚　远）

参考文献：

1. 张燕. 试论宋代货币与钱币文化[D]. 北京：中央民族大学，2006.
2. 朱泉. 宋徽宗"大观通宝"全鉴定[J]. 艺术市场，2010(2).
3. 杨觉. 九叠文"皇宋通宝"欣赏[J]. 收藏界，2011(2).

五、阿育王塔

北宋
高 28 cm，底座边长 12 cm
2016 年上海青浦区青龙镇隆平寺塔地宫出土
上海博物馆藏

阿育王塔2016年出土于上海青浦区青龙镇遗址隆平寺塔地宫西侧。此塔方形中空，由基座、塔身、山花蕉叶、塔刹组成，有方形须弥座两层，下层每面开三个火焰形壶门，上层每面以菩提树间隔饰坐佛三尊。塔身方形，四面装饰透雕佛本生故事，分别为"萨埵太子舍身饲虎""尸毗王割肉贸鸽""快目王舍眼""月光王施首"。塔顶盖四角耸立蕉叶山花，略外撇，顶端饰一宝珠。塔刹由刹杆、五重相轮和火焰宝珠构成，底轮渐往上收。整体由分铸再拼接而成。

阿育王为印度孔雀王朝第三代国王，因虔诚奉佛，在世界各地建塔以奉佛骨舍利。后世多仿阿育王塔造型以奉佛国圣物。

（姚 远）

参考文献：
1. 王建文."铜阿育王塔"介绍.上海博物馆.
2. 颜维琦.尘封千年的隆平寺地宫露真容[N].光明日报，2016-12-9.
3. 单颖文.上海青龙镇考古现场走访记[N].文汇报，2017-1-13.

六、箕形砚

北宋
长 8.5 cm,宽 5.5 cm,厚 0.5 cm
上海博物馆藏

附图

  箕形砚因形似簸箕而得名,其名最早见于宋米芾《砚史》。该砚出自青龙镇遗址隆平寿塔地宫底部,首尾圆弧,前低后高,前深后浅,砚斗着地,尾有砚足,是中国传统砚式中的典型代表。一般认为箕形砚始行于晋,也有学者认为远在周代即有雏形。此砚线条流畅,素体无纹,比例协调,造型小巧。

(姚 远)

参考文献:

王建文,"箕形砚"介绍.上海博物馆.

七、线刻佛像铜镜

北宋
直径 10 cm,厚 0.8 cm
上海博物馆藏

此镜圆形、宽沿、圆钮,镜背光素,正面以极细的阴线浅刻佛陀坐像。沿镜缘刻圈纹,内为坐佛,着对襟袈裟,右手作说法印,左手结禅定印,全跏趺坐于莲花座上。佛像头光、身光俱全,衣带飘逸,法相庄严。

在铜面刻宗教题材的图案,在10～13世纪是一种流行的做法,它的作用或为装饰佛塔,或为供奉,亦有用以陪葬信徒墓葬者。

(姚 远)

参考文献:

1. 徐汝聪."线刻佛像铜镜"介绍.上海博物馆.
2. 王牧.中国境内所出的线刻铜镜及相关问题:上[J].收藏家,2007(5).
3. 王牧.中国境内所出的线刻铜镜及相关问题:下[J].收藏家,2007(6).

八、蹴鞠纹铜镜

宋代
直径 10.6 cm,厚 0.6 cm
中国国家博物馆藏

镜背以浮雕技法表现蹴鞠场景。庭中有四人,兼有假山,一高髻女子做起脚踢球状,男子着幞头,作接球姿势。女子身后有一人,笼袖恭立,似为仆从。男子身后有一人,身体前倾,踮脚,似为观众。

蹴鞠起源于中国,为现代足球运动的前身,最初为军队练武之用,汉代刘向所著《别录》中已有记载。宋代上至帝王下至百姓,都以蹴鞠为乐,《水浒传》中记载高俅就以善蹴鞠而得皇帝欢心。

（姚　远）

参考文献:

1. 邓昭辉. 蹴鞠纹铜镜映出古老足球[N]. 中国商报,2001-12-1.
2. 陈子. 从蹴鞠文物看蹴鞠运动的发展演变[D]. 郑州:河南大学,2014.
3. 李静. 宋代铜镜的世俗化特征研究[J]. 装饰,2015(3).

九、济南刘家功夫针铺铜版

宋代
长约 13.2 cm,宽 12.4 cm
中国国家博物馆藏

附图

该铜版1946年由历史学家杨宽在上海古玩店购得,入藏上海市博物馆,现藏于中国国家博物馆。

铜版从上到下分为三层。第一层楷书阴刻"济南刘家功夫针铺"八字;第二层中部刻白兔持杵捣药图案,两侧分别刻阳文楷书:"认门前白兔儿为记";第三层是七列阳文楷书,为"收买上等钢条,造功夫细针,不误宅院使用,转卖兴贩,别有加饶,请记白"(见附图)。其中,"不误宅院使用,转卖兴贩"一句,亦有解读作"不偷工,民使用,客旅兴贩"。

这是目前已知最早的用以印刷广告的铜版实物。画面布局合理,借神话传说作为商标,对产品的用料、质量、制作方法和代销的优惠条件都做了简要的说明。

(姚 远)

参考文献:

1. 杨秉强."济南刘家功夫针铺"试读[J]. 山东商业职业技术学院学报,2007(1).
2. 陈云.北宋"刘家针铺"铜版印刷广告浅析[J]. 科技与创新,2016(12).

十、龙首凤尾鐎斗

宋代
通高 25 cm,尾高 17 cm,口高 16 cm,口径 15 cm,足高 9 cm
河南博物院藏

　　鐎斗,一种温器,有煮物或温酒等用途,流行于两汉魏晋,至唐宋逐渐消失。《说文解字》:"鐎,斗也。"《广韵》:"温器,三足而有柄。"《康熙字典》指出,有人将其与古代军中白天炊饭食、夜晚敲击以作号令的"刁斗"混淆,实际上"鐎斗""刁斗"为两物。此鐎斗三足有柄,柄首扬起,作龙形或其他瑞兽形。另一侧有斜向上翘的流,三足也被塑造成兽足状。

　　该器柄首为龙形,瞪目,颔下有须,龙头高高扬起,线条流畅,流作凤尾形,微翘,上有一半圆环耳。侈口,口沿一侧有凹槽状 U 形流,三足微似兽蹄。器型秀颀优美,保存完好,是宋代铜器的佼佼者。

(姚　远)

参考文献:
1. 张小东. 鐎斗考[J]. 故宫博物院院刊, 1992(2).
2. 王淑梅, 于盛庭. 刁斗与鐎斗[J]. 华夏考古, 2014(1).

十一、鎏金阿弥陀佛铜造像

南宋
通高31 cm,像高19 cm
宁波市天封塔地宫出土
宁波市博物馆藏

佛像背饰有缠枝花纹状光芒，上镶有11枚珍珠。佛像结与愿印，立于莲台之上。佛像发髻为有机物质制成，中有一缺处，似为肉髻瑞相。佛像脸部丰满，衣纹流畅，通体铜鎏金，宝相庄严。

(姚　远)

参考文献：
1. 林士民. 浙江宁波天封塔地宫发掘报告[J]. 文物，1991(6).
2. 刘杰. 中国古代汉传佛教铜造像的调查与研究[D]. 北京：北京科技大学，2015.

十二、衔环铜虎

南宋
长 20 cm,宽 9.5 cm,高 8.5 cm,重 5648 g
浙江省博物馆藏

铜虎呈伏地状,虎身刻有花纹。虎口内穿铜环。腹下有阴刻铭文,竖排两列:"绍兴五年三月九日,修内司奉圣旨制造,并环重十斤。"篆书略有隶意。

虎为猛兽,在古代军事文化中有重要体现,如虎符等。修内司为掌管宫殿与太庙修缮的机构。这件铜虎为修内司所制。

(姚 远)

参考文献:

王宣艳. 中兴纪胜:南宋风物观止[J]. 艺术品, 2016(1).

附图:衔环铜虎底视图

十三、姜娘子方炉

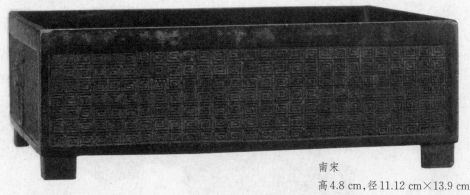

南宋
高 4.8 cm,径 11.12 cm×13.9 cm
浙江博物馆藏

附图：方炉款识

铜炉呈长方形，周身饰回纹。两侧各有一铺首衔环耳，底部为四方足，印款为"绍兴二年大宁厂臣苏汉臣监督姜氏铸至德坛用"（见附图），笔法端严，结体庄重。

据明高濂《遵生八笺》记述，杭州姜娘子为宋元时期铸铜名家，"其拨蜡亦精，炼铜亦净，纹片精美，制度可观，不让古代，可入上赏"，拨蜡即以蜡为模、以泥作范的失蜡法。清代吴骞《尖阳丛笔》记载：曲阜孔尚任家藏方罏一具，铭云："绍兴二年大宁厂臣苏汉臣监督，姜氏铸，至德坛用。"小篆，四面并同。王士祯尝见之，载于《居易录》中，以为姜氏即姜娘子。盖姜氏乃南宋初人，曹昭《格古要论》误以为姜氏为元人。

（姚 远）

参考文献：
1. 温廷宽. 几种有关金属工艺的传统技术(续)[J]. 文物参考资料, 1958(4).
2. 王牧. 中国南方地区宋元时期的仿古青铜器[J]. 南方文物, 2011(3).
3. 潜伟, 何伟俊, 梁宏刚. "苏州派"青铜文物保护修复传统技术的调查研究[J]. 中国文物科学研究, 2008(2).
4. 史正浩. 宋代金石图谱的兴起、演进与艺术影响[D]. 南京：南京艺术学院, 2013.

十四、兽面纹捣药罐

南宋
通高10.5 cm，口径8.2 cm
1969年桐乡炉头出土
浙江省博物馆藏

该器盖钮底为管状，应为捣药之杵。盖面有四组交龙纹，以云雷纹为地，三兽足。罐腹有三条纵向宽边，将兽面花纹分为三部分。

此器贴近生活。兽面纹的运用，表明曾经威严神圣的礼器象征已渐入民间。

（姚 远）

参考文献：
1. 何秋雨. 杭州出土的两批宋代青铜器[J]. 东方博物，2010(14).
2. 王牧. 中国南方地区宋元时期的仿古青铜器[J]. 南方文物，2011(3).

第二节 辽金西夏

一、"李家供奉"花鸟纹铜镜

辽代
直径22.4 cm
内蒙古通辽市吐尔基山辽墓出土
内蒙古文物考古研究所藏

　　此铜镜通体呈"亚"字形,圆钮,花瓣形钮座。主体浮雕纹饰是一对凤鸟口衔缠枝花卉,旁边为两只蝴蝶,镜背四角饰山形纹饰。蝴蝶纹与山形纹饰共同衬托两只鸾凤,烘托出灵动之美。镜背上方刻"李家"、下方刻"供奉"二字。有学者认为是制镜工匠所留。

　　契丹民族是游牧民族,与中原来往密切,此镜反映了契丹与中原的文化交流。

(姚　远)

参考文献:

1. 塔拉,张亚强. 内蒙古通辽市吐尔基山辽代墓葬[J]. 考古,2004(7).
2. 潘春利. 辽金铜镜的艺术风格比较探究[J]. 艺术·生活,2011(3).
3. 李阳. 辽代铜镜探析[D]. 呼和浩特:内蒙古大学,2016.

二、铜　坐　龙

金代
高 19.6 cm，重 2.1 kg
黑龙江省博物馆藏

　　龙是传说中的神异动物。金朝是女真人建立的政权，灭北宋后，受中原文化的影响，也将龙作为至高无上的象征。该件铜坐龙龙首微扬，首、肩及四肢均有卷鬃，左前腿似踏云而行，灵动飘逸，不失威严。

（姚　远）

参考文献：
1. 陈雷. 试论金代铜坐龙的雕塑造型及饰纹特色[J]. 中华文化论坛，2003(1).
2. 杨海鹏. 金代铜坐龙的发现与研究[J]. 北方文物，2009(1).

三、鎏金铜牛

西夏
高 45 cm,长 120 cm,宽 38 cm,重 188 kg
1977 年西夏陵区出土
宁夏回族自治区博物馆藏

  铜牛鎏金,系浇铸成型,内空,腹中残留内范。部分鎏金已脱落。铜牛屈肢而卧,体态健壮,线条流畅,形态准确。反映了西夏已具备和中原相当的青铜铸造工艺。此牛号称"西夏第一牛"。

(姚 远)

参考文献:
1. 陈永耘. 宁夏回族自治区博物馆馆藏精品[J]. 中国文化遗产, 2009(1).
2. 王福谆. "我国古代大型铸铜文物"系列文章五: 古代大铜牛[J]. 铸造设备与工艺, 2011(5).
3. 梁应勤. 西夏第一牛: 鎏金铜牛[J]. 文物鉴定与鉴赏, 2014(7).

四、大日如来鎏金铜像

大理国
高 48 cm
铜鎏金
上海博物馆收藏

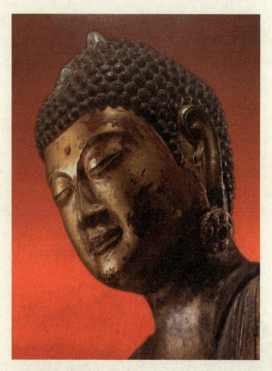

附图：铜像头部

　　大日如来，是梵文摩诃毗卢遮那的意译，又译作卢舍那佛，即光明遍照之意。铜像右袒袈裟，结跏趺坐，作降魔印，螺髻上有绿松石宝珠两枚。双耳戴圆形饰物。衣纹简洁流畅。右臂有臂钏，通体鎏金并髹有红漆。铜像内腔铸有大理国盛明二年（1163年）造像者的长篇发愿文题记。

　　佛像慈眉善目，微眯的眼睛和嘴角略微扬起的笑容无比传神，表明当时远在边陲的大理国已具有高超的造像能力。

（姚　远）

参考文献：

1. 陈明光. 菩萨装饰降魔印佛造像的流变：兼谈密教大日如来尊像的演变[J]. 敦煌研究，2004(5).

2. 陈浩. 南诏大理国及其造像[J]. 收藏家，2010(3).

第三节 元

一、铜　　铳

元代
长 59.9 cm，外口径 10.7 cm，内口径 6.1 cm
1955 年杭州西湖出土
浙江博物馆藏

　　铳体分为铳管、药膛和尾銎三部分。铳管与药膛之间铸有两道加固箍。
　　铜铳是管形火器，是元代的重要武器装备，能耐受较大膛压，可装填较多的火药和较重的弹丸。
　　元军西征，铜铳起到了巨大的作用，在猛烈的轰击下，西方各国的冷兵器无法与之对抗。

（姚　远）

参考文献：
1. 崔树华. 元明之际的铜火铳[J]. 蒙古学信息, 1995(4).
2. 黄登民, 李云凯. 元代火铳及其相关问题[J]. 黑龙江民族丛刊, 1995(3).

二、大德九年铜权

元代
高 18 cm，重 20 kg
1986 年杭州中东河
丰乐桥出土
浙江博物馆藏

权即秤锤、秤砣，为度量衡器。《汉书·律历志》："权轻重不失黍絫。"铜权上部丰圆，下渐收成束腰，标有年号"大德九年"。铜权有汉字或八思巴文的铭文，内容有纪年、铸地、匠人、量铭等。铜权的大规模使用，展现了元代商业的繁荣。

（姚 远）

参考文献：
1. 张庆久. 浅说元代铜权[J]. 文物世界，2012(4).
2. 涂伟华. 元代铜权考析[J]. 南方文物，2006(2).

三、贯耳铜扁瓶

元代
高 30.7 cm，直径：口径 9 cm、底径 12 cm，重 2.1 kg
宜春市袁州区高士路法院工地出土
宜春市博物馆藏

此瓶扁圆形，双贯耳，素面，造型简洁典雅。

投壶是先秦贵族宴饮时的游戏，也是礼仪的一种，为射礼的变体。魏晋时期壶口增添了两耳，提高了观赏性和趣味性。宋代司马光著《投壶新格》，建立"有初（第一件入壶者）""连中（第二件连中）""贯耳（投入壶耳者）""散箭（第一箭不入，第二箭投入）""全壶（每箭都入）""有终（无入壶）""骁箭（投入壶中之箭反弹出来，接着又投中者）"等规定，使这种游戏重回礼仪规范。

这件铜壶应是民间用以游戏或学塾践行投壶礼的用具。全器素面无纹，反映了元代铜器深入民间的状况。

（姚　远）

参考文献：
谢志杰，王虹光. 江西宜春市元代窖藏清理简报[J]. 南方文物，1992(2).

四、铜 磬

元代
高32.2 cm,直径：口径38.4 cm、底径11.5 cm,重6.77 kg
宜春市袁州区高士路法院工地出土
宜春市博物馆藏

铜磬共出土三件，均有不同程度的残损。此件通体圆润光洁，无花纹，下部有一道明显整齐的锈迹。

此物专用于佛教，又名"圆磬"，用来指挥僧众进退起止，号令赞诵。

（姚 远）

参考文献：
谢志杰，王虹光. 江西宜春市元代窖藏清理简报[J]. 南方文物，1992(2).

五、铜壶滴漏

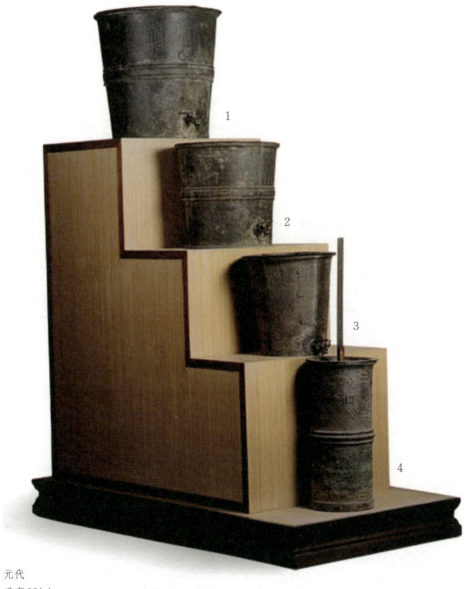

元代
通高264.4 cm
1. 日壶：高75.5 cm，外径74 cm，内径68.2 cm
2. 月壶：高58.5 cm，外径59.5 cm，内径54.5 cm
3. 星壶：高55.4 cm，外径51 cm，内径44 cm
4. 受水壶：高75 cm，外径38.5 cm，内径32 cm
中国国家博物馆藏

滴漏是中国古代的计时工具。此器由广州人冼运行、杜子盛等铸造于元延祐三年（1316年）。自元至清，一直置于广州拱北楼，1957年调往中国国家博物馆。滴漏由日壶、月壶、星壶、受水壶四个铜壶组成，也有一种说法称为日天壶、夜天壶、平水壶和受水壶。日壶壶壁铸有太阳图，月壶壶壁铸有月形图，星壶壶壁铸有北斗七星图，受水壶壶壁铸有八卦图。四壶依次安放，最上为日壶，最下为受水壶。日、月、星壶底部各有一个出水的龙头。受水壶盖正中立一铜表尺，上有时辰刻度，自下而上为子、丑、寅、卯、辰、巳、午、未、申、酉、戌、亥。铜尺前放一木制浮箭，箭下端是一块木板，称作浮舟。壶身刻有制作年份和人员的文字。

这是一件浮箭法复式漏壶，日壶的水以恒定的流量滴入月壶，月壶的水滴入星壶，星壶上部有一小洞，如果滴下的水多了，多余的就从这里流出，从而使星壶水量保持恒定，以便均匀地滴水给受水壶。受水壶的水逐渐增加，浮舟便托起木箭缓缓上升。将木箭顶端与铜表尺的刻度对照，就可知道时间。这件铜壶滴漏从制成之日起一直使用到1900年前后，历时将近700年，是我国现存最大的铜壶滴漏。

（姚　远）

参考文献：
黄庆昌，陈鸿钧.铜壶滴漏散谈[J].广州文博，2009.

六、天祝铜牦牛

元代
前脊高 61 cm,背高 51 cm,
长 118 cm,重 75 kg
甘肃省博物馆藏

  牦牛是藏人饲养的牲畜,也是藏区重要的运输工具,被誉为"雪原之舟"。这件铜牦牛造型逼真,体格壮实,是具有藏族艺术特色的精美文物。

  铜牛出土时保存得较好,有墨绿、黑褐、灰褐、灰绿等锈痕。匠师采用写实手法,再现了牦牛粗犷、雄浑的形象。牛尾细密的流线纹饰与面部、眼部的装饰纹线形成呼应关系,显得和谐而富于力感。这是现存我国古代唯一的牦牛塑像,反映了藏族人民高超的雕塑艺术和冶铸水平。

(姚　远)

参考文献:

1. 王福谆. 我国古代大型铸铜文物系列文章五:古代大铜牛[J]. 铸造设备与工艺, 2011(5).
2. 伊尔·赵荣璋. 牦牛青铜器与牦牛文化[J]. 中国藏学, 2009(4).

七、铜 卧 佛

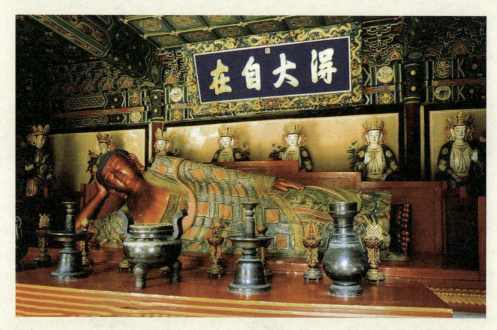

元代
长 5.3 m,高 1.6 m,重约 54 t
北京十方普觉寺(卧佛寺)藏

　　这尊元代铜卧佛呈侧卧状,法相庄严安详,为释迦牟尼佛涅槃之相。佛像体态自如,衣纹流畅,制作精良,反映了元代工匠高超的铸造技艺。

(姚　远)

参考文献:
1. 王福谆. 古代大型铜佛像(续前)[J]. 铸造设备与工艺, 2011(1).
2. 陈允吉. 卧佛像的起源与艺术流布[J]. 复旦学报(社会科学版), 1990(3).
3. 刘杰. 中国古代汉传佛教铜造像的调查与研究[D]. 北京:北京科技大学, 2015.

八、凤凰牡丹纹镜

元代
直径27.3 cm
故宫博物院藏

此镜素边，圆钮，分内外两区，内区装饰5只相互追逐的瑞兽，外区装饰4只穿梭于牡丹花间的凤凰，形态各异。外区边缘饰有14瓣菱花纹，菱花纹间又饰14朵云纹。整件铜镜图案丰富，疏密有致。

（姚 远）

参考文献：
1. 王宁. 宋元赣镜天下行：江西宋元时期铜镜[J]. 南方文物，2010(4).
2. 王权，王连根. 宋元时期盛行的凤鸟纹铜镜[J]. 收藏界，2013(10).

九、不动金刚像

元代
通高26 cm
故宫博物院藏

此像红发如日轮，中有二蛇交缠，头戴五叶冠，发髻后左右横出发插，为藏西地区之造像特征。胸前佩璎珞，戴臂钏，以盘蛇为手镯、足镯，装饰朴拙简洁。下身着短裙，裙上阴刻旋草纹，是藏西13世纪造像已出现的传统装纹样。像足下卧伏象面神，莲座的莲瓣丰满，上沿饰连珠，下部略外扩，为东印度帕拉风格造像的常见形制。

（姚 远）

参考文献：

1. 谢继胜，贾维维. 元明清北京藏传佛教艺术的形成与发展[J]. 中国藏学，2011(1).
2. 党措. 瑜伽密教神祇研究：以金刚界曼荼罗神祇为中心[D]. 西安：陕西师范大学，2014.

十、大元通宝

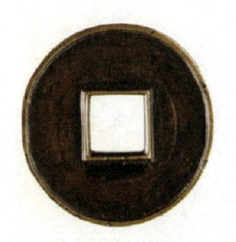

元代
直径4 cm
中国国家博物馆藏

大元通宝为元武宗至大二年（1309年）所铸，有汉文和蒙古文两种，蒙文较常见，汉文较少，均为珍品。

大元通宝上的钱文为八思巴蒙文，即由国师八思巴创制的蒙古新字。八思巴文的大元通宝折十型钱，字口深竣，规矩端庄，钱体厚重有加，铸制质量较高，不吝用材，为元代铸币之美品。

（姚 远）

参考文献：

1. 虹宝音. 蒙古货币综述[J]. 鄂尔多斯文化, 2007(4).
2. 唐养文, 周燕伟. 八思巴折十大元通宝版式版别[J]. 东方收藏, 2012(8).

十一、掐丝珐琅

铜胎掐丝珐琅缠枝莲纹熏炉
元代
故宫博物院藏

掐丝珐琅缠枝莲纹象耳炉
元代
故宫博物院藏

铜胎掐丝珐琅俗称"景泰蓝",在捶好的铜胎上,经掐丝形成图案,再添加珐琅釉料烧制而成。

明末元初,曹昭《格古要论》"窑器论"载"大食窑,以铜作身,用药烧成五色花者……又谓之鬼国窑",其中"大食窑""鬼国窑",已被认定为金属胎珐琅器。蒙元西征后,中亚、西亚的工匠进入中国,带来了烧制掐丝珐琅的技术,受到元朝统治阶层的重视与喜爱。此二件属中国早期的掐丝珐琅器。

缠枝莲纹熏炉器形规整,釉料肥厚,釉色纯正、明快、亮丽,缠枝莲纹图案布局疏朗,花朵硕大,枝叶辗转自如,有波斯风格。

掐丝珐琅缠枝莲纹象耳炉,圆形,鼓腹,象首卷鼻耳,圈足。炉颈部浅蓝釉地,饰黄、白、红、紫四色菊花12朵。腹部宝蓝釉地,饰红、白、黄三色掐丝珐琅缠枝莲花6朵。其下饰莲瓣纹一周。釉质莹润,整体造型端庄敦厚。

(姚 远)

第七章 明清

明清时期，伴随科学技术的进步和商品经济的繁荣，铜器的制造在承继前代的基础上取得了较大的发展，品种繁多，工艺精进，应用广泛，并且形成了鲜明的时代特色。官营手工作坊的铜器制造业持续发展，并且取得了较高的工艺成就；民间作坊和家庭手工业的铜器制造十分兴盛，产品涉及日常生活的各个方面。制铜名家辈出，有的作品已具有品牌效应。受"西学东渐"影响，出现了一批在西洋自然科学影响下制作的新式铜器。

明清时期的铜器主要有仿古礼器、室内陈设器、日常实用器、乐器或响器、货币、兵器、科学仪器、民俗用器、宗教造像、法器、佛塔、建筑和景观陈设等。仿古礼器因宗庙祭祀和日常生活之需十分流行，造型借鉴先秦两汉铜器，不求如实模仿，而是有所创新。室内陈设器多作观赏用，亦有一定的实用功能，如喷水铜洗，既能盛水，又可供赏玩娱乐。日常实用器种类众多，有饮食器具、文具、炉具、锁具、烟具、镜子、熨斗等。乐器或响器以永乐大钟和"宣德"款铜钹为代表，铸造精良，声学性能十分出色。货币多为年号钱，明代还曾流行以铜版印制的"大明通行宝钞"。火器有铜铳和铜炮。科学仪器有医疗器具、计时仪器、计算仪器、天文仪器、光学仪器和度量衡等，部分仪器采用西法制作，代表了当时科学技术的水平。民俗器中的四喜铜娃，构思巧妙，富于生活气息。宗教造像以藏传佛教中的鎏金铜像最为突出，数量众多，工艺精进，除宫廷制品外，还有西藏"雪堆白"作品；道教造像则以武当山真武大帝铜像和张三丰铜像最具代表性，艺术水平颇高。法器多围绕宗教活动设计和制作，具有特定的宗教内涵。五台山显通寺的铜塔造型秀丽，装饰丰富，为明代铜塔精品。建筑以武当山金殿和颐和园铜亭为代表，形制均仿木构建筑，体量宏伟，铸造和装配工艺十分高超。景观陈设则以故宫和颐和园的铜铸动物为代表，造型写实，体量较大。

明代的工部和内官监、清宫的造办处负责宫廷铜器的制作，工匠定期服役，身份相对自由。民间制铜匠师中不乏名家高手。永乐大钟通高近7 m，总重46.5吨，钟体采用复合范浑铸，工艺水平极高。明中期炼锌技术取得突破，实现规模生产，黄铜的使用迅速推广。钱币采用黄铜以母钱翻砂法铸造，清末出现了机制钱，形制更加规整。宣德炉采用失蜡法铸造，铜料要精炼6~12次，并添加了金、银等材料，表面处理工艺有60多种。鎏金佛像有些采用了从尼泊尔引进的"紫金"配方铸造，其成分多达9种。颐和园铜亭的构件采用"掰砂法"或"拨蜡法"铸造，配合十分精确。铜胎掐丝珐琅工艺和铜胎画珐琅工艺在清中期达到巅峰，品种多样，釉彩丰富，兼具实用性和观赏性。胡文明、石叟、张鸣岐、陈寅生等民间艺人的作品争奇斗艳，精雅绝伦。

就总体而言，明清时期铜器制造的重心已经从宫廷转向民间，铜器在人们的日常生产和生活中扮演了极为重要的角色。

（倪玉湛）

第一节 明

一、"大明通行宝钞"铜版

明代
青铜
长 21.5 cm，宽 11.85 cm，厚 3.7 cm
上海博物馆藏

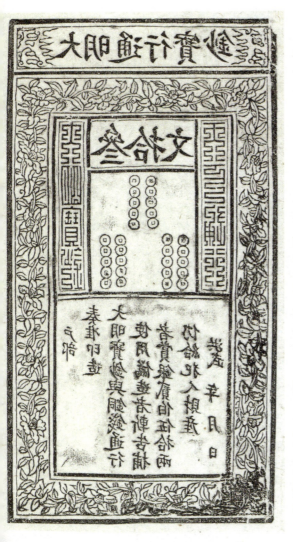

附图1

附图2

大明通行宝钞是明代使用的纸币，开始发行于洪武八年（公元1375年），由中书省印造，于洪武十三年（公元1380年）改为户部印造纸钞。大明通行宝钞钞版即为印造纸钞的钞版，钞版的种类根据纸钞面值的不同分为一贯、五百文、四百文、三百文、二百文、一百文、十文至五十文等。

大明通行宝钞三十文钞版的上部是反书的"大明通行宝钞"6字，其下是一周花栏，花栏内上部为反书的三十文及代表币值的30枚方孔圆钱图案，左右两侧是九叠篆书写的"大明宝钞"和"天下通行"，下部是反书的自左至右的通告（见附图1）：

户部

奏准印造

大明宝钞与铜钱通行

使用伪造者斩告捕

者赏银贰佰伍拾两

仍给犯人财产

洪武　年　月　日

钞版的背面四角各有一个方形支脚，并铸有钞版的编号"丰字拾柒号"（见附图2）。

印钞时将纸敷在钞版上墨拓出图案与文字，加盖印章后作为货币使用。

上海博物馆还收藏了一件大明通行宝钞四拾文钞版蜡模，表明大明通行宝钞钞版是采用失蜡法制作的。

上海博物馆收藏的钞版除了这件三十文钞版，还有四十文钞版和五十文钞版。

（廉海萍）

参考文献：

周祥. 中国古代纸钞[M]. 上海：上海人民出版社，2004(5)：94～113.

二、永乐大钟

明代
通高694 cm,口径330 cm,唇厚18.5 cm,重46.5 t
北京大钟寺古钟博物馆藏

此钟属梵钟，顶部置钮，底唇加厚作连弧形，钟体内外满铸佛教经文23万余字（见附图）。钟钮分上下两层，上层为拱形背梁，下层为两个并列的桥钮。悬挂结构设计巧妙，主梁由纵横重叠的三层横梁支撑，横梁下接4根略向内倾的支柱，主梁上下各套一U形铜钩，钟钮背梁套入下部铜钩内，两铜钩以带有低碳钢芯的铜销贯连。

附图：钟体上清晰优美的铭文

钟体浑铸，外范分为7层，钟钮先铸，再与钟体铸接，合金成分为铜80.54%、锡16.4%、铅1.12%。此钟铸于明永乐年间，形制硕大，铸造工艺复杂、精致，钟体、钟钮满布经文，文字字形清晰优美，声学性能优良，钟声深沉浑厚、圆润洪亮，可远播数十里，为世界大钟之林佼佼者。

（倪玉湛）

参考文献：

1. 高凯军.关于永乐大钟若干问题的探讨[J].中国历史文物，2004(2).
2. 吴坤仪.明永乐大钟铸造工艺研究[C]//《北京钢铁学院学报》编辑部.中国冶金史论文集.北京：北京科技大学：1986：180～184.

三、武当山太和宫金殿

明代
通高 554 cm,面阔 440 cm,进深 320 cm
位于湖北武当山天柱峰

金殿坐西朝东，面阔三间，进深七檩，始建于明永乐十四年（1416年），是我国现存最大、最精致的仿木结构铸铜建筑。

重檐庑殿顶，正脊两端饰吻兽，垂脊置仙人、龙、凤、狮子、天马、海马与合角吻兽。仙人侧坐在凤背上，南北相望。

殿外有146根木芯铜皮栅栏，为万历十九年（1591年）加设，栅栏正面金殿入口处装有两扇木门，入口上方高悬"金殿"陡匾。

殿四壁为铜隔扇，上方有大、小额枋，上承斗拱，斗拱托起下檐，下檐和上檐之间亦有额枋和斗拱。殿壁设铜柱12根，左右山墙各4根，明间前后各2根，柱础刻八瓣覆莲纹。殿内无柱，也未设井字梁或抹角梁，这种结构可使殿内空间较大、整体感较强，但对技术的要求颇高。

殿内正中设真武大帝铜像，左右侍立金童玉女及天罡、太乙二将，座前置龟蛇玄武。所有造像均鎏金，铸造精致，造型生动，为明代艺术精品。

金殿由鎏金黄铜铸件经榫卯结构拼装而成，但并未严格遵循木结构的构件形式，而是考虑了制作和安装的实际需要，重新进行整合，构件间严丝合缝，浑然一体，坚固持久。

（倪玉湛）

参考文献：

1. 张剑葳. 武当山太和宫金殿：从建筑、像设、影响论其突出的价值[J]. 文物, 2015(2).

2. 李俊. 武当山金殿[J]. 文物, 1982(1).

3. 王福谆. 古代铜殿[J]. 铸造设备与工艺, 2013(4).

四、大威德金刚鎏金铜坛城

明代永乐年间
总高 82 cm
铜鎏金
西藏博物馆藏

附图1：大威德金刚的16条腿

附图2：四尊圆雕佛像

大威德金刚是密宗的主尊。密宗是中国佛教十大宗派之一，别称喇嘛教。大威德金刚能伏恶护善，被认为是藏传佛教中无量寿佛的忿怒身。

大威德金刚有9头、34手、16眼，正面为一牛头。34只手中分别持铃、杵、刀、剑等法器，表示本尊的尊严、勇猛、精进、威力无比。16条腿分别踩16种象征天王和明妃的动物（见附图1）。

坛城是佛和菩萨聚集的场所。此坛城设计成可开合的莲花，八瓣莲花内壁和外壁分别铸有高浮雕和浅浮雕造像。莲花下的缠枝花中又衬托出四尊圆雕佛像（见附图2）。花瓣合拢后上盖一华盖，大威德金刚即隐入其中（见附图3）。全器构思巧妙，技艺精湛绝伦。

底座上有"大明永乐年施"款，是永乐年间由宫廷专门机构制作，赏赐给藏区的御制品。

全器由众多传统失蜡铸件经精细打磨后再鎏金组装而成，尽显明代早期宫廷艺术造像的精致华丽，是中国古代艺术铸造精品的代表作。

附图3：花瓣合拢状

(谭德睿)

参考文献：

1. 上海博物馆.雪域藏珍：西藏文物精华[M].上海：上海书画出版社，2001.
2. 谭德睿.中国传统铸造图典[C].第69届世界铸造会议组委会，中国机械工程学会铸造分会，2010.

五、宣 德 炉

明宣德三年(1428年)始铸
高 10.6 cm,重 1.78 kg
黄铜
"台北故宫博物院"藏

　　明宣德三年,明宣宗谕工部尚书吕震,用暹罗国所贡"风磨铜"(后有研究者称属天然黄铜)于工部所设铸冶局铸鼎彝,以供郊坛宗庙内廷之用。工部监铸官为吴邦佐,在铸冶局使张护、许百禄率领下,用工匠64人以失蜡法铸器3765件,所铸之器后统称为宣德炉或宣炉。
　　此件宣德炉原属清宫养心殿御用,通体鎏金并杂以黑色和朱红色斑,炫丽华美,炉底铸有"大明宣德年制"款(见附图)。

附图:铭文

宣德炉造型典雅、线条柔和流畅,"华而不妖,朴而不陋,极草率处偏耐看玩";表面着色种类极多,有鎏金、仿宋烧斑、朱砂斑、黑漆古斑、铄金、金银雨点、蜡茶等60多种,淋漓尽致地表现出铜材的色泽美。后人有如下赞美:"宣炉最妙在色。假色外炫,真色内融,从黯淡中发奇光。正如好女儿肌肤,柔腻可掐。"

由于宣德炉极受欢迎,利之所趋,仿制和伪造者层出不穷,甚至于工部监铸官吴邦佐也"下海"自行设计铸造,以至"宣庙官铸鼎彝,及今所存,真者十一,赝者十九"。宣德炉对明清两代以至日本的铸铜工艺品产生了深远影响,造就了不少铜艺高手。

此乃中国艺术铸造史上的盛事,《宣德鼎彝谱》等多部著作都作了记述,并记述了铸炉的用工、用料和熔炼、着色、仿铸、伪铸等,但着色的配料和工艺已失传。

(谭德睿)

参考文献:

1. "台北故宫博物院"编辑委员会,故宫宝笈:铜器、文玩[M]. 台北:"台北故宫博物院",1991.

2. 谭德睿,陈美怡. 艺术铸造[M]. 上海:上海交通大学出版社,1996.

六、宣德款铜钹

明代
直径43.2 cm，高10 cm
青海省博物馆藏

两件铜钹为一对，形制相同，上刻双龙戏珠纹和"大明宣德五年内加金银造"铭文，造型规整，音响效果极佳。铜钹又称铜盘、铙钹，用于宫廷大乐、地方戏曲和佛事活动。此对铜钹由明代宫廷赐给青海瞿昙寺，材质为黄铜并加入了金、银，与《宣德鼎彝谱》所载相吻合。

（倪玉湛）

参考文献：

故宫博物院. 明永乐宣德文物特展[M]. 北京：紫禁城出版社，2010：296~297.

七、针灸铜人

明代
通高 213 cm
中国国家博物馆藏

北宋天圣年间，宋仁宗敕医官王惟一（987～1067年）主持铸造两具针灸铜人，分置医官院和大相国寺，用于规范腧穴疗法，供观摩、研习与考核之用。它们是我国最早的针灸教学模型，开创了世界医学模型教学的先例。两具针灸铜人一具毁于宋金战火，另一具行用至元代。

图示针灸铜人为明英宗正统八年（1443年）由医官徐鳌主持仿造，形制悉按宋代原物，铜人全身遍布559个穴位、666个针灸点，每个穴位都有小孔，和体腔贯通。考核时，铜人表面遍涂黄蜡，体内注水，穿上衣服，若医生根据命题刺中穴位，针入水出即为合格。

（倪玉湛）

参考文献：
1. 中国国家博物馆官网.
2. 王福谆. 古代大型铜制模型(续前)[J]. 铸造设备与工艺, 2015(2).

八、简　　仪

明代
底座长440 cm,宽297 cm,高约34 cm,总重16 t
南京紫金山天文台

  简仪由基座、支架、赤道经纬仪和地平经纬仪组成,因将赤道系统和地平系统的环圈分开,使结构简化而得名,是古代测量天体位置的仪器,铸于明正统年间。

  基座(水跌)顶面设"水准槽",立面饰浅浮雕龙纹和云纹,座下置6根方短柱。支架分北极云架和南极云架两组,相向倾斜,分别由2根龙柱支撑。支架表面饰高浮雕龙纹和云纹，龙柱满布透雕云纹。北极云架呈A形，底端以鳌屃承托，顶端有极环，内套定极环，用来确定北极。南极云架呈X形，交叉处安装有百刻环，其上叠装赤道环，以赤道环心与极环心为轴，安装四游环，表面刻周天度数，用以观测天体的入宿度和去极度。以上诸环构成赤道观测系统。基座北侧座面安放有阴纬环（地平环），环心与北极云架横梁间安装立运环，此两环为地平观测系统，可以测定天体的地平方位和出地高度。

全套仪器由34个构件采用榫卯结构组合而成，材质为铅锡青铜，含铜62.25%～84.21%、锡6.01%～12.48%、铅10.16%～28.59%。部分构件如南、北极云架和龙柱等属大型失蜡法铸造。此仪形制宏伟，结构复杂，装饰华丽，是我国古代天文仪器高度发达的明证。

（倪玉湛）

参考文献：

1. 潘鼐. 南京的两台古代测天仪器：明制浑仪和简仪[J]. 文物，1975(7).

2. 北京科技大学冶金史研究室，南京博物院技术部. 浑仪、简仪合金成分及材质的研究[J]. 文物，1994(10).

3. 谭德睿，陈美怡. 艺术铸造[M]. 上海：上海交通大学出版社，1996：93～95.

九、显通寺铜塔

成所作智塔
明代
通高774 cm,塔高628 cm
位于山西五台山显通寺

妙观察智塔
明代
通高689 cm，塔高543 cm
位于山西五台山显通寺

附图1

附图2

五台山显通寺铜殿前有鎏金铜塔五座，隐合"五台"之数。五座铜塔分别为"大圆智镜塔"（东南塔，隐合东台）、"平等性智塔"（西南塔，隐合南台）、"妙观察智塔"（西北塔，隐合西台）、"成所作智塔"（东北塔，隐合北台）、"法界体性智塔"（中塔，隐合中台）。

五塔中仅"成所作智塔"与"妙观察智塔"为明万历年间铸造，余三塔均为现代仿铸。鎏金层为近年所加(贴金之前原貌见附图1)。两座明塔形制相似，由基座、塔座、覆钵、塔身、塔刹构成。基座为石质须弥方座，表面浮雕卷草纹和莲瓣纹。塔座为束腰须弥圆座，表面浮雕佛像和莲瓣，四角铸金刚力士各一。塔座之上为覆钵，呈八棱形，上宽下窄，外壁浮雕佛塔、佛像、卷云，一侧开券门，其内分别供奉"北方不空成就佛"和"西方无量寿佛"。塔身由13层密檐式楼阁及顶部的双层亭阁构成，截面为八角形；塔壁满饰高浮雕佛像(贴金之前塔壁上的佛像见附图2)；塔心中空，塔檐下悬风铃。塔刹呈葫芦形。二塔造型优美，玲珑秀丽，装饰丰富，为明代大型铜铸精品。

（倪玉湛　谭德睿）

参考文献：

1. 王学峰. 显通寺铜塔[J]. 五台山研究，1994(1).
2. 王福谆. 古代大型铜塔和铜塔刹(待续)[J]. 铸造设备与工艺，2013(2).
3. 谭德睿. 五台山铜塔：明代高浮雕铜建筑[J]. 特种铸造及有色合金，2011(3).

十、喷水鱼洗

明代
黄铜
上海博物馆藏

这件古代黄铜洗脸盆盆底铸浮雕鲤鱼4条,正对每条鱼口沿着盆壁浮雕有喷水线。盛水后,双手摩擦盆沿双耳,会有4束水花在喷水线上方喷涌,高可达40~50 cm,同时伴有嗡嗡声响。经激光全息摄影检测,此铜盆为一共振体,双手摩擦双耳产生共振时4个波峰正好位于4鱼口喷水线处。可贵处在于设计者已预知该处为波峰所在处,因而在洗壁预先设计4条鱼的喷水线。

喷水鱼洗究竟始于何时,尚难以考证,论者多以为产生于宋代,实则并不可信。据清徐珂《清稗类钞选》记载:"古州城外河街,有陈顺昌者,以钱二千

附图1：鱼洗喷水

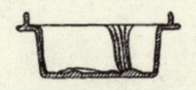

附图2：喷水鱼洗纹饰示意图

向苗人购一古铜锅，重十余斤。贮冷水于中，摩其两耳，即发声如风琴、如芦笙、如吹牛角。其声嘹亮，可闻里余。锅中冷水，即起细沫如沸水，溅跳甚高。水面四围成八角形，中心不动。传闻为古代苗王遗物。锅上大下小，遍体青绿，两耳有鱼形纹。后归李子明。"这是目前已知最早记载喷水鱼洗的文献。

（倪玉湛　谭德睿）

参考文献：

1. 戴念祖.喷水鱼洗起源初探[J].自然科学史研究，1983(1).

2. 蒋保纬，沈绍权.中国鱼洗喷水原理研究[J].杭州师范学院学报，1989(3).

3. 沈绍权，蒋保纬.再论古代的喷水鱼洗[J].浙江学刊，1989(6).

十一、"喜生贵子"镜

明代
直径18 cm，厚0.8 cm，重0.55 kg
淮北市博物馆藏

此镜为桥钮、卷沿，近沿处饰凸弦纹，钮外均布四个方框，框内字为"喜生贵子"。此类铜镜还有"五子登科""状元及第""福寿康宁""鸾凤和鸣""万年祥瑞"等吉语，表达了人们的美好愿景，极富生活气息。

（胡　均）

参考文献：
郭玉海.明清铜镜的时代特征[J].故宫博物院院刊，2003(5).

十二、石叟款观音立像

明代
高 54 cm
故宫博物院藏

观音头戴帷帽，双目微合，肩着披帛，颈佩璎珞，衣褶流畅，跣足立于波涛之上，娴雅庄重。衣裙和璎珞均以银丝为饰，背后以银丝嵌"石叟"二字。此像系铜铸，呈红褐色，形体刻画准确，银丝细如毛发，若断若连，一任自然。石叟，晚明僧人，《梦窗小牍》称其"善制嵌银铜器，所作多文人几案间物，精雅绝伦，款石叟二字多在底，体兼篆隶，亦朴拙无俗韵"。

（倪玉湛）

参考文献：

《中国美术全集》编辑委员会. 中国美术全集：雕塑编6（元明清雕塑）[M]. 北京：人民美术出版社，1988：31.

十三、胡文明款锦地花卉纹铜炉

明代
高8.3 cm,直径10.2 cm
纽约大都会博物馆藏

炉作圆筒形,下有云头形足。炉壁上下饰回形纹,中段以"卐"纹和八角锦纹为地,饰鎏金四季花卉。炉底篆款"云间胡文明制"。

胡文明,万历年间著名工匠,云间(今上海松江)人。据《云间杂志》载,胡氏以制作铜炉和文房用具见长,价甚高,不传他姓,时称"胡炉",仿品较多。此炉造型端庄,纹饰精美,堪称佳作。

(倪玉湛)

参考文献:
1. 美国纽约大都会博物馆官网.
2. 陆鹏亮.纽约大都会博物馆藏宋元明清铜器撷英[J].文物天地,2015(6).

第二节 清

一、錾花银箍紫铜东布壶

清代
高 30 cm,底径 12.8 cm
内蒙古博物院藏

壶顶设弧形"挡",器口置盖,器侧有如意形錾,器身和挡口外侧饰银箍,表面阴刻蔓草纹,造型规整,制作精致。"东布壶"是蒙语"domo(dom)"或"domb"的音译,又称多穆壶(藏语"dong-mo"),意指盛放奶茶或酥油茶的器皿,是蒙、藏、满等族重要的生活和礼仪用器。

(倪玉湛)

参考文献:

满泽阳. 多穆壶定义考略[J]. 东北史地, 2016(2).

二、铜胎掐丝珐琅凫尊

清代
通高30.5 cm
故宫博物院藏

凫的头部与双足镀金,其余部位以绿色珐琅为地,饰掐丝镀金羽状纹,双翅和尾部填红、黄、蓝、白等各色珐琅,翅根处浮雕出鸟首,与凫翅又组成一变体鸟纹,华丽多姿。凫背驮一尊,尊口与足底镀金。尊体以蓝釉为地,饰掐丝珐琅勾莲纹和太极图,圈足饰莲瓣纹。此尊由扬州制造,造型别致,掐丝精细,填饰丰富,观赏性佳。

(倪玉湛)

参考文献:

1. 故宫博物院官网.
2. 杨伯达.中国金银玻璃珐琅器全集6:珐琅器(二)[M].石家庄:河北美术出版社,2004:29.

三、画珐琅荷叶式盒

清乾隆
高 6.5 cm
台北故宫博物院藏

两片荷叶对合成盒，盖面荷叶上又饰浅浮雕荷花、花蕾、莲蓬和彩蝶，叶脉和花瓣纹理隐约可见，设计巧妙，工艺精湛绝伦。画珐琅荷叶式盒盖上的叶脉、花纹隐约可见。

珐琅是以石英、长石、硼砂、瓷土为原料，以金属氧化物为着色剂，经熔融、粉碎成粉状物的玻璃质原材料，施在金、银、铜器表面(点蓝)，又经焙烧而成珐琅釉。珐琅器制作工艺有掐丝珐琅(俗称景泰蓝)、錾胎珐琅(内填珐琅)、画珐琅三种。由于珐琅质与器物金属胎收缩和膨胀系数的差别，其中以无掐丝分割为小块釉面的画珐琅技术难度和级别最高。

珐琅器具有金属的坚固性、玻璃的光滑性、珐琅釉的耐蚀性和缤纷艳丽的色彩，可谓形、色、光俱佳。

珐琅器技术从元代自中东传入中国，中国的能工巧匠掌握这项技术之后，与中国的金属工艺和镶嵌、鎏金等工艺相结合，历经明、清两代，尤其是康熙、雍正、乾隆的重视，在皇室造办处设珐琅作，召集能工巧匠设计制作。乾隆时期珐琅器技艺和设计水平达到鼎盛，创作出大量造型和图案完全民族化的艺术精品。

(谭德睿　倪玉湛)

参考文献：

1. "台北故宫博物院"编辑委员会. 故宫宝笈：铜器、古玩[M]. 台北："台北故宫博物院"，1991.

2. 张荣. 清代乾隆朝掐丝珐琅器综述[M]. 苏州：古吴轩出版社，2007.

四、"张鸣岐制"款手炉

明末清初
高 8 cm，口径 8.8 cm，底径 7.5 cm
嘉兴博物馆藏

炉作五棱瓜形，盖面有蓑编状孔，炉身光素，鼓腹，底刻"张鸣岐制"篆文，铜质精良，造型匀称。

张鸣岐，浙江嘉兴人，制炉名手，与濮澄、姜千里、时大彬齐名，所制铜手炉花纹工细，炉足锤成，不焊，炉盖紧，用久亦不松弛，一时重之，称为"张炉"。

（许彩云）

参考文献：

田自秉，华觉明. 中国传统工艺全集：历代工艺名家[M]. 郑州：大象出版社，2008：141.

五、陈寅生款带勺白铜水盂

盂以白铜铸成，六边形，口呈圆形，带白铜小勺。侧壁装饰黄、红铜镶拼錾刻方片，一面刻"灯火光明生佛子，烟云供养小神仙。己亥寅生刻"，一面刻"大吉羊，汉大吉羊洗，外黄五斤四两容一斤"，另四面分别刻"山水""花鸟""清供"图案。此器制于清光绪己亥年（1899年），小巧玲珑，装饰精美。

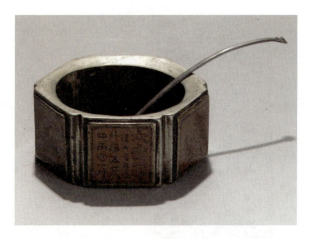

清代
直径7 cm，高3 cm，重0.11 kg
常熟博物馆藏

附图：水盂侧面

陈寅生（1830~1908年），名麟炳、茂才，北京人，清末刻铜名家，据《骨董琐记》载："京师厂肆专业墨盒者，推万礼斋为最先，刻字则始于陈寅生秀才。"

（范金燕）

参考文献：

田自秉，华觉明. 中国传统工艺全集：历代工艺名家[M]. 郑州：大象出版社，2008：159.

六、十八罗汉铜臂搁

清代
长26.9 cm,上宽5.4 cm,下宽6 cm
上海博物馆藏

臂搁呈竹板形,有曲尺形矮足,凹面铸"十八罗汉渡海图",二弥勒坐于三鬼所托锦茵上,众罗汉手持法器,分乘龙、麒麟、狮、虎、鹿、猪、牛、象等坐骑,踏海而行。

臂搁为文房用具,书写时枕于臂腕之下,材质有竹、木、牙、瓷、紫砂多种。此件铜臂搁属清代失蜡法铸造的艺术精品。

(倪玉湛)

参考文献:

谭德睿,陈美怡.艺术铸造[M].上海:上海交通大学出版社,1996:106.

七、"湖城朱永春造"铜熨斗

清代
通长 21.4 cm,高 11 cm,重 1.23 kg
潜山县博物馆藏

附图:熨斗侧面

  此斗形似水舀,斗口前低后高,腹以雷纹为地,前部饰兽面纹,一侧铸铭"湖城朱永春造"(见附图),后部两侧各饰半爿兽面纹,柄内有銎,可插接把手。此器重在功能又富装饰,集实用与美观为一体。

(李 驹)

八、黄铜靴形水烟筒

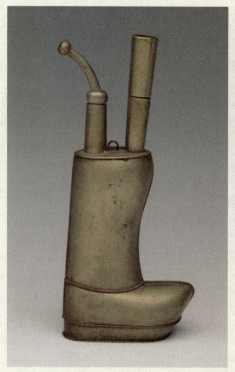

清代
通高 13 cm,重 110 g
常熟博物馆藏

水烟筒由水斗、烟管和吸管构成,通身光素。水斗作靴形,其上置盖,中立环钮,前后各铸一直管,前管内插烟管,后管内插吸管,构思巧妙,造型精美。

水烟筒又称"水烟袋""水烟壶",通过水的过滤作用吸烟,明代自中亚传至我国西北地区,清中期风靡全国,民国时由于卷烟兴起而衰落。清人李调元(1734~1803年)《童山诗集》中记载:"水烟壶,腹如壶,以铜为之,柄如鹤颈长,其筒入口,以嘘烟气,其烟嘴横安背上,腹内受水,嘘毕则换。"

(范金燕)

九、咸丰九年铜权码

清代
直径5 cm,厚1.5 cm,重400 g
常州博物馆藏

权码呈八棱柱状,中有圆穿,正面铸楷书"咸丰九年"阳文,间以云纹点缀。权码为"衡器",此件造型规整,保存完好,具有较高的研究价值。

(符 岚 谭杨吉)

十、铜　铃

清代
直径 4 cm, 高 1.2 cm
民间藏品

此铜铃通体溜圆，皮壳黝黑，顶铸桥钮。一铃双面饰兽面纹，另一铃上半部铸阳文"风调雨顺"，下半部两面各饰虎首纹。

(张国茂　倪玉湛)

十一、锁　具

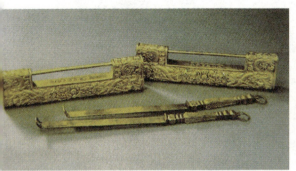
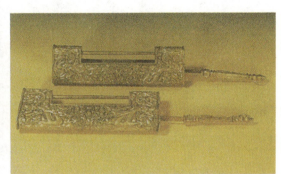

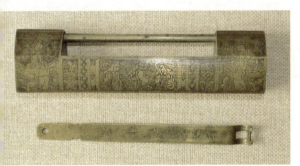

明双龙戏珠鎏金铜锁	明万历錾花鎏金龙纹大铜锁
明张鸣岐所造的"双料"铜锁	清代百年好合锁
福禄寿广锁	

花旗锁

1. 双鱼锁,明代,高 8 cm
2. 龟形锁,明末清初,长 7.5 cm
3. 鼠形锁,清代,长 7.5 cm
4. 牛形锁,清代,长 8.8 cm
5. 蝙蝠锁,清代,长 7.3 cm
6. 文字锁,清代,高 3~3.6 cm
7. 扇形锁,清代,高 10.7 cm
8. 乐器锁,清代,高 14.3 cm

中国(民间)锁具文化博物馆藏

明代的锁具中铜质锁仍很盛行。宫廷中的铜锁大多为万历年间所造，均为广锁，采用簧片结构，造型华丽。

"明双龙戏珠鎏金铜锁"在2001年8月公布的海外拍卖图录上出现。锁上镂刻"大明万历年制"字样，成交价为32万元。

"明万历錾花鎏金龙纹大铜锁"在2003年7月的拍卖会上出现，成交价为33万元。

明代制锁业发达，民间出了不少能工巧匠。其中，张鸣岐为佼佼者。因其制锁头用料较一般广锁要厚重一倍，故名"双料"锁。其特点为锁孔开造成蝙蝠状，锁头上五片簧片，两侧各二片，底部一片。底部簧片两侧有细密锯齿，使钥匙插入锁孔后不晃动而平稳向前滑动。张氏本以制作手炉名闻遐迩，所作锁具甚少，但多为精品。

清代百年好合锁长14 cm、高7 cm、厚2.6 cm；福禄寿广锁长18.2 cm、高4.7 cm、厚2.3 cm。此两锁由中国（民间）锁具文化博物馆藏。

广锁是横式簧片的挂锁，又称"枕头锁"、"横开锁"或"撑簧锁"，明清时期多产自绍兴，俗称"绍锁"，造型简洁实用。锁体正面呈凹字形，顶端横插锁栓，钥匙孔多开在侧面，锁面装饰各种图案，以吉祥纹饰和吉语最常见。

百年好合锁，作元宝形，锁体正中铸"百年好合"，下饰桃、莲蓬和石榴等花果纹，寓意"多子多福"，锁体两侧饰童男童女各一，童男手持荷花，童女手捧圆盒，寓意"和合"。

福禄寿锁，亦作横长式，端面下部呈方形，上部呈三角形，锁体正中饰福、禄、寿三星，两侧各饰童子，其他区域饰花草纹和几何纹。

花旗锁，是指不同花色和样式的锁具，明清时期十分流行，多为铜质，也有用金、银、铁等材料制作的，造型有人物、动物、文字、器具等。人物锁有佛陀、菩萨、八仙、唐僧等；动物锁有鱼、龟、虾、蟹、龙、马、虎、犬、牛、羊、鼠、狮、麒麟、蝙蝠、蝴蝶、燕子等；但凡天上飞的、地上爬的、水里游的，应有尽有；文字锁多为福、禄、寿、喜等吉语；器具锁有各种乐器、花瓶、扇子、刀、剑等。花旗锁外形以写实为主，极富生活情趣。

（倪玉湛　李劲松）

参考文献：

叶大兵，叶丽娅. 中国锁文化史[M]. 北京：知识产权出版社，2012.

十二、明清货币

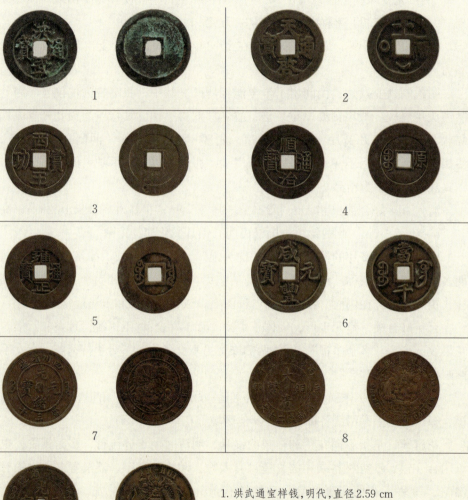

1. 洪武通宝样钱，明代，直径2.59 cm
2. 天启通宝，明代，直径4.5 cm
3. 西王赏功金钱，明代，直径5 cm
4. 顺治通宝雕母，清代，直径2.94 cm
5. 雍正通宝雕母，清代，直径2.96 cm
6. 咸丰元宝雕母，清代，直径6.94 cm
7. 光绪元宝当三十文铜元(机制币)，清代，直径3.68 cm
8. 大清铜币当二十文铜元(机制币)，清代，直径3.31 cm
9. 光绪元宝当十文铜元(机制币)，清代，直径2.82 cm

上海博物馆藏

明代铸钱版别相对简单，到晚期渐趋丰富，不乏精品。朱元璋（1328～1398年）称帝后，改元洪武，铸洪武通宝钱，有4类60余种，均为真书顺读，其后历代帝王均铸年号钱。明末张献忠（1606～1647年）曾铸钱，其中"西王赏功"也做赏赐用，分金、银、铜三种，为古泉珍品。

清代铸钱制度最完备，有通宝、元宝、重宝，币背用满文或汉文标示钱局。清末，铜元与银元开始流行，逐步替代了圆形方孔铜钱。

明清时期的铸钱工艺，依然延续宋代以来的传统，采用母钱翻砂铸造，但制作流程更科学，管理更严格，品质也更优良。祖钱（雕母）以手工雕刻，先翻铸母钱，再翻铸制钱。清末开始用机制铜钱，多为圆形无穿式样，版别多，品质好。

（倪玉湛）

参考文献：

1. 唐石父. 中国古钱币[M]. 上海：上海古籍出版社，2001.
2. 华觉明. 中国古代金属技术：铜和铁造就的文明[M]. 郑州：大象出版社，1999.
3. 叶真铭. 近代机制铜钱：铸币工艺近代化的有益尝试[J]. 郑州：东方收藏，2013(12).

十三、四喜铜娃

清代
长 6.6 cm，宽 6.6 cm
铜陵博物馆藏

四喜娃娃是一种民间流行的器物造型，运用共生与借代的手法表现嬉戏玩耍的娃娃，寓意吉祥喜庆。此器铜铸，乍看是两个相背的娃娃，身着肚兜和短裤，左娃娃躬身半蹲，右手抚头，右足抬起；右侧娃娃屈腿倒立，以头撑地。两个娃娃背部和臀部分别以短柱相连，就又形成了上、下两个娃娃，一个仰身横躺，一个俯身趴伏。四个娃娃共用两个头、四条胳膊、四个身躯和四条腿，构思巧妙，生动有趣，富于生活气息。

（张国茂　倪玉湛）

参考文献：

铜陵市文物局，铜陵市博物馆.铜陵博物馆文物集粹[M].合肥：黄山书社，2012：247.

十四、双身十二臂上乐金刚

清代
高 51.5 cm
故宫博物院藏

主尊上乐金刚四面十二臂，与明妃金刚亥母拥立于莲台，身后有镀金舟形火焰纹大背光。金刚头戴三叶冠，高发髻饰交杵纹，左侧一轮月牙，表情既愤怒又喜悦，正二手施金刚吽迦罗印，各持铃、杵并怀抱明妃，上二手持象皮于身后，其余各手均执法器，身作右展立姿，左脚踏黑夜女神，右足踩威罗瓦，由鲜人首和骷髅串成的项鬘垂于两腿之间。明妃金刚亥母右手举钺，左手持嘎布拉碗绕于主尊身后，全身赤裸，腰佩璎珞，双腿缠绕主尊腰际，作交合状。

上乐金刚又称上乐王佛、胜乐金刚，是藏传佛教无上瑜伽部母续最重要的主尊之一，备受崇奉。此像在西藏制作，工艺极精，背光以红铜镀金，其余皆以紫金铸就。紫金是西藏引进尼泊尔配方的铜合金，其成分和比例为：红铜一斤、金三钱、银六钱、自然铜三两、钢二钱、锡二钱、铅二钱、水银二钱、五色玻璃面五钱。

（倪玉湛）

参考文献：
罗文华. 故宫经典：藏传佛教造像[M]. 北京：紫禁城出版社，2009：93.

十五、镇水铜牛

清代
长 180 cm, 高 120 cm
北京颐和园

  铜牛置于颐和园昆明湖东堤阔如亭旁,伏卧,转首眺望昆明湖。体表曾有鎏金,故又称"金牛"。牛背铸篆体《金牛铭》:"夏禹治河,铁牛传颂。义重安澜,后人景从。制寓刚戊,象取厚坤。蛟龙远避,讵数鼍鼋,溱此昆明,潆流万顷。金写神牛,用镇悠永。巴邱淮水,共贯同条。人称汉武,我慕唐尧,瑞应之符,建于西海。敬兹降禅,乾隆乙亥。"其末有"御制"二字。铜牛由失蜡法铸造,技艺精湛,艺术水平颇高。

(倪玉湛)

参考文献:

王福谆. 古代大铜牛[J]. 铸造设备与工艺, 2011(5).

十六、"武成永固大将军"铜炮

清代
长362 cm,口外径46.15 cm,口内径15.5 cm,膛深330 cm,重约4 t
中国国家博物馆藏

  铜炮有多道凸棱,饰以回纹、联珠、蕉叶、莲瓣等花纹,炮身中部有耳轴,用于支撑炮体和调整角度,后端正中铸球形尾珠。炮尾用满、汉文铭刻:"大清二十八年铸造,武成永固大将军炮。用药十斤,生铁炮子二十斤。星高六分三厘。制法官南怀仁,监造官佛保、硕思泰,作官王之臣,匠役李文德、颜四。"

  南怀仁(1623~1688年),比利时传教士,于康熙年间主持铸造大量铜炮、铁炮。此炮为前装式,火药和炮丸从炮口装填,再以火绳点引,无膛线,形制巨大,管壁厚实,代表了清代铸炮技术的最高水平。

(倪玉湛)

参考文献:
李正华. 武成永固大将军炮考[J]. 收藏家, 2009(2).

十七、天 体 仪

清代
通高 276 cm,球径 186 cm,重 3.85 t
位于北京古观象台

天体仪又称"天球仪"或"浑象",是综合演示天体运行情况的仪器。此仪是南怀仁主持设计和建造的清初六仪(天体仪、赤道经纬仪、黄道经纬仪、地平经仪、象限仪和纪限仪)之一,铸于清康熙八年至十二年(1669~1673年),为我国引进西法制作的首批大型天文仪器,被誉为"诸仪之冠"。

天体仪由底梁、地平环套架、子午环和天球组成。底梁呈十字形,中心置云墩,为传动齿轮的装饰件,其内包有轴承,底梁西侧有齿轮箱和摇动手柄,用于改变天极高度。地平环套架分上下两圈,其间以四根龙柱承接,底层环圈套在十字形底梁外侧,其上有调整高度和水平度的地脚螺钉,顶层环圈上设水准槽,并刻地平经度和八风方位。子午环的最高处装有天顶游表和火焰状花饰,北极端装有指时表和时盘,下部西侧装有象限齿弧。天球装在子午环的南北极轴上,黄赤交角为$23°31'30''$,球面上分布有1888个星体。

天体仪可以显示恒星球面位置,演示不同纬度、不同季节、不同时间的天体周日视运动或周年视运动,还能结合球面位置和环架刻度,直接读得天体的不同系统球面坐标或进行不同系统的球面坐标换算,有多种用途,直观性强,可省去大量繁复的计算和换算。该仪形制宏伟,结构合理,制作精巧,是中、西天文学知识结合的典范。

(倪玉湛)

参考文献:

伊世同. 康熙天体仪:东西方文化交流的证物[J]. 中国文化,1992(2):7.

十八、宝 云 阁

清代
通高755 cm,通面阔441 cm,通进深441 cm
位于北京颐和园

颐和园宝云阁又称"铜亭"或"金殿",坐落在万寿山五方阁院落正中,是一座仿木结构的铜建筑,乾隆二十年(1755年)建成。建筑形式为重檐歇山顶,正脊中置宝塔,两端为吻兽,另有垂兽和戗脊兽等,屋面仿琉璃瓦,滴水坐中,收山约一檩径,山面无悬鱼,山花板素面。上檐悬"宝云阁"铜匾,以满、汉、蒙、藏四种文字题写,下檐悬"大明光藏"铜匾。

平面近方形,面阔3间,进深7檩,檐柱每面4根,柱础为石质,表面饰浅浮雕16瓣宝装莲花。殿内地面以青、红六边形石板和白色方形石板交错铺设,有石质莲花宝座一对、铜供桌一张,其上原有铜佛像和各种铜供器,现已不存。

南、东、西三面明间各装4隔扇,次间各装2扇槛窗,北面全为槛窗。南面明间檐柱悬铜质楹联:"慧日扬辉千界晓,慈云垂润万方春。"东南槛窗榻板内壁刻有督理铜亭工程的官员名录,西南槛窗榻板内壁刻工匠姓名,有铸匠、錾匠、拨蜡匠、镟匠、锉匠和木匠。

铜亭部分构件如柱、瓦等,采用"掰砂法"铸造,另一些构件如塔、吻兽等则用"拨蜡法"铸造。

(倪玉湛)

参考文献:

1. 张剑葳. 中国古代金属建筑研究[M]. 南京:东南大学出版社, 2015.
2. 华觉明, 王安才. 颐和园铜亭构件和拨蜡法[J]. 文物, 1978(5).

第八章 现当代的中华铜文化

现代中国的铜文化迎来了多元多样、绚丽多彩的全新发展阶段。

民国初期直至20世纪五六十年代，传统铜镇具、墨盒、水盂，白铜、黄铜文具、手炉、脚炉、汤婆子等取暖铜件，乃至鼻烟壶、水烟袋、发簪、鞋拔等日用铜具仍在民间广为使用。

随着成批赴西欧攻读现代雕塑艺术的学子归来，具有现代理念和手法并与中国传统技艺相结合的雕塑作品陆续涌现，刘开渠、李金发、滑田友、郑可等成为雕塑界的领军人物；之后，又有钱绍武、潘鹤、吴为山、田世信等名家。

与此同时，各地区的传统铜艺仍呈现蓬勃生机，在艰难时世由于众多艺人及其世家的坚持不懈，得以持续、传承和发展振兴，诸如藏区锻铜、新疆刻花铜器、白族火锅、长子响铜打击乐器、云南乌铜走银和斑铜器件等。传统的铜质管乐有笙、管、号、唢呐等款，享有盛誉的北京吴氏宏音斋在继承传统手工制作管乐器的基础上锐意创新，成功制作了能与交响乐团合奏、具有现代音响效果的电子笙和加键唢呐。

改革开放以来，城市雕塑成为新的风尚，《垦荒牛》等代表作品产生了重要的影响。纪念性的铜像和钟鼎之作有吴为山的《"家破人亡"：纪念南京大屠杀遇难者雕像》、为联合国成立五十周年而制作的国礼《世纪宝鼎》、为迎接21世纪到来而制作的重器《中华和钟》等。

佛教建筑和佛像在新的历史时期有众多新作，著名的如《金刚宝座塔》《香港新界观音》等。

传统技艺的研究、复原及其再现，是铜文化探讨的一个至为重要的方面，以拨蜡法铸造的《自在观音》和富锡处理的饰件，以及铜陵的铸丝珐琅、苏州的巧生炉均为其典例。

采用当代新材料与传统技艺相结合，创建宏伟、壮美的铜建筑物，是当代铜文化亮点之一，《黄河楼》和《铜幕墙》堪称成功之作。

时至当代，具有现代风格的铜艺术品也不乏佳作，为铜文化增添了新的品款与式样，入选本书的《贝拉》即其一例。

中国的铜文化源远流长，经历多个历史时期到当代演化为传统与创新相结合、本土与域外相衔接，以多元多彩的样式呈现，蔚为大观。时代的更替与递进将使铜文化更贴近民众、更加丰富和辉煌，这是可以预见的。

（华觉明）

一、墨　　盒

墨盒是民间常用的文具。"陆氏所作"款乌铜走银墨盒是江苏常熟博物馆所藏征集品，重97 g，直径6.2 cm，以乌铜铸造，盒盖以银丝嵌篆文"笔恬墨余"和"庸俗工商春诵夏弦秋学礼冬读书"字样，周饰回纹，盒底以银丝嵌"陆氏所作"款。陆氏为常熟梅李人，以制作错金银乌铜器件名世。

鸳鸯芙蓉纹黄铜墨盒也是常熟博物馆所藏征集品，重289 g，长9.5，宽6.5 cm，盒身淡黄色，盒底被抛磨出深黄铜色，盖面錾刻鸳鸯芙蓉图案。画面河水潺潺，细草芊芊，草木花鸟，诗意盎然。盒面图案的錾刻线条飘逸洒脱，细处宛若游丝，粗处遒劲有力，仿佛一幅花鸟白描画，精美异常。

（范金燕）

"陆氏所做"款乌铜嵌银丝墨盒

鸳鸯芙蓉黄铜墨盒

二、锁　具

工农牌铜挂锁

纳西族铜挂锁

三星牌铜质鎏金弹子锁

龟形锁	鱼形锁
	铜挂锁
弹子锁	

龟形锁是安徽省铜陵市张国茂先生的收藏品，分解图显示了它的内部结构和开启方法。

鱼形锁是内蒙古自治区呼和浩特市王来喜先生的收藏品，现在和林格尔县内蒙古师范大学来喜民具博物馆展陈。

弹子锁和三农牌铜挂锁都是现代的锁具，它们逐渐取代了中国传统形式的锁，成为民间常用之物。

民国十六年（1927年），嘉定县人胡氏筹资在上海创建了中国第一家生产弹子锁的公司——五金制造股份有限公司，借鉴美国和德国弹子锁的长处，制成"CMC"系列弹子锁。1934年，刘集臣、杜培然、于信国、王景颜等人筹资在山东黄县西关开办程明锁厂，生产"三星牌"铜挂锁，锁上刻有三颗五角星和"中国制造"字样；后来，刘集臣还研发出我国第一台造锁专用设备——锁芯挖槽机。

早先在国外成本较低的弹子锁冲击下，生产传统锁具的锁厂遭受打击纷纷关门，但在江苏、山东等地传统锁具仍以其独特的技艺和风格在民间传承。

（李劲松　张国茂）

参考文献：

叶大兵，叶丽娅. 中国锁文化史[M]. 北京：知识产权出版社，2012.

三、取暖器具

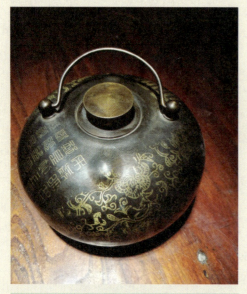

汤婆子

怀炉

怀炉的正、背面

怀炉内部

手炉和脚炉都是内置木炭用以取暖的民间常用器具。

汤婆子是南方民间的俗称，将热水灌注其中，置被中取暖，深受民众欢迎，遂以"婆子"名之。至迟20世纪80年代，江苏南通仍有手艺人专司汤婆子的制作，用铜范铸成两半器体，铜焊成形，上口焊接盖托，镟出螺纹，与盖相密合，水不至溢出，提手装入焊于器体的圆座内。图中所示汤婆子是内蒙古自治区呼和浩特市王来喜先生的收藏品，现在和林格尔县内蒙古师范大学来喜民具博物馆展陈，器表有纹饰和铭辞，是汤婆子中比较讲究的一种。

怀炉系安徽省铜陵市张国茂先生的收藏品，内置燃炭，放怀中取暖，精致适用，是较为罕见的取暖用具。

（张国茂　李劲松）

四、荣华富贵铜壶

民国时期
高 28 cm,重 1.35 kg
锡青铜
永康市神雕铜文化博物馆藏

铜壶是铜制的铜质器皿，既是酒器，也是盛水器，用于烧水，汉代还作为量器。根据材质分，铜壶可以分为紫铜壶、黄铜壶、白铜壶，其中紫铜壶质量最好，铜的含量更高、更纯，更易于保养。根据工艺分类，可以分为手工铜壶和铸造铜壶。

《诗经》中载"清酒百壶"，壶是古代盛酒的器皿，当时也用它盛水，《孟子》云："箪食壶浆。"它的形状因时代不同，变化较大。商代的壶多是扁圆形，大腹、贯耳（耳象筒子）、圈足。西周的壶圆形长颈，大腹有盖，两旁有耳，作兽头衔环。春秋时的壶，鼓腹长颈，肩上有两个伏兽；新郑出土的一件作扁圆形，圈足下有伏兽，盖上装饰着莲瓣并有一只立鹤，和周初的壶已大不相同。战国的壶更接近于后来的瓶子。这时有方壶，是汉代钫的始祖，此外还有八角形、瓠形等形状比较特别的壶。

这件荣华富贵铜壶源自民间收藏，藏于神雕铜文化博物馆，通体錾刻，纹案秀美清雅，上书"荣华富贵"四字。此壶为冷水壶，主要用于储存开水，利用铜良好的导热性，达到让热水迅速降温的目的；其次，铜有良好的抑菌性，冷水可贮存在铜壶中至少三日不变质。

（程萍萍）

五、铜 秤 杆

民国时期
长 18.5 cm
黄铜
永康市神雕铜文化博物馆藏

杆秤是中国最古老也是现今人们仍然在使用的衡量工具，是利用杠杆原理来称物品质量的简易衡器，由秤杆、秤砣、秤盘三个部分组成，携带方便。

在公元前700年前的文物中，已有各种精制的砝码、秤杆、秤盘、系秤盘的丝线和提绳等。在公元前200年前的文物中，已有各种规格的杆秤砣。20世纪80年代，中国对杆秤结构作了一次重大改革，将原来的木质杆改为金属杆，从而解决了木质杆的计量准确度受地区及天气影响的弊病，并适应了半机械化、标准化、通用化和大批量生产的需要。

千百年来，手杆秤也可算作华夏"国粹"。它制作轻巧、经典，使用也极为便利，作为商品流通的主要度量工具，活跃在大江南北，代代相传。天地间有杆秤，人们不断赋予秤的文化内涵：公平公正的象征、天地良心的标尺，一桩桩交易就在秤砣与秤盘的此起彼伏间完成。

这件神雕铜文化博物馆藏铜秤杆源自民间收藏，一杆一盘一码，最大度量为35 g，精巧秀美。

（程萍萍）

六、日常生活用具

	熏炉	
	水烟壶	鼻烟壶
铜簪	大兴祥鞋拔	上海真光厂鞋拔

熏炉是炉具的一种，可用以熏香。此炉是常熟博物馆藏品。

水烟壶系抽水烟的用具，底部为贮水仓（有"水烟袋"之称）。吸烟时，烟气经贮水仓润洁后方吸入口中，较柔和洁净。这件水烟壶是内蒙古自治区呼和浩特市王来喜先生的收藏品，现在和林格尔县内蒙古师范大学王来喜民具博物馆展陈。

鼻烟壶为江苏常熟博物馆藏品，重95.5 g，高5.5 cm，椭圆形、扁腹，两侧凸台錾有折枝花卉纹饰，腹部刻云龙纹，底部有"顺治元年程荣章造"款识，系民国年间的仿品。

簪为妇女习用的发饰。这件梅花纹铜簪于1978年从安徽濉溪县废品收购站拣选，现藏于淮北市博物馆，重5.5 g，长8 cm，宽0.9 cm。

两件鞋拔来源与铜簪相同，现藏淮北市濉溪县博物馆，编号分别为：00026（大兴祥）和00893（上海真光厂），前者重32 g，长12.5 cm；后者重35 g，长12 cm。它们表明，民国时期某些民用日常生活铜件已采用更新的技艺在工厂中成批生产。

（范金燕　胡　均　李劲松）

七、"金板寸"铜盆

"金板寸"理发馆中的铜盆

铜盆盆底 | 铜盆近照

铜盆为北京金板寸理发馆店主刘清池所藏。该理发馆位于北京市东城区地安门东大街88号,以擅理板寸享誉京城,多有名人在此理发。旧时理发多为游走四方的"剃头匠",其特征是"前火后凳"的剃头挑子(故俗谚云:"剃头挑子一头热。"),前面是火炉,后面有工具箱,上摆铜盆和凳子。

剃头的铜盆不同于日常家用的水盆,它上阔较浅,故盛水少,利于快速加热。盆沿较宽可摆放理发和剃须的工具。

"金板寸"店内格局自有特色,店堂隔成8间,有一般理发店所少有的静谧和私密。

"金板寸"理发馆内景

铜盆口部半径24.5 cm,沿宽6 cm,有0.5 cm高的卷边,通高10 cm,底部半径13 cm,腹部半径23 cm,盆厚0.25 cm,重1.44 kg,盆沿刻花蔓纹,内壁环绕有一株盛开的错梅花和五组人物绣像,盆底为衙署形象,官兵穿着清代兵服,系清代器物,沿用至今已百余年之久。

(李劲松)

八、"虎门销烟"铜盘

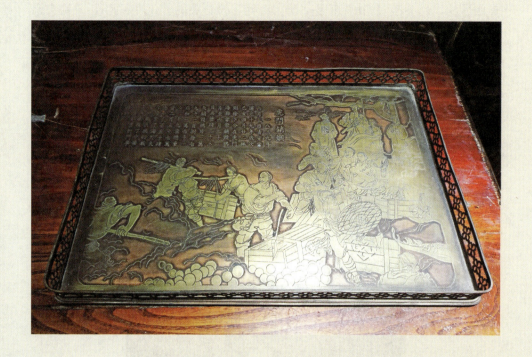

此盘为纪念清道光十九年四月廿二日（1839年6月3日）林则徐于广东虎门销毁鸦片所作，现藏内蒙古师范大学王来喜民居博物馆。盘长35 cm、宽25 cm、高2.5 cm；四壁为镂空纹饰，盘底刻有销烟现场的搬运、拆箱、入池销毁、官兵守卫、督查的情景，以及有关销烟的日期、主事者姓名、销毁鸦片的历时与数量的铭文，生动表现了林则徐的禁烟壮举，具有重大的历史意义。

（李劲松）

九、铜 罗 盘

  明代罗盘多用木制，近代常用银杏木制盘并髹漆，铜质罗盘较少见，其时已有水针盘，标以八卦和二十四方位，为堪舆所用。上图所载铜罗盘由内蒙古自治区呼和浩特市王来喜先生收藏。罗盘直径23 cm，嵌在木质盒内。近代堪舆用罗盘多为木制，有沿海式和内地式之分，前者出自福建漳州、广东兴宁等地，为描金漆盘，后者出自安徽休宁、江苏苏州等地，为刻画之桐油盘。此盘盘角处镶有"台湾汉辉"字样标牌，形式与沿海式相近。

（李劲松）

参考文献：

王振铎. 科技考古论丛[M]. 北京：文物出版社，1999：188～218.

十、铜　　币

四川铜元　　　　　　　　光绪通宝

湖南铜元　　　　　奉天机器局所制光绪通宝

　　四川铜元由安徽濉溪县博物馆收藏，重18 g、直径3.9 cm、厚0.2 cm；湖南铜元由同馆收藏，重11 g、直径2.2 cm、厚0.15 cm。前者为军政府监制，后者则署"湖南省造"，"当制钱二十文"。

　　中国历代钱币均由铸造成形，材质为铅基锡青铜、铅锡青铜等，至晚清方引入欧洲锻制钱币的技术，设局制币。在初仍沿用制钱形制（光绪通宝、奉天机器局所制光绪通宝），后改为铜元（四川铜元、湖南铜元）。上图的四川铜元、湖南铜元为民国时期的作品，代表着制币技术及形制发生了历史性变革。

（胡　均）

十一、孙中山像

孙中山，中国现代的革命家、思想家，推翻帝制，肇建共和，曾任中华民国临时大总统，被尊为"国父"。这座铜像的作者是当代著名雕塑家钱绍武，铜像现置广州市。

（赖锡鸿）

十二、沉　　思

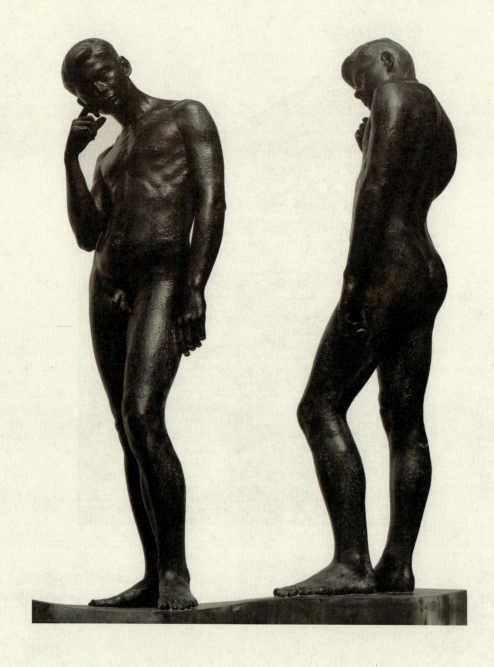

"沉思"是著名雕塑家滑田友的代表作之一，获1943年巴黎春季沙龙金奖，并获Hars-Concours资格，其作品可不经评审直接参展。

20世纪三四十年代有一批雕塑家从法国留学归来，为中国雕塑技艺的现代化作出了重大贡献，滑田友（1901~1986年）即是其中的代表人物。他出生于江苏淮阴，1933年入巴黎高等美术学校攻读，作品曾多次入选法国美展并获奖。抗战时创作的揭露日寇暴行的作品《轰炸》由法国教育部收购，藏于巴黎现代美术馆。20世纪50年代，任中央美术学院雕塑系主任，运用南朝画家谢赫提出的著名的六法论讲述雕塑的原理，富于创造性。

（潘 妙）

参考文献：

《滑田友》编委会. 滑田友[M]. 南京：江苏美术出版社，2007.

十三、川军抗日阵亡将士纪念像

刘开渠（1904~1993年），安徽萧县人，早年毕业于北平美术学校，后任杭州艺术院图书馆馆长，旋赴巴黎国立高等美术学院雕塑系，师从法兰西艺术院朴舍院士，归国后应蔡元培之邀任杭州艺术专科学校（后改名中国美术学院）教授、雕塑系主任；1963年起任中国美术馆馆长达30年。其艺术风格融中西雕塑于一炉，写实、简练。作为中国雕塑家的领军人物，曾参与主持天安门广场《人民英雄纪念碑》的设计和创作。

《川军抗日阵亡将士纪念碑》是刘开渠的代表作之一。川军素以骁勇善战著称，抗日战争时期各省将士以川籍为最多，为抗战胜利建立了巨大功勋。为纪念川军的浴血抗战，四川成都市文化界和众多社会团体发起募捐，请刘开渠设计并雕制纪念碑，得到各界的热烈响应。此碑战士高2 m，加上底座总高达5 m。铜像造型为一名国民革命军，着短裤、绑腿、足蹬草鞋，手持步枪，身背大刀、斗笠和背包，俯身跨步前倾仰视前方做冲锋状，威武雄壮，令人敬仰。此像于1944年7月7日在成都东门城门洞落成揭幕，其时抗日战争尚未结束，碑的落成和展示给正在艰苦战斗的军民以巨大的激励和鼓舞。几经变迁，现该碑坐落在成都市人民公园的东大门。

刘开渠是一代雕塑大家，他的代表作还有《孙中山坐像》《农工之家》《鲁迅像》《杜甫半身像》《蔡元培坐像》等。

（华觉明）

十四、"家破人亡":纪念南京大屠杀遇难者雕像

　　这一雕像是为悼念抗日战争时期被日寇残酷杀害的30万同胞而作的,作者为当代著名雕塑家吴为山。雕像总高11 m,雕座刻有其名称"家破人亡",铭文为"被杀害的儿子永不再生,被活埋的丈夫永不再生,悲苦留给了被日寇强暴的妻,苍天啊……"

　　本雕塑安放在南京大屠杀遇难同胞纪念馆,获城市雕塑成就奖。

(华觉明)

参考文献:

中国铸造协会艺术铸造分会.中国当代艺术铸造图典[M].成都:四川美术出版社,2014.

十五、鲁 迅 像

鲁迅，中国现代著名思想家、文学家、杂文家。该雕像的作者为当代著名雕塑家潘鹤，像高2 m，1987年落成于广州人民公园。

(华觉明)

参考文献：

中国铸造协会艺术铸造分会. 中国当代艺术铸造图典[M]. 成都：四川美术出版社，2014.

十六、垦 荒 牛

《垦荒牛》是著名雕塑家潘鹤的代表作之一,为彰显改革开放的艰苦创业、筚路蓝缕的奋斗精神而作,长5.6 m、高2 m、重4 t;1984年用水玻璃熔模精密铸造而成,安放于深圳市政府广场,获第六届全国美术展览金奖。

(华觉明)

参考文献:

中国铸造协会艺术铸造分会. 中国当代艺术铸造图典[M]. 成都:四川美术出版社, 2014.

十七、谭嗣同像

此像安放于江苏宜兴雕塑公园,作者是当代著名雕塑家田世信。像前的文字:"……今日中国未闻有因变法而流血者,此国之所以不昌也。有之,请自嗣同始。"

(华觉明)

参考文献:

中国铸造协会艺术铸造分会. 中国当代艺术铸造图典[M]. 成都:四川美术出版社,2014.

十八、世纪宝鼎

附图:安放在联合国总部广场的世纪宝鼎

世纪宝鼎是联合国成立50周年之际,由中国政府赠与的珍品。该鼎由卢银涛先生策划创制,著名青铜器学者马承源设计。鼎高2.1 m,口径1.5 m,重1.5 t,内壁铸铭:"铸赠世纪宝鼎,庆贺联合国五十华诞。"禁高0.5 m,2 m见方,铸有56条形夔龙纹饰,前后有"世纪宝鼎"和"中华人民共和国赠 一九九五年十月"铸铭。鼎圆禁方,气势恢宏,古朴典雅,庄重祥和,获各界高度评价。以此为肇端,卢银涛先生于22年间续连铸了90件青铜鼎,分别安放在北京人民大会堂、拉萨、乌鲁木齐、南极昆仑站、黄帝陵等处。这些鼎将中国传统鼎文化的内涵与时代特征、民族特色、传统工艺、当代科技有机地融合在一起,使之于现时代得到升华。

(华觉明)

十九、中华和钟

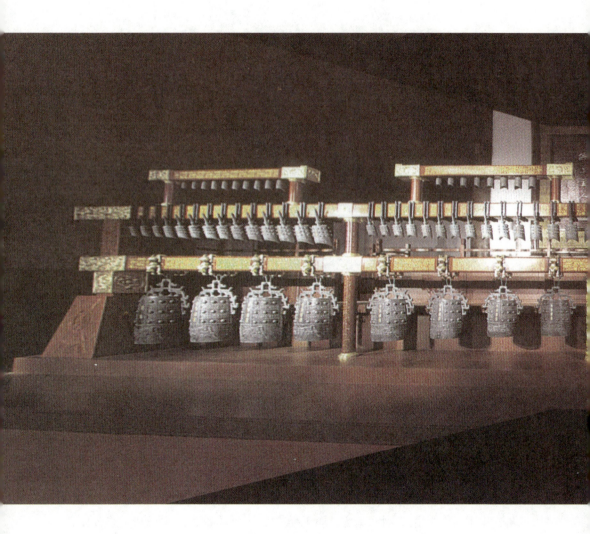

附图1：下层镈钟（鼓部为 10101 纹饰）

附图2：中层甬钟

附图3：钟梁沉金纹饰的9种图案（DNA、原子、光缆、日月山、轮子、太极、集成电路、整流罩和麦穗）

中华和钟是由108件青铜钟镈构成的大型编钟群，为迎接21世纪来临而作。上层为34枚双音钮钟，中层为56枚双音甬钟，下层为18枚镈钟，并配置两组编磬和一对建鼓。按十二平均律调音，音域从G1到C8。在六个半八度内十二个半音齐备，标准音A4的频率为442HZ，可旋宫转调，与大型管弦乐团相配奏。

钟型和纹饰以曾侯乙编钟、王孙诰编钟及素命镈为蓝本。鼓部以10101为饰，既与上古饕餮纹相类，又表明此钟为21世纪所作（10101是二进制的21）。钟梁以创新的图案为饰，包括传统的日月山、太极、麦穗和现代的原子、DNA、集成电路等。钟虡为方形和圆形的立柱，以宝相花贴金及金乌、玉兔漆雕为饰。整个工程使用了刻漆、沉金、剔红、浮雕、铸造、锻造、云雕、贴金、石雕等9种传统工艺和黄金、铜合金、钢、铁、大漆、皮革、木、石与布料等9种材质。这一编钟群气度恢宏，有泱泱大国之风。国家验收委员会的评语称："中华和钟整体艺术效果壮丽、精致，典雅与辉煌并存，能充分表现出中华民族博大、深邃、坚毅、团结的伟大精神，是科学与艺术和民族传统与时代精神的完美结合。""既保持传统又有所创新，透射出中华文化的勃勃生机，无愧于国之重器的至高要求。"

中华和钟创制工作领导小组组长是路甬祥院士，总设计师是华觉明。

（华觉明）

二十、香港新界观音

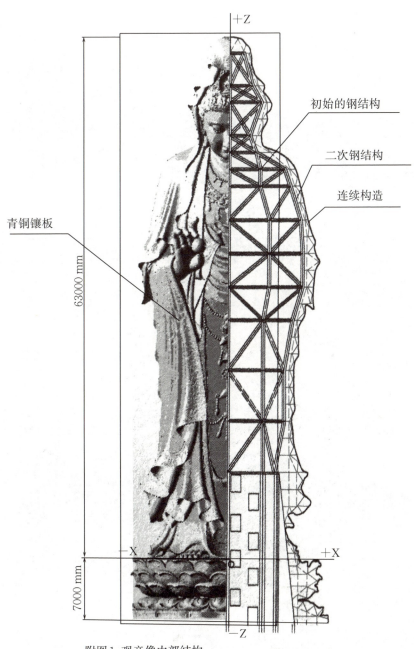

附图1：观音像内部结构

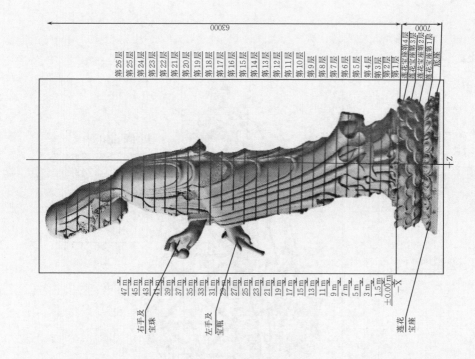

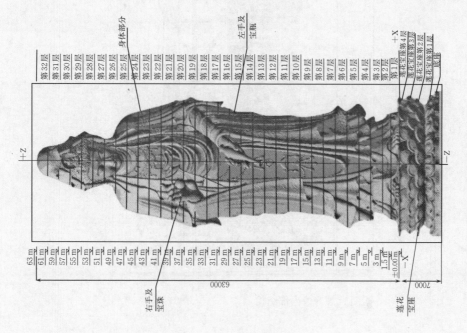

附图2：观音像的青铜镶板层次及标高

矗立于香港新界、总高70 m的观音铜像由航天晨光艺术制像分公司承制。该公司为此特引进了CNC加工中心，研发了以逆向工程曲面重构为代表的成套技术体系和脸部整铸工艺。以三维激光扫描仪扫描小样，将数据处理后输入加工中心，制作EPS泡沫材料模型用以铸造镶板，再拼装焊接。经三年多的研发和制作，于2013年竣工。这项技术代表了现今高水准的大型制像工程技术，以表面涂装为标志的各项制作技艺也取得了突破性成果。该像铜材质为C90300锡青铜，厚10 mm，镶板表面为玉白色，有多种纹样。此项目获科工集团工艺攻关一等奖。

（刘　正）

二十一、四 喜 娃

铜陵市按文物仿制并放大的四喜铜娃

铜陵市文物局1991年在市区征集过一件四喜铜人,铜铸,长6.6 cm,宽6.6 cm,物件小巧,但构思甚为奇妙,由两个孩童的头和四段身躯连体造型组成,每个脑袋都可与任意两段身躯组成两个姿势不同却又完整的孩童。孩童头上留髻,身上穿肚兜,面部表情天真憨笑,手中握元宝,持蕉扇,象征富裕和平安。物件制作精致,铜质锃亮,造型准确生动,纹饰细腻精美,尤其是娃娃肌体丰满,眉目清秀,福态稚嫩,天真憨笑,反映了古代工匠的智慧和技艺。

四喜铜人本名四喜人,又称喜神,是明清时期百姓喜爱的吉祥工艺品,除铜质外,还有玉雕、木雕、瓷雕、牙雕、剪纸等。人们通常将它摆在家中或挂在身上,希冀招来福运和多子多福之意。

1992年,铜陵市依据四喜铜人仿制了一件,放在铜陵市区皖江游园草坪上,不失稚趣,深受孩子们的喜爱。

(张国茂)

二十二、自在观音

自在观音像

门殿普师傅在拨塑蜡膜

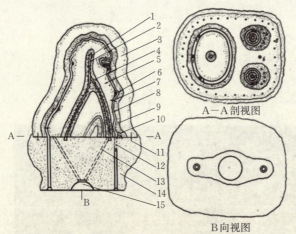

铜狮的铸造工艺

铜像泥芯

蜡模

　　失蜡法至迟在春秋时期即已臻于成熟,其早期渊源可上溯至商代的失模法。但时至20世纪60年代初,仍有学者误认为传统失蜡法在中国久已失传。为澄清这一问题,中国科学院自然科学史所研究所华觉明和王安才,于1965年历时3个月在北京微电机厂找到了时已改行当勤杂工的原北京佛作著名艺人门殿普,进行传统失蜡法的复原试制研究。所铸自在观音的原件为具有初唐风格的传世品,轮廓尺寸为7.5 cm×5 cm×20 cm,壁厚3~4 mm,重1.72 kg。此外,还复原了三连环和龟纽印,记录了中型失蜡铸件铜狮的铸造工艺。通过上述工作,弄清了拔蜡法的工艺流程与所用原材料及相关技术措施,包括:制芯及芯料;蜡模制作及其所用工具与芯撑;造型材料制备与成型方法;出蜡与收蜡;铸型焙烧与焙化、浇注所用装备及工序;铸后清理及着色(戗黄)。与此同时,对故宫、颐和园所存铜象、铜狮、铜牛、狻猊及铜亭失蜡部件作了考察,还函调内蒙古、江苏、西藏等地,得知传统失蜡法非但从未失传,并且仍存活于多个省、自治区。这一工作对我们了解传统失蜡法并识别其后陆续出土的曾侯乙尊盘、淅川铜禁、楚王盂等上古失蜡法精品有很大帮助,也是传统工艺及古器物实证复原研究之一范例。

(华觉明)

二十三、富锡处理的饰件

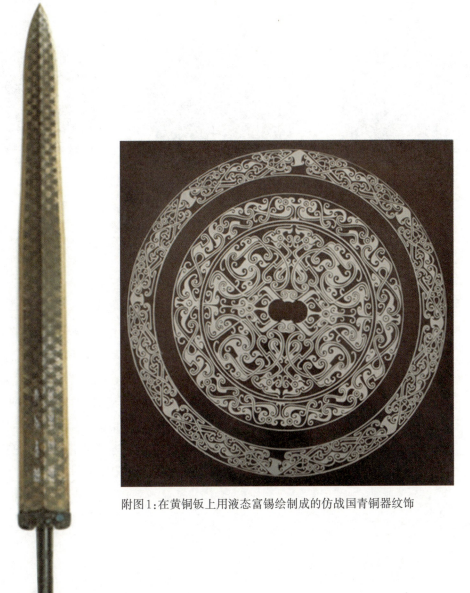

附图1：在黄铜钣上用液态富锡绘制成的仿战国青铜器纹饰

越王勾践剑的菱形纹饰由
膏剂富锡工艺形成

附图2:在当代铜茶叶罐表面用传统液态富锡复印弘一法师题字——南无阿弥陀佛

　　自商晚期殷墟出土银白色铜胄以来,表面呈现银白色且含锡较高的青铜器不断出现。经检测,确认呈白色色泽者均为表面富锡。经富锡处理的铜器,表面不仅白亮,并可保护器表不致锈蚀,且有冷擦渗、膏剂、液态等多种表面富锡技艺,可获得各种厚度和不同装饰效果的银白色表面。这种表面富锡化技术,中国至迟在2500多年前先后发明,且沿袭到明清。这是中国金属表面处理技术史中湮灭已久、鲜为人知的一项了不起的科技成就。上述几种失传已久的富锡技艺均已被挖掘出来并开始应用于当代铜艺表面装饰(见附图1、附图2)。

(谭德睿)

二十四、铜陵铸丝珐琅

喜鹊——镜面局部铸丝珐琅瓶

清莲——铸丝珐琅坛

铜陵铸丝珐琅是把传统手工掐丝成型的模型,通过现代数字技术,采用自动雕刻机一次铸造成型的技术,可用白铜、不锈钢、钛合金代替传统的紫铜做掐丝珐琅器的胎体;可部分点缀掐丝点蓝,不用满掐;可镂空掐丝做蓝;掐丝图案可手工掐丝,也可雕刻掐丝、手刻掐丝或直接成型铸丝,减少焊丝工序;可不用磨蓝直接烧制成型;可不受器型的限制,任意器型均可制作掐丝图案。它改变了数百年来掐丝珐琅在胎体材料上的局限性和工艺上的复杂性,形成一种新的珐琅产品——铜陵铸丝珐琅。

这项基于传统掐丝珐琅的创新技术,解决了传统掐丝珐琅制作周期长、难以批量生产、表面必须鎏金等难题,提高了生产效率并节能环保,拓展了掐丝珐琅工艺的应用范围,不仅用于工艺品和实用工艺品,还可以用于室内外建材、家具装饰,使得原属昂贵的传统艺术品能进入寻常百姓家。

(赵 敏 谭德睿)

二十五、巧 生 炉

带座桥耳三足乳炉
高 19 cm,口径 24 cm,重 11.04 kg

冲天耳长方乳炉
长 9.7 cm,宽 6.7 cm,高 6.5 cm

卧式长方熏炉
长 19 cm,宽 4 cm,重 0.3 kg

陈巧生，字彦歧，号炉香居士，铜炉世家子弟，为清陈氏铜器制作技艺的第三代传人。1956年生，自幼勤奋好学，立志传承祖辈的精湛技艺，经40余年的努力践行，所作各式炉具造型古朴，纹饰精美，色泽和润，宝光内敛，且在形制、铸刻等方面多有创新，被誉为"古有宣德炉，今有巧生炉"。鉴于其在传承铜炉制作技艺方面的突出成就，2011年苏州市人民政府将此项技艺列入非物质文化遗产名录，授予他"代表性传承人"称号。现该市建有陈巧生工作室和巧生炉博物馆，所作炉具曾由寒山寺方丈秋爽礼赠台湾星云大师，并作为2010年上海世界博览会的礼品分赠各国贵宾。2013年，他所作仿明代宣德款铜炉在香港慈善拍卖会上，以80万港币拍出。陈巧生为人质朴敦厚，好学不倦，劳作不辍。两个儿子随父从艺，卓然有成，陈氏绝艺可望薪火相传，发扬光大。

（华觉明）

二十六、西藏锻铜鎏金佛像

其美森格锻铜佛像 | 藏族佛像锻造工艺
其美森格锻铜大师 | 藏族佛像锻造工艺

藏族锻造工艺，可打造器皿和法器，还可锻造大型佛像及寺庙金属装饰件和佛像装饰。在藏族的现实生活和宗教生活中，无处不有金工。度量经指的是西藏金属工艺、唐卡和泥塑必须遵循的尺度比例。14世纪左右，对西藏各地区的度量经进行了规范化调整，建立了相对统一的藏传佛教的佛像尺度。特别是在塑造佛像时，工匠必须严格遵循造像法度，否则寺庙可以不接受。工匠只有在掌握了工艺技术的基础上，才能有效地运用度量法，也就是说要灵活地运用工艺技巧去化解度量法，充分表现符合度量规律的佛像。

在西藏拉萨地区的佛像锻造工匠群中，以其美森格为首的支系根基在昌都，属康巴文化体系，具有很强的地域文化特色。其美森格是昌都扎曲河北岸的柴维乡扎杂村人，约在1951年迁居拉萨。这个体系的工匠有的走出昌都，向拉萨、四川甘孜、云南德钦、香格里拉等地迁徙，将康巴地区的佛像锻造手艺和造型特征与当地的风格相融合，促进了金属工艺的发展。昌都佛像锻造体系的铜匠一直坚持在传授手艺时，学徒们必须要学习锻铜工艺、錾花工艺、泥塑工艺、铸造工艺、鎏金工艺等整套手法，以及装饰纹样的描绘和组合。学习手艺所耗费时间很长，全部学下来需要12年。

其美森格已82岁了，经历几十年的工艺生涯，他的手艺十分精湛，威望很高，打造了很多优秀的佛像和金工作品，也带出很多徒弟，成为拉萨地区重要工艺群体的领头人。藏族铜匠有两种主要工艺传承路径：本家近亲血缘关系内传和娘舅家系外传，用两个家族的力量来维系一个手艺体系，保证了手艺体系不会断代失传。在一个家族中，同时有三代人在一起做手艺，由爷爷辈传到父亲辈、孙子辈，典型的老中青结合，是手工技艺最佳的传承状态。

(潘　妙)

二十七、白族火锅

李银彪锻制的白族火锅

铜匠李银彪在锻制火锅

　　云南白族锻制火锅，先前一直是手工锻制，使用空气锤锻制的时间仅20年左右，一般是夫妻一起干。锤打火锅粗坯时，妻子当副手，帮助将工件退火、上料，用手工成型时，妻子做些粗活，锤打火锅的配件。做细活都以男人为主，特别是烟筒的收型，既是重活又是细活，多由男人锤打。空气锤开始只用来下料，后来不断改进，作用越来越大。云南大理铜匠李银彪，鹤庆县罗伟邑村人，15岁学艺，是铜匠村里优秀的艺人，造型能力强。他的铜锅造型饱满圆润，线形转折、体量比例都很讲究。

（潘　妙）

二十八、长子铜钹

铜锣

铜钹

铸锭

锻打

山西省长子县手工制造响铜乐器历史悠久。据《长子县金石志略》记载，早在唐贞观元年（627年），长子西南呈村制作的铜响乐器就已遍及全国各地，享誉天下。

长子铜钹以铜锡为原料，配料后装入坩埚熔化，然后倾入铁范内成为饼状铜锭。铜锭经过高温加热后水淬，继之以反复锻打成形，经精心地表面加工和

旋磨

调音得到成品。所制响铜乐器品类繁多,主要有平调大锣、蒲剧锣、高调锣、虎音锣、中音锣、开道锣、云锣、狗娃锣、糖醋锣、武锣、香锣、访苏锣、大手锣、圪塔锣、黑豆锣、晋剧马锣、大头镲、小头镲、小京镲、腰鼓镲、加官镲、水镲、苏镲、铙镲、草帽镲、吊镲、风镲,以及"绛州鼓乐""威风锣鼓""太原锣鼓"等民间锣鼓中的响铜乐器。

以铜钹为代表的响铜打击乐器在技术上富有特色,它所使用的是超高锡青铜合金,含锡量高达24%。这类合金在世上罕见,现代工业也从未使用,因而冶金界和金相学对它了解很少,但在我国至迟在唐代已用来锻制乐器,至迟在战国还曾用以制作刃具。一般认为,锡青铜在含锡量达到16%时已甚脆硬,不堪锻打。但出乎意料的是,当含锡量高达24%~28%时,这种铜合金却可经高温淬火且具有较高的韧性,能反复锻打,得到较薄和耐击打的材质,用于制作锣、钹等打击乐器。这种乐器的定音有很大难度,工匠们必须完整地掌握工艺流程,才有资格学习这"千锤打锣,一锤定音"的技艺。地道的响铜乐器制作技艺,千百年来一直依靠父子、师徒的言传身教来传承,它是工匠们长期劳作的智慧结晶,是珍贵的非物质文化遗产,已于2008年列入国家级非物质文化遗产名录。这一技艺存在于广西、湖北、河北等地区。直径达一米的大锣是现代管弦乐团配置的唯一的中国乐器,就是由上述锣厂提供的。

(华觉明)

二十九、马 与 龙

高 33 m,长 64 m,重 320 t
安装地:美国迈阿密国际湾流公园
作者:奥地利著名艺术家·夫克斯
雕塑放样及青铜铸造安装单位:山西宇达青铜文化艺术公司
内部内钢设计、安装单位:德国施特拉塞克公司

附图1：宇达泥稿放样现场

附图2：宇达石膏放样现场

附图3：美国安装现场

附图4：吊装高10 m的马头瞬间

　　《马与龙》是中国近年来制造出口于美国单体最大的青铜雕塑艺术工程。项目于2012年2月签约，2014年3月在美国迈阿密开始现场安装，2014年10月竣工验收。

　　该作品施工过程中的特点为：数字化辅助放样，一次通过美方验收；所有铜件海运两个月抵达迈阿密现场；现场组装、焊接全部采用全球最先进的工艺与设备，所有焊工均持有全球通行焊工证；如此大体量作品全部采用表面热着色技术完成表面着色，乃全球首创；该工程系国际大联合项目，设计为奥地利艺术家，制造商为中国知名的宇达公司，内部钢架为德国公司设计制造，现场基础部分由美国公司负责施工。

（山西宇达青铜文化艺术公司）

三十、刻铜墨盒和镇纸

刻铜墨盒1

刻铜墨盒2

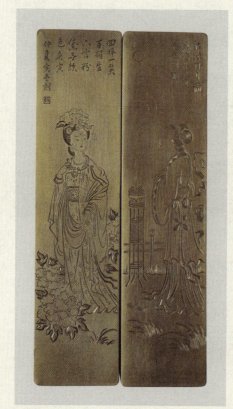

铜镇纸

刻铜艺人王维民

刻铜工艺

    刻铜是明清时期的一项杰出技艺。刻铜工匠必须练得一手好字，才能胜任工艺的需要。墨盒是文具、雅器，方寸之间要刻诗、书、画，以营造出雅趣意境。行刀如同行笔，"刀纹"是刻铜的一种特色，刻字常令人觉得比写字更生动细致，就是因为有刀纹的韵致。王维民，48岁，山西平遥人，自幼喜欢美术，练过白描，画过工笔重彩，高中毕业后被招聘到平遥漆艺厂当工人，做推光漆，1996年开始学习刻铜工艺。很多古玩收藏家有墨盒，但没有工（装饰纹样），于是请王维民刻画。古代文献没有记载刻铜工具是何种形制，所以连工具都是他自己在刻铜的过程中摸索研制出来的。

（潘　妙）

三十一、乌铜走银酒具和墨盒

六边形酒壶

墨盒

乌铜走银艺人袁昆林

乌铜走银所用凿子

  云南晋城县天城门村袁氏家族为乌铜走银的行家，分为三家各自经营。袁昆林，15岁随父学艺，2004年被评为省级工艺美术大师。

  酒具制作比较复杂，先将纯铜和金配制成乌铜，压成厚0.4 mm的薄板，按所需尺寸剪裁出板形。制作六边形酒壶，板材左右两侧要按造型设计并计算好壶体各面的弧度，否则六个面围合焊接时很难成型。焊接壶体后，整体打磨抛光，清洗干净，再用山西老陈醋不断擦染，使乌铜逐渐变黑，纹样逐渐清晰。

（潘　妙）

三十二、斑铜虎牛案

斑铜工艺是云南特有的金属工艺，具有独特的材质和艺术风格，因表面呈现光泽闪烁的自然结晶之斑纹而得名。按其原料和工艺分为生斑和熟斑。前者是将铜矿附生矿含金属杂质晶体的自然铜熔化后，经锻打成片、烧斑（即金属的再结晶）再予组合、焊接、表面加工而成，其制品较薄而轻，见有焊口。熟斑则是在熔化的纯铜中，加入适当比例的其他金属，浇铸成型后，再经打磨、着色得到成品，无焊口，较重厚，斑纹花型较大、多呈红色，以樱桃红为最佳。此虎牛案为仿制品，原型出自古滇国墓葬。

（华觉明）

参考文献：

中国铸造协会艺术铸造分会. 中国当代艺术铸造图典[M]. 成都：四川美术出版社，2014.

三十三、和合自然

当代作品
永康市神雕铜文化博物馆藏

　　本组雕包含蚂蚁、蚱蜢、蝴蝶，作品手法细致，形象生动，栩栩如生，富有勃勃生机和浓浓的田园风味，表现出人类对自然界生物的关爱之情，凸显和谐共存的大同理念。此组雕为全手工锻打而成，细节到位，工艺精湛，表面施以高温着色，呈现丰富的色彩。

（程萍萍）

三十四、小山水铜壶

壶光山色,静观流年。山水系列铜壶由现代工艺美术大师程育全所研发。山水系列铜壶采用纯紫铜制作,集多种工艺为一体。提梁线条柔和、弧度优美,壶体造型古朴稳重,棱角刚寓于柔,色彩温暖柔和,制作工艺复杂,是难得一见的方壶。此款小山水壶由山水壶演变而来,有不同的容量以满足不同人群的需求。

(程萍萍)

三十五、宏音斋吴氏管乐

笙

电子笙

笙演奏家吴彤和大提琴演奏家马友友合作巡演场景

传统管子系列(降B、A、升G、G、升F、F、E、D、B、降B)

号角

唢呐系列

毕希古尔

宏音斋于清朝后期由吴启瑞创办,是北京专事手工制作乐器的百年老字号,其技艺源于宫廷乐作,迄已传承五代,2011年列入国家级非物质文化遗产名录。

笙是中国的古老簧管乐器,春秋战国之际已广为使用,大笙名竽,小笙名和,它以簧片自由振动与管配合发声,是世界上最早使用自由簧的乐器。传统的笙配置木质笙斗,音量较小。宏音斋第四代传人吴彤将笙斗改成铜质,拾音部件安在共鸣空间。演奏者操纵效果器,即可得到电声。这种电子笙既保持了笙的本来音色,可演奏民族音乐,又可演奏现代摇滚,此笙于2011年获国家专利。2016年,吴彤和大提琴演奏家马友友合作在多国巡演,荣获格莱美音乐大奖。

管的古称有筚篥、筘管等。《诗经·有瞽》云:"既备乃奏,箫管备举。"宋《乐书》名之为"头管",在教坊大乐中自成一部。先前的管只有大、小之分,宏音斋把它发展成小降B至大降B的12支管子系列,并创制了高、中、低音加键管子,现已推广应用。

号角也是古老的乐器。1991年,宏音斋在第四代传人吴景馨带领下,为敦煌研究院成功复原了铜制大、中、小号角,使之再现舞台。

唢呐这一传统乐器个性强、地域风格鲜明且音量大,在民间广为使用,同时也存在演奏的局限性。宏音斋第三代传人吴仲孚反复研究各类唢呐的特点,调整了配方中响铜、黄铜、白铜、磷铜、锡、镍的比例,使音质得到改善,经上百次试制做出了传统型唢呐,并形成系列。

内蒙古唢呐又称毕希古尔,已濒临失传。宏音斋应内蒙古乐人之请,经对比多种金属的含量和试制,于2016年完成了毕希古尔的标准化制作,使这一古老乐器重放异彩。

(吴景馨)

三十六、贝　　拉

　　《贝拉》的作者是雕塑家魏小明。这一具有现代形象的作品，表现出中国雕塑界引入欧美艺术理念及表现手法，并试图与本土世家相结合的一种努力和尝试。同类作品还有魏小明的《妞》《羽衣甘蓝》《女人体》《行云流水》，以及李惠东的《声声慢——思》、李鹤的《清休》、何鄂的《黄河母亲》等。

（华觉明）

参考文献：

中国铸造协会艺术铸造分会. 中国当代艺术铸造图典[M]. 成都：四川美术出版社，2014.

三十七、黄 河 楼

附图：黄河楼细部

　　黄河楼位于宁夏回族自治区青铜峡市，为黄河流域标志性的景观之一，由陕西省古建设计研究所和北京京杭铜都装饰公司设计及施工，2012年竣工。金黄色的铜栏杆和色彩丰富的瓦、柱、梁等相呼应，令该楼耀眼夺目（见附图）。古铜色的铜门铜窗，增加了古朴厚重的观感，铜门窗的面积达2500 m^2，栏杆长达1150 m。

（刘　正）

三十八、上海静安寺金刚宝座塔

附图：金刚宝塔局部

这座宝塔总高63.68 m，占地面积85 m²，总建筑面积707.7 m²。

塔身为七层四面方形阁楼式，塔刹为青铜铸造的莲花金刚宝座塔式。无论是塔体的结构造型、用材用料，乃至佛像布局或细部图案的雕饰，造型独树一帜、独具特色，无疑是中国诸多佛塔建筑中的精华。

塔顶的金刚宝座塔刹以佛陀成道地的菩提伽耶佛塔为蓝本，由塔基、一大四小五刹及四罩亭构成。塔刹基座分别雕塑菩萨坐骑、万字云纹以及狮子、宝象、宝马、孔雀、大鹏金翅鸟等精美浮雕。五座佛塔，中央一座主塔，四隅四座小塔，体现金刚界五方五佛，按其方位分别是：中佛大日如来。东佛阿閦如来，南佛宝生如来，西佛阿弥陀如来，北佛不空成就如来。塔身为铜铸贴金，遍布佛教纹饰、梵文咒语和众多中国传统吉祥图案，共有十八罗汉、四大天王等铜铸精雕佛像868尊。罩亭为大塔附属，大塔四面每面各一。罩亭皆须弥座托底，外立面饰万字底纹、法轮、菩提树，内立面饰祥云底纹、四大天王、梵文咒语。须弥座饰莲花瓣、如意、吉祥云、坐骑狮子、三足乌、佛手、玉兔、佛足等，分别代表太阳、佛陀成道、月亮、佛陀涅槃。

金刚宝座塔刹部分高度27.89 m，莲花座长宽各为12.8 m，中间大塔高20.09 m，四座小塔高10.33 m。整体采用锡青铜铸造，铸造工艺为失蜡法精密铸造，铸造重量102 t。表面纯金金箔贴金，金箔用量518000张。

为了高质量高标准地造好静安宝塔，2008到2009年，静安寺方丈慧明法师多次亲率僧职和设计人员、施工人员实地考察了国内众多佛塔，亲自参与宝塔的设计，指导宝塔的建造。

金刚宝座塔刹于2009年12月开始制作模型，2010年4月25日完成安装及贴金。

（江西桐青金属工艺品公司）

三十九、铜　幕　墙

铜幕墙全景

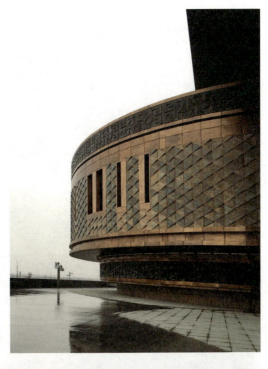

铜幕墙（局部）

铜幕墙穿孔板1

铜幕墙穿孔板 2

　　铜陵博物馆一楼大厅铜幕墙总面积约 650 m^2，幕墙高约 16.5 m，采用黄铜板一次穿孔并延压成型，以不锈钢拉索固定穿孔板。整个幕墙板表面孔洞设计为扇形，呈波浪形起伏，象征长江水流，寓意长江文化。穿孔板幕墙表面处理采用热着色的工艺技术，进行二次着色，形成一种斑驳的颜色，整个铜幕墙上错落隐约分布着"中国古铜都铜陵"七个金文，反映铜陵博物馆厚重的青铜文化底蕴。从背面看，整个幕墙在灯光下金光闪闪、熠熠生辉，犹如江水波光粼粼。幕墙的设计和制作发挥了设计者的想象力和创造力，利用铜的金属性，既展现铜的现代感，又体现铜文化的底蕴。

　　安徽铜陵市博物馆的铜幕墙，其外形取自 1984 年该市铜官山区出土的春秋龙耳鸟纹鉴。以该鉴的龙纹和凤纹为饰，结合广东宝丽雅金属建材公司研发的铜铝复合板材和铜陵红星铜艺公司冲压、着色工艺，制成国内首创的立体铜幕墙，面积达 3000 m^2，由华南理工大学建筑设计院设计，浙江圣大建设集团公司、红星铜艺公司施工，复合板材的铝板厚 1.5 mm、紫铜板厚 0.5 mm。

（赵　敏　张国茂）

四十、纽约双子星座：美国曼哈顿中心商务区626项目

材料：4 mm厚铜不锈钢复合板
安装地点：美国曼哈顿
建筑名称：American Copper Buildings
制作单位：广东宝丽雅金属建材有限公司

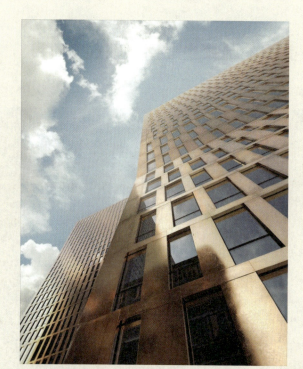

附图1:纽约双子星座局部1

附图2:纽约双子星座局部2

这两座公寓楼分别有41层和48层，位于曼哈顿东端，由sHop公司设计。大楼设计了具有角度的轮廓，赋予建筑"舞蹈"外形，不但大胆地改变了纽约天际线，而且使用"桥梁"将两幢分开的建筑连起来，让人们在空中就可以从一座大厦进入另一座大厦。

　　整个建筑项目原先以地址命名，为第一大道626号（626 First Avenue），不过如今已正式更名为美国铜建筑（American Copper Buildings），原因是两座大楼用铜作了装饰，这样的处理，会让整座建筑的色泽在之后的几十年间处于一个不断变化的状态。

　　建筑表面以耐候铜织出网格状的结构，这种材料会因风化而变色。最开始的时候，建筑的表面像便士一样闪闪发亮，不过现在已经变成了深棕色，之后这种颜色还会在与空气中的氧气、水和二氧化碳等物质的接触过程中不断发生改变，直到最后建筑立面布满铜锈，两座建筑就会拥有如今自由女神像所呈现的蓝绿色。

（广东宝丽雅金属建材公司）

后　记

在承接铜陵市委托编撰本书之初，感到困惑和迷茫。盖涉及铜文化的论著虽多，但以铜文化为专题的却少见。什么是铜文化？如何全面、真实地讲述、展示绚丽多彩、博大精深的中华铜文化？对我们来说是一个新的、有难度的课题。

经过反复思考和研讨，我们草拟了本书的编撰设想，拟以历代有代表性的铜器件以及铜建筑为主线，以图、文并重的方式呈现百年来对我国铜文化探索、考据、研究的丰富成果，详见本书序言，恕不赘言。

说来容易做来难，长期以来，我们对铜文化缺乏深刻、全面的认识，工作基础相对薄弱，在这么短的时限内，自不可能奢望有根本的改观。所以，虽经各位编者和作者辛勤努力，呈现给读者的这本书只能是一部试作，挂一漏万、支离疏缺之处在在可见。这样的遗憾只能留待日后弥补，须请读者鉴谅。

本书有60余万字，含图400余幅，适当收入流落海外的美、日、英、法、德、瑞典等国的藏品。

参与本书编写的有华觉明、谭德睿、张国茂、李劲松、周亚、杨军昌、廉海萍、刘煜、倪玉湛、刘彦琪、刘金城、韦心滢、姚远、谭盼盼、潘妙、刘正、程萍萍、丁忠明、邵安定、赵敏、胡均、谭杨吉、党小娟、束家平、宋敏、许彩云、范金燕、巴音郭楞、吴景馨、李骦、符岚、王利民、唐慧娟、赖锡鸿、李秀珍、王伟昭、富霞，以及航天晨光艺术制像分公司、山西宇达青铜文化艺术公司、江西桐青金属工艺品公司、浙江神雕雕塑工艺公司、广东宝丽雅金属建材公司等。

本书在编撰过程中得到铜陵市各位领导、文化旅游委员会、文物局、博物馆以及中国传统工艺研究会、亚洲铜装饰协会的指导和支持，众多文物考古部门、出版社和收藏家慨允引用图片，在此谨致谢忱。

华觉明　谭德睿
2018年2月